辽宁省高等职业教育改革发展示范校建设成果

BAOXIAN YINGXIAO

# 保险营销

吴沙沙◎编著

中国金融出版社

责任编辑：张菊香
责任校对：刘　明
责任印制：赵燕红

**图书在版编目（CIP）数据**

保险营销（Baoxian Yingxiao）/吴沙沙编著 . —北京：中国金融出版社，2018.9
高职高专金融类创新型"十三五"规划系列教材
ISBN 978 - 7 - 5049 - 9653 - 4

Ⅰ.①保…　Ⅱ.①吴…　Ⅲ.①保险业务—市场营销学—高等职业教育—教材
Ⅳ.①F840.41

中国版本图书馆 CIP 数据核字（2018）第 154404 号

出版
发行　　中国金融出版社

社址　北京市丰台区益泽路 2 号
市场开发部　（010）63266347，63805472，63439533（传真）
网 上 书 店　http://www.chinafph.com
　　　　　　（010）63286832，63365686（传真）
读者服务部　（010）66070833，62568380
邮编　100071
经销　新华书店
印刷　保利达印务有限公司
尺寸　185 毫米×260 毫米
印张　12.75
字数　300 千
版次　2018 年 9 月第 1 版
印次　2018 年 9 月第 1 次印刷
定价　33.00 元
ISBN 978 - 7 - 5049 - 9653 - 4
如出现印装错误本社负责调换　联系电话（010）63263947

# 辽宁省职业教育改革发展
# 示范校建设成果系列教材编审委员会

# 前　言

本教材的编写是顺应保险营销发展的实际需要和市场经济发展的趋势，结合保险营销市场现状及其发展趋势，充分考虑到财经类高职高专学生的基础和特点，从"必需""够用"的角度组织教材内容，力求做到让学生"学以致用"。

"保险营销"作为一门实践性和操作性很强的课程，其目标是培养金融保险行业一线优秀销售人才。所以在内容编排上，本教材以提升学生职业素质与职业能力为目标，以保险行业的岗位内容为教学内容，以任务驱动为主线，根据工作项目确定教学项目，以业务岗位的工作流程来组织教学过程，注重学生课堂学习与实际工作的一致性。

与传统的纯营销理论编写模式相比，本教材具有鲜明的时代特色。

1. 项目明确，任务分解完整，条理清晰。本教程在每个项目中都以图表形式展现项目下的任务分解，让学生能清晰地了解和知晓本项目框架，有助于学生整体思维的形成。

2. 在任务学习中通过步骤流程分解，角色扮演，提高学生的实践操作能力。高职教育培养的是应用型技能人才，本教材在编写过程中通过工作任务、情景教学、案例分析等载体，充分调动学生学习的积极性和主动性，使更多的学生参与课堂讨论、课堂模拟演练、案例讨论等，培养学生的保险营销岗位适应能力、分析问题能力、解决问题能力。

3. 本教材在编写上利用实践操作、案例分析、课堂任务、课后练习等模块和栏目，较好地处理了知识与技能之间的关系，充分反映了保险营销领域中的新知识、新技术、新方法和新方向，具有鲜明的科学性和时代性。

作为金融保险类专业的专业课程教材，本教材适合高职高专院校金融保险类专业学生使用，同时也适合于金融保险企业进行员工培训之用，并可供保险营销爱好者阅读和参考。

本教材由辽宁金融职业学院吴沙沙负责编写。在编写过程中，笔者参考了保险相关网站和已有的各类教材，学习和借鉴了许多同行的理论观点，同时也得到了保险企业业务部门行家的指导，在此对相关作者及行业专家一并表示感谢！但鉴于编者水平有限，加之时间仓促，书中难免有疏漏和不足之处，敬请读者批评指正。

编者
**2018 年 8 月**

# 目 录

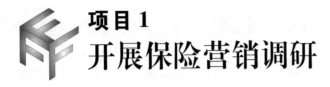

# 项目 1
# 开展保险营销调研

## 【学习目标】

了解保险营销及保险营销调研的相关内容；明确保险市场营销的基本内容及内外环境；掌握保险需求的内涵及其特征；能结合保险市场需求三步骤，根据保险行业展业要求寻找准客户；能设计目标人群保险关注度调查问卷，并编制保险商品营销计划书。

## 【项目导入】

认知保险营销及营销调研 → 调研保险市场营销环境 → 分析保险市场需求 → 编制保险商品营销计划书

## 【知识结构图】

开展保险营销调研
- 认知保险营销及营销调研
  - 保险营销
  - 保险营销调研
- 调研保险市场营销环境
  - 保险市场营销环境调查的基本内容
  - 保险市场营销的内部环境和外部环境分析
- 分析保险市场需求
  - 保险需求
  - 影响保险需求的因素
  - 保险市场需求实践步骤
- 编制保险商品营销计划书
  - 保险营销计划
  - 保险商品营销计划书的编制步骤

## ◼️ 任务 1–1 认知保险营销及营销调研

## 【案例引入】

### 驼鹿与防毒面具的营销启示

有一个推销员，他以能够卖出任何东西而出名，他的朋友对他说："如果你能卖给

驼鹿一个防毒面具，你才算是一个真正优秀的推销员。"于是，这位推销员来到只有驼鹿居住的森林，对驼鹿说："现在每个人都应该有一个防毒面具。"

"真遗憾，可我并不需要。"

"您稍后，"推销员说："您已经需要一个防毒面具了。"说着他便开始在驼鹿居住的森林地中央建造了一个工厂。

当工厂建成后，许多有毒废气从大烟囱中滚滚而出，不久，驼鹿就来到推销员处对他说："现在我需要一个防毒面具了。"

推销员便卖给了驼鹿一个。驼鹿说："别的驼鹿也同样需要防毒面具，你还有吗？"

"你真走运，我还有成千上万个。"

"可是，你的工厂里面生产什么呢？"驼鹿好奇地问。

"防毒面具。"推销员兴奋而又简洁地回答。

**思考：** 在日常生活中，对于保险产品，消费者尤其是女性消费者，其购买行为往往并不明确或漫无目的，所以就需要保险营销人员去发现客户需求、激发客户需求，甚至创造客户需求。本案例对你有什么启示？

（一）保险营销

1. 保险营销的含义。保险营销是以保险这一特殊商品为客体，以消费者对这一特殊商品的需求为导向，以满足消费者转嫁风险的需求为中心，运用整体营销或协同营销的手段，将保险商品转移给消费者，是保险企业在充分了解消费者保险需求的基础上，利用险种、费率、保险促销等组合手段去满足顾客需要，以实现保险公司长远经营目标的一系列活动。

保险营销的思想，是现代市场营销理论在保险经营管理中的运用，但保险营销并不是一般营销理论的简单应用。保险营销不等同于简单的保险推销，保险营销是一个系统的概念。首先，从业务员的角度来看，保险营销要求业务员与顾客之间互通有无，保持密切的联系，不只是卖保单的商业行为，更是永远的朋友。其次，从保险企业的角度来看，保险营销要求保险企业建立一套市场调研、营销策略运用、售后服务与创新在内的一系列活动，其重点在于根据市场需要设计保险产品，满足客户需要，其归宿是实现保险企业经营的战略目标。保险企业必须按照营销观念来整合保险企业的内部资源和业务流程，企业各部门要树立市场观念、服务观念、合作观念以及忧患意识，适应市场环境的变化，在营销与管理上不断创新。

2. 保险营销的特点

（1）核心产品的推销是保险营销的基础。保险产品的核心是提供经济保障，顾客购买保险并不是为了买一张保险单，其目的在于转嫁自身的风险，获得经济保障，维持生产和生活的稳定。保险产品并不为人们提供一个直观的外界对象的客体，不能以某种物理属性直接满足人们生活和生产上的需要，它的使用价值只是作为一种观念物而存在。保险营销人员的职责之一就是树立人们的这种观念，从而满足人们转嫁风险、获得经济保障的需要。

（2）形式产品的推销是保险营销的形式表现。保险产品的形式产品通过险种名称、保单条款、公司名称、保险费率等表现出来。保险商品买卖的成交，以保险合同关系当事人双方承诺履行一定的义务并取得相应的权利为基础。保险费率作为保险商品的价格，其制定发生在成本之前，这与有形产品的价格制定在成本发生之后显然不同。保险营销就是要通过保险产品的形式产品，实现保险商品的实际买卖。

（3）附加产品是保险营销实现的根本保证。保险产品的附加产品主要包括保险服务，保险服务包括保前、保中、保后服务。保前服务是指展业人员进行保险宣传，向投保人介绍有关保险知识，了解保户的保险需求等；保中服务主要体现在根据保户的实际情况进行保险设计；保后服务则包括防灾防损、出险后进行理赔等环节。保后服务至关重要，是保险营销有别于其他营销的重要标志。就有形商品而言，售后服务主要是为了促进销售，提高顾客满意度，显然与保险售后服务不可同日而语。因为人们购买保险，就是为了获得在一定条件下的经济补偿或给付，因而售后服务是保险产品整体概念不可分割的组成部分，是保险营销实现的根本保证，而有形商品则不一定非有售后服务不可。就其他服务商品而言，对顾客影响最大的主要是售中服务，例如餐饮、旅游等。

（4）保险商品与普通有形商品的分销渠道差异很大，主要表现在：首先，保险商品不存在实体分销。因为保险是一种服务商品，其生产与消费同时发生，没有实体转移的发生。其次，保险商品没有经销商。保险商品虽然有中间商—保险代理人和保险经纪人，但他们只是分别代表保险公司和保户签订保险合同，对保险商品既没有所有权，也没有费率决定权。

3. 保险营销的目的

（1）不仅要满足顾客的需求，而且要使其满意。有效的保险营销应达到这样的效果：由于所提供的某种保险商品较好地满足了顾客的需求和愿望，使其满意并产生购买本企业其他保险商品的愿望，或者通过需求得到满足的顾客去影响潜在顾客，扩大保险承保面。

（2）不仅要满足现实保险需求，而且要满足潜在保险需求。人们对保险的现实需求表现为对某种已存在的险种准备投保，而对保险的潜在需求则表现为由于某些原因还不可能立即投保，或者对某种险种的问世存在期望。满足潜在保险需求，要求保险企业在市场调查和预测的基础上，运用各种营销手段，开发新险种，开拓新市场，满足不同层次的保险需求。

（3）不仅要满足今天的保险需求，还要注意如何满足明天的保险需求。满足需求与愿望，必须建立一个动态的观念。随着客观经济环境的变动、消费者所面临风险状况的变化以及人们收入的增长，人们对保险的需求也在不断发生变化。保险营销要求业务人员及时掌握客户的这种变化趋势与程度，保险企业则利用汇总的信息掌握整个市场的动向，以不同的营销组合来满足人们处于变化中的保险需求。

（4）在以消费者为中心、满足顾客的保险需求与愿望的基础上，实现保险企业的经营目标。市场经济条件下，保险企业作为自主经营、自负盈亏、自我约束、自我发展的市场竞争主体和法人实体，其经营活动是一种有偿的经济活动，必须以谋求最大效益性为原则。

4. 保险营销的方式

（1）"一对一"的营销，即营销人员"一对一"地与客户接触，向其推销保单。这种营销方式的优点是不受时间、场所的限制，简洁、明快，易于沟通。其不利之处是耗

时费力，只强调个人的销售能力。但无论如何，这是最常用、最基本的营销方式，因为其他一些营销方式，最终都可能要通过"一对一"的方式来完成保单的售卖。

（2）展示会营销，即营销人员在某一固定场所全天候开展保险咨询服务。展示会的时间可长达数天，地点通常选择人员集中的地方，如机关、医院、学校门口。展示会营销的关键在于化无形为有形，让人们深刻了解、认识保险这个无形商品。展示会节省了客户的交通时间，缩短了保险企业与客户的心理距离，可以吸引众多的人，还有利于培养新的保险营销人员。但展示会通常只是营销人员与客户交换信息的场所和桥梁，真正的销售是将现场的资料筛选后的继续追踪。

（3）说明会营销。这是一种直接到客户所在单位开展"一对多"的营销方式，通常是散发必要的宣传材料和纪念品，辅以短则10分钟，长可达40分钟的说明，主要向顾客介绍个别险种，通过顾客之间的相互影响，激发购买动机，其成败与主讲者的关系密切。

（4）座谈会营销。这是一种通过与客户的长时间交谈以增进相互了解的营销方式，接触人员的规模通常不超过10人，着眼点在于建立与客户的长远关系，提高高额保单销售的成功率，争取保户对潜在顾客的影响。

5. 市场营销对保险公司的战略重要性。随着我国社会主义市场经济体制的日益深化，与大多数商品一样，保险服务这种特殊的"商品"也已经告别了短缺时代，开始了激烈的市场竞争。以往专注于"生产"和"提供"产品的营销思想，已经不能适应不断变化的经营环境，市场营销作为经营管理的一种全新的理论和方法，逐渐受到保险界的重视，并被引入这一领域。

（1）市场营销在特定阶段是有效地销售保险服务、快速扩展市场份额的操作性手段。保险公司经营的最终目标在于利润最大化或股东权益最大化，其关键在于有效地销售自己的保险服务。在居民整体保险知识比较缺乏、保险意识较弱、保险公司产品趋同性特征明显的情况下，力量强大的市场营销手段对于有效地销售保险服务、快速扩展市场份额具有重要意义。实践证明，在这个阶段，恰当的市场营销策略对于催醒公众的保险意识、彰显保险公司的个性化服务、吸引潜在客户成效尤为显著。一个最具说服力的例子是：1992年美国友邦保险公司在进入上海市场之初，为了迅速打开市场局面，扩大公司知名度和影响力，引入了全新的寿险个人营销方式，组建了4000多人的营销队伍，短期内就取得了奇效。1994年上海寿险新签保单77万份，其中友邦公司就占了70万份，人保、太保、平安"三巨头"仅占了7万份，给上海乃至全国寿险营销业和传统营销观念带来了强烈震撼，迫使其他保险公司不得不纷纷效仿。

（2）市场营销是挖掘保险的潜在需求，开辟新的成长空间的策略性措施。同发达国家"无所不保"的保险体系相比，我国还有很大差距，存在巨大的潜在需求。尽管有着"中国是地球上最后一块最大的尚未开发的市场"的说法，但我国保险业的竞争仍异常激烈，呈现出相对供过于求的局面，此中反映出来的一个问题是，在保险有效需求方面存在激烈竞争的同时，尚有相当部分的潜在需求未能转化为有效需求。因此，谁能够开发潜在需求，谁就能够开辟新的成长空间，赢得公司的快速发展。与传统的营销手段相比，市场营销不仅更注重系统的、综合性手段的运用，而且更能有利于挖掘潜在需求，延伸企业的触角，从而扩张业务量。不仅如此，由于市场营销更贴近市场，贴近客户，能够更充分地了解市场和客户的信息，因而更有利于细分和准确定位市场，创新和个性化其产品和服务，提升其竞争力。额外的一个收获是，信息非对称性的降低，有助于防止保险销售中的道德风险和逆向选择。

（3）市场营销是保险公司塑造良好企业形象的战略性途径。市场营销通过市场需求分析、目标市场定位、产品结构优化、销售渠道畅通、顾客服务优质等序列环节和促销、广告、公益性活动等系列策略，不仅可以向客户提供优质服务，而且可以提高公司的知名度和传播美誉度，久而久之，就会塑造公司的良好形象、赢得公众的信赖和支持。在激烈的市场竞争中，良好的企业形象、公众的信赖和支持就是品牌，就是核心竞争力。

（二）保险营销调研

1. 保险营销调研。调研指通过各种调查方式，比如现场访问、电话调查、拦截访问、网上调查、邮寄问卷等形式得到受访者的态度和意见，进行统计分析，研究事物的总体特征。调研的目的是获得系统客观的收集信息研究数据，为决策做准备。而保险营销调研，也称保险市场调研、保险市场调查、保险市场研究等，有广义和狭义之分，狭义上的保险营销调研，主要是保险公司或保险营销团体针对保险客户所做的调查，也就是以购买保险产品、进行保险消费服务的个人或团体为对象，来探讨保险产品和服务的购买、消费等各种事实、意见及动机。而广义的保险营销调研涵盖了从认识市场到制定保险营销决策的全过程，具体研究对象包括保险市场需求、产品开发、分销渠道、销售组织、人员培训、广告、促销活动等各方面的营销内容。保险市场营销研究的内容可包括保险市场营销的管理、保险市场营销环境的分析、保险市场营销目标的选择和保险市场营销策略的制定等。

2. 保险营销调研的模式。保险市场营销是以保险市场为起点和终点的活动，它的对象是目标市场的准保户。保险市场营销的目标不仅是为了推销保险商品获得利润，而且还是为了提高保险企业在市场上的地位或占有率，在社会上树立良好的信誉。

保险营销调研进行目标客户调查时，重点从两大方面进行研究：一是需求动机调查，包括消费者的购买意向、影响消费者购买动机的因素、消费者购买动机的类型等；二是购买行为调查，包括不同消费者的不同购买行为、消费者的购买模式、影响消费者购买行为的社会因素及心理因素等。

一般来说，根据不同的市场研究目标，保险营销调研可以采取不同的调研方式与手段，但总的来说，保险营销调研不外乎是发现市场问题、分析市场状况和找到解决方式，相应地，为满足上述目标可以设计下列三种调研模式。

（1）探索性保险营销调研。当保险公司对需要调研的问题尚不清楚，无法确定应调查的主要问题是什么或者无法知道究竟是哪个方面出了问题的时候，可以通过收集初步的数据，借以分析某一问题的发展趋势，找出问题和症结所在，并提出若干假设或思路，再根据问题进一步细化调研。这个时候进行的就是探索性保险营销调研。如调查某保险产品在未来两年的潜在市场需求度。

（2）描述性保险营销调研。描述性保险营销调研是保险公司通过市场调研收集到数据和资料后，通过图表和数据处理结果的其他形式对保险市场或保险营销的相关问题进行客观描述，对某一问题做出定量的描述，借以发现问题的实质，但一般不探讨各变量

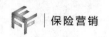 

之间的因果关系。如调查分红型产品占当年全部业务的比例。

（3）因果性保险营销调研。因果性保险营销调研是指调查某一事件的原因，主要用来弄清楚原因与结果之间的关系，确定各变量之前是否存在因果联系。如为什么某保险产品不受市场青睐等。

表 1-1 　　　　　　　　　　三种调研模式的目的与功能

| 调研模式 | 调研目的 | 功能 |
|---|---|---|
| 探索性保险营销调研 | 发现问题 | 解决"是什么"的问题 |
| 描述性保险营销调研 | 描述状况 | 解决"怎么样"的问题 |
| 因果性保险营销调研 | 解释原因 | 解决"为什么"的问题 |

## 【知识小结】

保险营销是以保险这一特殊商品为客体，以消费者对这一特殊商品的需求为导向，以满足消费者转嫁风险的需求为中心的一系列活动。保险营销的目的是满足消费者的需求，故保险营销调研环节非常重要，保险企业在充分了解消费者保险需求的基础上，才能把保险商品转移给消费者。

## 【考核】

**思考题**

1. 分析保险营销的含义及特点。

2. 分析保险营销调研的三种模式。

**课后训练**

请分析下列活动属于哪种模式的保险营销调研：

（1）某保险公司推出一款新产品，但市场反响并不理想，不知原因何在。

（2）某保险公司拟开发大学生保险市场，不知情况如何。

（3）某保险公司推出分红险后，恰逢股市大跌，该险种销售良好，超过预期，公司想知道是不是资本市场不景气导致的。

## 任务 1-2　调研保险市场营销环境

保险市场营销环境是指影响保险企业的营销管理能力，使其能成功发展和维持与目标客户交易所涉及的一系列内部因素与外部条件的总和。保险市场营销环境是复杂多变的，随着社会经济、文化、政治的发展变化而不断变化。同时，保险市场营销环境的各因素不是孤立存在的，而是相互作用、相互制约的。因此，保险企业只有认真研究分析，才能在复杂多变的营销环境中得以发展。

（一）保险市场营销环境调查的基本内容

保险市场需求调研是对保险市场中消费者的有效保险需求或潜在保险需求状况进行摸底的调查，通常包括政治与法律环境、市场环境、经济和技术环境、社会文化与人口环境、竞争对手等各个方面。

表 1-2　　　　　　　　　　　　　保险市场营销环境调研内容

| 环境因素 | 调研内容 |
|---|---|
| 政治与法律环境 | 政府对保险业的法律法规及态度变动情况，政府的经济政策变动情况，政府的社会政策（如社会保障、医疗制度改革）变动情况，涉外险中有关国家政局的变动情况 |
| 市场环境 | 各种保险险种的市场需求情况，新险种的开发情况，保险代理的分布、代理的业务流程、客户对保险代理的意见，保险广告语公共关系、保险促销形式、最佳促销方式与渠道选择等 |
| 经济和技术环境 | 社会总收入与保险业的发展，居民储蓄与信贷情况，不同阶层的家庭及收入，客户的保险购买力，消费方式的变化与保险，科技发展及风险预测，现代化技术与风险增加等 |
| 社会文化与人口环境 | 社会治安与保险情况，人口分布特点与保险，农村人口与保险，家庭结构、劳动就业与保险，文化教育水平与保险，人口年龄结构与保险，传播媒介与保险宣传，文化与保险宣传，文化习俗对保险观念的影响，文化与保险价格的制定，文化习俗对险种开发及投放市场的影响，区域文化与保险消费等 |
| 竞争对手 | 保险竞争对手属性，竞争对手各类保险产品的销售额，保险竞争对手在各个地域的市场份额及其变动情况，各保险竞争对手的区域销售渠道、网店分布情况及这些网店、渠道的销售情况，竞争对手是否有价格战行为，保险竞争对手的广告、宣传的方法等 |

（二）保险市场营销的内部环境和外部环境分析

保险营销环境还可以从内部环境和外部环境来进行分析。研究内部环境的主要目的是发现企业自身的优势和劣势；研究外部环境的目的是发现市场机会和分析企业面临的威胁。

1. 内部环境。内部环境是指影响公司业务能力并受公司控制的所有内部因素，包括公司的雇员和管理层、公司的使命、公司的目标和商业理念、公司的企业结构、公司的财务、物质和技术资源以及公司的优势和劣势。

内部环境因素是市场经营者可以依靠的实力。许多因素都会对公司的营销活动与计划产生影响，但最重要的是公司的产品组合、目标市场、分销体系、规模、资源及企业文化。

（1）产品组合。产品组合即产品的经营结构即产品的搭配。营销者要明确自己的产品能为顾客提供何种满足，还要通过一定的产品形式将核心利益体现出来提供给目标客户。如有的保险公司经营种类繁多的保险产品，既经营人寿保险又经营健康险、意外伤害保险和投资类的保险，它们具有相关的特征，而有的保险公司专门集中经营一种保险产品。

产品组合主要体现在产品线的划分、产品组合决策和产品的质量、特色以及设计方面。产品线指相互关联或相似的产品大类，其中的每一个内容都称为产品项目，如人寿保险、健康保险、意外伤害保险等。公司产品线的长短是否合适可以用两种方法来判断，一是如果增加产品项目可增加利润，就表示产品线太短；二是如果减少产品项目可增加利润，就表示产品线太长。

（2）目标市场。任何一个公司都不可能全面满足所有顾客的需要和欲望，均会采取三个步骤：细分市场、确定目标市场和确定市场定位。通过目标市场分析可以发掘最佳的市场机会，按市场要求改良现有的产品和开发产品，还可以将有限的资源集中在目标市场上。

（3）分销体系。分销体系是指分销渠道的体系，分销渠道是指某种产品从生产者转移到消费者的过程中所经过的所有环节。产品流通所经过的中间环节越多，则分销渠道越长，同一层次分销环节越多，则分销渠道越宽，保险公司必须根据产品的特征来选择分销体系。例如，向富裕而受过良好教育的市场销售具有投资类型的保险，保险公司可以选择采用代理人或经纪人的分销体系，以便给顾客提供更加全面的咨询服务、解释产品、回答疑问、进行售后服务等。但对航空意外险或旅行保险则更适合通过直销的分销体系，在机场或旅行社进行直销。

（4）公司的规模和资源。通常，大型的保险公司拥有较多的财务、技术和营业网点、管理的资源供其支配，使其能够将更多的保险产品投放市场，得到较大的客户群。顾客和许多代理机构对该保险公司产生较好的信誉，监管机构也会对该公司予以较高的信用评级。小型的保险公司更有能力对环境变化及时做出反应和处理，因为其信息传输的线路较短。

（5）企业文化。企业文化是一个组织内共有的价值观、信仰和习惯体系。该体系与正式的组织结构相互作用形成行为规范，企业文化指导人们行为的价值观和标准，它决定着组织的大方向。企业文化包括很多方面的内容，比如企业精神、绩效评价与报酬、组织结构与制度、员工之间的配合、问题与机遇的确定和处理等。

2. 外部环境。外部环境是指公司控制范围以外的所有因素，包括技术、经济条件、竞争者、风险投资人、贸易协会、监管机构、行业协会、税收政策、法律法规等。

外部环境是不受公司控制的环境因素，外部环境的变化将对公司提供的产品、价格、促销方法、分销渠道产生显著影响，就保险公司而言，影响其营销业务的主要外部环境有竞争环境、经济环境、技术环境、社会环境和法律环境。

（1）竞争环境。每一家公司都会面临竞争，竞争者在市场上能够提供相同产品或服务满足特定市场需求的任何其他公司。保险公司会不断追踪现有的和潜在竞争者营销行为，对竞争对手的新产品、特殊的促销手段、价格的调整、分销策略的变化以及其他行动有所察觉，以便能制定出不少营销策略。保险市场竞争主要包括两个方面：一是同业竞争，即保险企业之间在经营规模、险种、信息、服务质量和价格水平上展开的竞争；二是行业间的竞争，即保险企业及其他行业相互渗透，引起资金转移而产生的竞争。目前，保险市场竞争状况日益激烈，这就要求保险企业重视对保险市场竞争状况的研究，掌握竞争对手的情况，据此制定经营策略，充分发挥自己的竞争优势，从而获得更大的发展。

（2）经济环境。从保险业来说，影响最为重要的经济环境有经济周期、消费者的购买力、消费者储蓄和信贷情况、消费者支出模式的变化、通货膨胀等。一方面，国家经济的持续高速发展，使老百姓的收入和储蓄不断增长，较高的储蓄水平表明保险企业具有潜在的市场资源。调查显示，在我国城镇居民储蓄动机中，以养老、防范意外事故、子女教育为存款目的的比例明显提高。储蓄的目的与保险的目的极为相似，人们收入水平的提高，无疑将扩大对保险的需求规模。另一方面，人们的消费观念在发生着转变。随着城乡居民受教育水平的不断提高，人们的消费观念也在发生着变化，受教育程度高的超前型消费者和追随型消费者，他们对生活、工作、消费、储蓄及未来持有新观念，认为有必要为未来做好准备，以使自己退休后不会成为子女的负担，或确保自己在遭受意外时，家庭不会陷入经济困境，因此购买保险的积极性较高。

（3）技术环境。计算机技术使得保险公司的代理人能够在推销过程中提供个人销售说明，为代理人省去了大量的拜访客户的时间。而通讯技术的发展也极大地改变了市场经营者促销产品和顾客获得产品信息的方式。以往保险公司常通过电视和报纸推销保险产品，如今可以通过互联网在银行大厅或商业街的终端进行促销活动。保险代理人和消费者可以通过手机、电子邮件、传真机相互沟通，顾客可以通过各保险公司的24小时服务电话获取需要的信息和咨询服务。

（4）社会环境。社会环境是由各类消费者群体构成的一个人口总体，它们有自己的人口特征、价值观、信仰及共同遵守所养成的行为规范。社会环境对消费者的购买行为产生直接影响，从而影响企业的走向和营销。我国的传统文化是一种重视人际关系、伦理道德的文化，对我国保险企业市场营销活动有着极为深远的影响。保险企业在进行市场营销活动，涉及社会文化环境时，应注意以下几个方面的差异，并采用不同的营销方式。例如，不同的民族有不同的文化传统和民风习俗、礼仪，宗教信仰的不同，会导致文化倾向、禁忌的不同，这影响着保险企业营销方式的选择；具有不同职业、不同阅历的消费者，在保险商品的购买倾向上也呈现不同的态度。

（5）法律环境。法律环境是指与市场营销有关的各种法律、法规及有关的政府管理机构和社会团体的活动。一国政府常常运用政策措施通过颁布有关法律、法规来规范和制约企业的活动。企业一方面可以凭借这些法律维护自己的正当权益，另一方面也应依据法律来进行生产、经营活动。

## 【知识小结】

随着社会经济、文化、政治的发展变化，保险市场营销环境也会更加复杂多变，保险企业只有认真研究分析保险市场营销的内部环境和外部环境，才能更好地提升保险企业的营销管理能力，让保险企业在复杂多变的营销环境中得以发展。

## 【考核】

**思考题**

1. 保险市场营销环境调研的基本内容有哪些？
2. 为什么要进行保险市场营销环境分析？

**课后训练**

### 案例分析：日本大和生命保险公司宣告破产

2008年10月10日，日本大型生命保险公司"大和生命保险"因深陷经营困境而正式宣布破产，这是因美国次贷危机而引发的全球金融危机中首家破产的日本金融机构。日本舆论认为，这很可能意味着始于美国的金融危机已开始波及日本。

与业界其他公司相比，大和生命保险公司一直高成本经营，为追求利润而过度依赖高风险、高回报的金融商品。由于此次美国次贷危机相关损失不断扩大，使该公司财务状况不断恶化，负债总额最终高达约2695亿日元（约合185亿元人民币），结果到头来将自己逼入绝境。在10日于东京举行的记者会上，大和生命保险公司社长中园武雄说

"从心底感到抱歉"，并解释破产的原因是"由于全球金融市场的动荡，公司所持的有价证券跌幅超出预想"。

对于大和生命保险公司的破产，日本金融厅10日迅速出面解释称，大和生命保险公司的破产是特殊案例，完全不认为其他生命保险公司也会发生相同的情况。经济财政政策规制改革担当大臣与谢野馨说，大和生命保险公司是日本保险业规模最小的公司，"独特商业模式"使它的破产成为个案，"希望日本投资者根据日本经济基本面作出冷静的决定"。然而，令人感到担忧的是，受隔夜美股道琼斯指数暴跌并创下历史第三大跌幅，以及外汇市场日元兑美元比价飙升至98关口的影响，10日东京股市出现恐慌性杀跌，日经指数继8日之后再度低开低走，盘中一度暴跌1042.08点，报8115.41点，跌幅达到11.38%，最终暴跌9.62%，收于8276.43点，为2003年5月底以来的最低收盘点位。股市急挫迫使位于东京的商品交易所和大阪证券交易所短暂停止部分期货交易和股票预购买卖。

日本舆论普遍认为，美国次贷危机已经引发了一场席卷全球的金融风暴，与欧美金融机构相比，日本此前蒙受的损失似乎相对较少，然而大和生命保险公司的破产难免会引发忧虑，从而使人开始担心日本其他金融机构是否会遭受连锁的负面影响。

资料来源：http://www.sina.com.cn。

思考：分析大和生命保险公司破产的原因，思考保险营销要考虑哪些环境因素。

## 任务1-3　分析保险市场需求

（一）保险需求

1. 保险需求的内涵。西方经济学中的需求是指消费者愿意购买并且有能力购买的商品的数量。保险营销人员就是要不断挖掘具有保险需求或潜在保险需求的这类群体。著名心理学家马斯洛对人的需求进行深入研究，并形成著名的"马斯洛需求层次理论"，马斯洛需求层次划分的意义在于：某一层次的需要相对满足了，就会向高一层次发展，追求更高一层次的需要就成为驱使行为的动力。一般来说，越是低层次的需求，越是基本需求，也就越迫切，人类的安全需求是比较基本和低层次的需求，这是因为人类在漫长的历史长河中，总是希望在安全的环境中安居乐业，但不可避免的是，在人类发展的历程中，不仅会遭遇自然灾害，还会面临社会风险，这些风险的存在，让人们不断地探寻风险管理的方法，来转移风险和规避风险，而保险的出现则很好地满足了人们追求安全的需求。因此，当人们意识到保险能满足自身的安全需求时，安全需求即可部分转化为对保险的需求，保险产品的出现就恰逢其时。

综上所述，保险需求是人们为转移风险而产生的渴求和欲望，是促成投保行为的内在动力。人们在一定条件下形成一定的保险需求，由一定保险需求引发投保动机，最终由投保动机支配投保行为。所以说，保险需求是指在特定时期内、特定地区内的个人和社会组织有欲望购买并有足够能力支付某一保险产品的数量。

2. 保险需求的特征

（1）保险需求的客观存在性。"无风险，无保险"。保险需求的存在前提是风险的存在，由于风险是客观存在的，保险作为一种应对风险的方法，对它的需求也就是客观

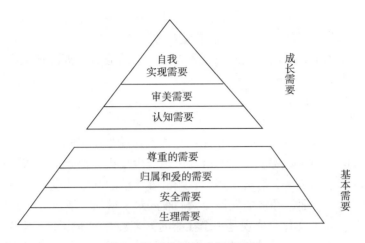

**图 1-1　马斯洛需求层次模型**

的。因此，保险需求是必然存在的，无论消费者是否意识到，在现实生活中，面对各类风险，并不是所有人都会选择购买保险，原因是多种多样的，一方面是由于人们可选择其他的风险处理方式；另一方面是很大程度上人们没有真正认识到保险需求，需要营销人员去引导、开发。

（2）保险需求的非渴求性。保险需求的非渴求性，是指消费者不会迫切地需要保险产品。由于风险的未来性和不确定性，使人们没有产生十分迫切的保险需求。一方面，虽然风险是客观存在的，但是风险基于其不确定性，不一定必然发生。因此人们会存在一种侥幸心理，认为风险的出现是偶然现象，发生的概率必然会很小，所以是否具有保险不是十分迫切。另一方面，风险是未来的，而人的天性是比较重视眼前的，人们一般意识不到将来的风险对现在的影响。

（3）保险需求的避讳性。祈求平安吉祥、惧怕灾难是人的本能，人们会对疾病、死亡、事故等词语非常避讳，而保险却与它们紧密相连。因此，人们会对保险有着本能的排斥情绪，这也是保险营销处于困境的主要原因。所以，保险营销人员要具备一定的耐性，设身处地地为消费者着想，用真诚的态度、广博的经济与金融知识来博得顾客的信赖。

（4）保险需求的差异性。保险需求的差异性表现为人们对保险的种类、强度和数量方面的不同需求。一般商品都具有标准体，但是保险产品不同，尽管很多险种有标准合同，但是没有完全相同的保险标的，所以保险需求具有差异性，也就是个性化比较强。保险人是否承保、费率的高低都要严格按照保险标的的风险情况来确定。

（5）保险需求的高弹性。相比于一般的产品而言，消费者对保险产品的需求弹性比较大。许多外部环境的变化都会引起投保人以及潜在的投保人购买决策的变化。如经济环境、人口环境的变化，自然灾害的发生等，都制约着保险人的投保决策。比如，市场利率上升时，他们会退保或选择投资连结类的险种。另外，个人因素的变化也会对购买决策产生影响，例如收入水平、健康状况、生活经历等。

（6）保险需求的隐蔽性。安全需要的产生是以风险存在为前提的。风险难以识别，从而导致与未被识别风险联系在一起的安全需要无法直接显露，而只是一种潜在需求。

保险营销人员的一项重要工作就是要将这种潜在的保险需求转化为现实的保险需求，继而将这种现实的保险需求转化为消费者的购买动机并最终采取购买行动。具体做法是，站在客户的利益立场上，运用系统的观点和方法，帮助他们分析识别所面临的风险，同时诱发其购买动机。

（二）影响保险需求的因素

1. 社会因素

（1）经济发展水平。经济发展水平从两个方面影响保险需求。一方面，经济的发展可以创造出更多的新的保险需求，如城市的出现产生了火灾保险的需求，航海的发展产生了海上保险的需求，潜水、滑雪、赛车、蹦极等活动的开展产生了针对高危运动的意外险保险产品。另一方面，经济的发展使人们收入水平增加，呈现出许多保险需求。

（2）文化价值观。文化价值观是一个社会的大多数成员所信奉、被认为应为社会所普遍倡导的信念。文化价值观是通过一定的社会规范来影响投保人的投保行为的。具体包括：①他人导向价值观，反映社会关于个人与群体的合适关系的观点与看法。例如，集体取向的文化就比个人取向的文化更加重视集体的作用，投保人在作出决策时可能就会较多地依赖他人的帮助和指导。②环境导向价值观，反映社会与其经济的、技术的和特质的环境之间相互关系的看法。如一个安于现状、对承担风险采取回避态度的社会，投保人在投保时可能对新险种较为谨慎。③自我导向价值观，反映的是社会成员认为应为之追求的生活目标及实现这些目标的途径、方式。如一个鼓励人们居安思危、细水长流而不是及时行乐的社会，投保人在投保时会表现出积极、主动且比较理智的行为。

（3）社会阶层。社会阶层是依据经济、政治、教育、文化等多种社会因素所划分的社会集团。我国经济学家曾将消费阶层划分为超级富裕阶层、富裕阶层、小康阶层、温饱阶层、贫困阶层。从投保行为表现来看，超级富裕阶层表现得较为沉着冷静，富裕阶层表现得比较激动，小康阶层表现得相对保守，温饱阶层表现得比较犹豫，贫困阶层则表现得比较冲动。

（4）参照群体。参照群体又称相关群体或榜样群体，是指一种实际存在的或想象存在的，可以作为投保人判断其投保行为的依据或楷模的群体。参照群体对投保人有着强大的影响力，其标准、目标和规范会成为投保人的"内在中心"。投保人会以参照群体的标准、目标和规范作为行动的指南，将自身的行为与群体进行对照。通常，影响投保人投保行为的参照群体有家庭、邻居、同学、朋友、社会团体和名人名家等。

参照群体对投保人投保行为的影响体现在：①提供信息性影响，使其投保行为更加果敢；②提供规范性影响，使其投保行为更受赞赏与认可；③提供价值表现上的影响，使其投保行为更为主动。

（5）家庭影响。家庭也是保险产品的基本消费单位。家庭对投保行为有着直接的影响：家庭的类型影响投保人投保行为的独立性，家庭机构的变化使投保行为更加果敢。处于家庭生命周期的不同阶段，投保人的投保行为的理智性、果敢性也不同。家庭的实际收入水平影响用于购买保险的支出金额，对家庭的预期收入的估计影响超现实的投保行为。购买保险的决策通常由家庭成员共同决定，通常父母的消费习惯会影响子女的消费行为。

2. 心理因素

（1）动机。动机是鼓励人们采取某种行动、表现某种行为或为某一目标而行动的内在驱动力。动机是行为的直接原因，推动和诱使人们从事某种行为。动机由需求产生，而人的需求多种多样，动机也多种多样。在一定时期内，众多动机中只有一个最强烈的动机能促使人们采取行动。

消费者购买动机是推动消费者实行某种购买行为的愿望或念头。消费者购买动机一般分为生理动机和心理动机两种。生理动机是指消费者由于生理上的需求所引起的购买动机；心理动机是指社会发展到一定水平时，人们因为心理需求产生的购买行为。

（2）认知。认知又称知觉，是人脑对直接作用于感觉器官的客观事物个别属性的整体反映，是人们选择、组织和解释信息以便理解其含义的过程。知觉对投保行为的影响更直接、更重要，经知觉形成的对保险产品的认知，是投保行为发生的前提条件。

（3）学习。学习是投保人在投保活动中不断获取知识、经验和技能，不断完善其投保行为的过程。事实上，投保行为很大程度上是后天学习得来的。投保活动的每一步都在学习，从感知保险产品到投保决策及保后体验，都是学习的过程。学习是投保行为的关键，通过学习，消费者增加了保险产品知识，丰富了投保经验，从而有助于促发投保人重复性的投保行为。如果一个消费者在较长时期内持续地、习惯性地购买某公司的险种，那么他就已建立了对该保险公司的品牌忠诚。

（4）态度。态度是投保人确定投保决策、执行投保行为的感情倾向的具体体现。态度的形成与改变直接影响投保人的投保行为，对保险持积极肯定的态度会推动投保人完成投保活动，而消极否定的态度则会阻碍投保活动。例如，对某险种有较好体验的客户会对该险种及提供该险种的公司产生积极的态度，而对某险种有较差体验的客户会对该险种及提供该险种的公司产生消极的态度。态度一旦形成便很难改变，而且那些持有消极态度的消费者不仅不会继续购买，还会影响其他消费者对保险产品或特定保险公司的态度。而作为保险营销人员，拓展市场开发客户的一个重要任务就是给客户树立保险行业良好的印象，影响其态度，让其认可保险并产生需求。

由于保险产品的特殊性，在保险营销实践中，投保人经常表现出两种态度：一是拖延，特别是涉及需要长期支付保险费的时候，认为满足今天的需求比满足明天的需求更容易，因而往往使长期保障服从于其他更为现实的需求；二是避免，因为保险总使人联想到不愉快，对风险的恐惧抑制了人们考虑保险保障，人们不愿意去想死亡的不可避免和提前做准备的需求。这一切都会影响消费者的投保行为。

3. 个人因素

（1）人口因素。人口因素主要是指人的个人特征，如年龄、性别、收入水平、民族、教育程度、家庭构成、婚姻状况、职业、生活方式和生命周期阶段等。人口特征能够极大地影响消费者行为。

从年龄上看，不同年龄阶段人群对保险需求不同。例如，年龄较大者更关心养老保险、重大疾病保险等，而年轻人则更关心意外伤害等。从收入水平上看，收入高的人相对于收入低的人来说，更倾向于购买高保额的多种保险产品；收入较低的人只能购买保额比较低的险种，甚至没有保险需求。收入过高的人认为自己能够处理风险，对保险没有需求。从职业上看，从事危险职业人群的保险需求明显高于低风险职业人群。从生活方式上看，有些人喜欢风险，有些人却讨厌风险。由此可见，不同的人群具有不同的保险需求，即使同一个人在不同时期的保险需求也会不一样。

（2）角色和地位。每个人在社会中都充当着某一角色并占据与之相称的地位。角色是指处于特定地位的个人应该做出为社会所期待的行为模式。地位是指与群体中其他成员相对照，个人在社会中所处的位置。例如，同样是男性，未婚、已婚和为人父是三种不同的角色，具有不同的社会地位，相应的保险需求也不同。因此，不同的角色和地位决定了消费者的投保行为，保险营销人员应该细致研究和适应人在不同身份和处于不同地位时所面临的具体保险需求，为不同的客户设计满足其需求的产品。

（三）保险市场需求实践步骤

## 【案例引导】

### 到和尚庙卖梳子

公司考核 4 个营销员，给出特殊任务：到和尚庙里卖梳子。

第一个营销员空手而回，说和尚们都笑他傻：他们连头发都没有，哪用得着梳子？

第二个营销员销售了十多把。他告诉和尚，没头发也要常梳头，止痒活血，有益健康。一些和尚被说动了，买了梳子。

第三个营销员到庙里跟老和尚讲，您看来上香的有不少女香客，拜佛磕头，头发都乱了。您在庙堂蒲团旁放些梳子，这些香客磕完头随手可以梳个头整整容，她们会感到这个庙的关爱，下次就会再来上香。这一下，就销了百十来把。

第四个营销员更有办法，他向方丈提了个建议，庙里经常接受捐赠，得给人家一些礼品作回报。梳子很便宜，可若是您在梳子正面写上庙名，反面刻上三个字"积善梳"，再加上方丈亲笔署名，这样梳子就变成珍贵礼品了，香客来了送一把，庙里香火将会更加繁荣。老方丈连说有道理，把上千把梳子全买了，而且还订了货！

启示：机遇永远存在，但要用心寻找，甚至创造。老守着"和尚要梳子干什么用"的思维定式，注定卖不出"梳子"。

保险市场需求实践步骤如图 1-2 所示。

第一步：分析保险市场需求。

1. 保险市场需求的概念。保险市场需求是一个总括性集合性的概念，是在各种不同的费率水平上，消费者购买保险商品数量表

**图 1-2　保险市场需求实践步骤**

（单）。即在特定时间内，在不同的费率水平上，消费者保险需求的集合形成了保险市场需求。

与一般需求的表现不同，保险需求的表现形式有两方面：一方面体现在物质方面的需求，即在约定的风险事故发生并导致损失时，它能够对经济损失予以充分的补偿；另一方面则体现在精神方面的需求，即在投保以后，转嫁了风险，心理上感到安全，从而消除了精神上的紧张与不安。然而，由于保险商品的特殊性，消费者除了要有投保欲望与缴费能力以外，保险利益的存在成为保险需求的首要前提。

2. 客户保险需求分析的一般过程如表 1-3 所示。

表 1 - 3　　　　　　　　　　　　　客户保险需求分析的三个步骤

| 过程 | 步骤 1：收集资料 | 步骤 2：资料分析 | 步骤 3：需求分析 |
|---|---|---|---|
| 内容 | 收集客户的年龄、收入、婚姻状况（子女）、有无贷款（房、车）、社会保障（养老、医疗）等相关信息。可以通过面谈、电话或调查问卷等方式完成。 | 针对不同的人生阶段和收入水平分类，有助于制定差异化的营销策略。 | 将客户需求与保险产品联系起来，设计购买方案，激发客户购买行动。 |

3. 客户购买决策过程。作为保险营销人员，向客户推销保险产品时，首先须明确客户购买的一般流程，并且要时刻清楚客户目前处在"购买决策过程"的哪一步，以便提供针对性的服务。客户购买决策过程通常包括：发现问题、确认需求、收集信息、对比选、决定购买、购买评价。

在客户购买流程的不同阶段，营销人员的任务是不同的。对应客户的购买流程，保险业务员各阶段的营销工作内容如下：业务员的售前调研——初次见面与问候，取得客户信任，与客户建立亲善关系——获取需求信息——产品价值说明——提出解决方案、证明自己——消除反对意见——要求客户下单——跟踪回访，售后服务。

第二步：挖掘客户保险需求。

1. 保险需求的现实表现：

（1）尚未意识到保险需求。尚未意识到保险需求的人群在我国的保险市场中所占的比例相对较高，这部分人，要么根本不知道风险存在的客观性和风险发生的损失性，要么对保险的机制或制度不了解。

（2）意识到了保险需求但无货币支付能力。由于经济原因，这部分人已经认识到风险存在的客观性、不稳定性和损失性，对保险产生了需求，但由于无货币支付能力，因此只能放弃对保险的需求，无法实现保险购买行为。

（3）意识到了保险需求但对保险存在错误认识。我国公民的保险意识不强，其中许多人对保险存在错误认识，如怕吃亏，认为保险公司的保险业务无非是一种赚钱行为，购买保险占不了便宜；或抱侥幸心理，认为只要自己小心防范，意外事故就不会发生在自己身上。因此，许多人把理应实现的保险需求转换到诸如银行储蓄、股票基金等其他渠道，而并未购买保险。

（4）意识到了保险需求但保险公司营销活动不到位。保险需求的客体是一种特殊的商品——保险，顾客通常看到的是一份印有保险条款的保险合同，极其抽象，因此，营销人员劝说消费者购买保险产品要比让消费者购买一般的有形商品困难得多。保险公司的营销宣传方式、策略等不到位，都会致使人们未能了解保险进而不接受保险商品。

（5）意识到了保险需求并会实现购买。这部分人意识到了风险的存在而产生了保险需求，在其他因素的影响下向保险公司购买了保险，实现了保险购买行为。

2. 影响客户购买行为的因素。对于潜在的保险客户，影响其做出购买决定的因素主要有以下几种：

（1）没有信任感。在保险销售过程中，客户回复往往是"客户不认可保险""客户没有钱买保险""客户说过段时间再考虑保险"等。然而，客户真的不认可保险吗？客户真的没钱买保险吗？客户真的觉得眼下并不是投保的最好时机吗？如果深入了解客户需求，弄清客户的顾虑，就会发现这些并不是客户内心真实的想法。也许原因简单，但

所有的拒绝都来自客户对营销人员的不信任。

## 【营销话术】

### 取得客户认可

营销人员：张总，现在我们看了许多资料，也谈了很多问题，谢谢您耐心地和我谈了这么多。到目前为止，您能不能坦率地告诉我，您觉得我的工作做得怎么样？

（目的：探测客户信任的程度）

营销人员：我之所以这样问您，是因为我们公司和我本人都希望为您提供更好的服务。我有没有遗漏掉什么？还有什么需要改进的？请您坦率地告诉我，好吗？

（目的：提升客户信任度）

营销人员：那就是说，到目前为止您还是挺满意的，是吗？

（目的：巩固信任）

资料来源：周灿，常伟.保险营销原理与实务［M］.北京：电子工业出版社，2014.

（2）没有需求。许多营销人员业绩不理想的症结在于漫无目地地向客户介绍保险产品，结果是徒费口舌，不但没有把自己的产品介绍清楚，还让客户心生反感，事实上，成功的销售不是如何去说服顾客，而是对客户的需求做出最精确的定位，根据定位分析出需求再去选择和介绍产品，所以需要帮助客户发现需求点，将其不明确的需求明确化、具体化。在日常生活中，人们的购买行为有时并不十分明确甚至是漫无目的，这点在女性消费者身上表现得尤为明显，所以就需要保险营销员去发现、激发客户需求，甚至创造需求。

（3）没有帮助。如果潜在保险客户对保险营销人员有信任感，而且后者也确认前者有需求存在，那么营销人员应该做的就是帮助潜在客户，给他们提供及时的必要的帮助。

（4）不着急。营销实际上是满足需求的过程，但是要满足客户需求首先必须了解客户需求。在挖掘客户需求时，要协助客户发现需求，并让客户感受到需求的迫切性，了解保障的重要性。

第三步：创造客户保险需求。创造需求就是打破市场常规，改变消费者生活习惯，让消费者不知不觉接受你的产品。因此，销售的最高境界就是卖观念。要想客户接受产品，首先必须让他们接受你的观念。只有人的观念改变了，思想改变了，行为才会改变。优秀的推销人员不会强调产品的品质，而是强调消费观念。

1. 引导客户认识没有认识到或认识不清的事实，动摇他的自足感，增加他的危机感，改变他的需求认识。很多客户都有一种自满感，认为自己现在还不需要。针对这种情况，在销售的时候，你就要让他认识到自己的不足，认识到自己可能处在某种危险之中，同时，你要强化他面临的困难、危险、麻烦，这样对方就会产生一种需求。给对方制造一种危机感，从这种危机感中创造出他对产品的需求，制造危机感，一般可以通过以下手法：根据统计数据、新闻报道、专家看法、引经据典、某人使用后转变的故事、（客户分享、评价）演示实验结果、现场互动体验等。

2. 高职客户假如买了以后可以带来的好处和利益，让他有一种身临其境的真实感，激发他购买的欲望，假如不买所带来的坏处和损失，反复不断地用利益"轰炸"顾客。如果不断地用利益去刺激影响顾客，让他耳濡目染，很多顾客就会招架不住，产生认同。

3. 借助亲朋好友，以情销售。比如，最早进行保险销售的人都是先从亲朋好友身上下手，包括本人也都投了保，很多客户都是通过亲朋好友，最后购买保险产品。

4. 销售人员了解客户内心的需求，收集客户资料是很重要的，收集资料如同作战时收集情报一样，千万不要忽略了这一步。做好客户基本资料的收集非常重要，例如姓名、年龄、出生年月日、家庭情况、收入情况、单位情况等。这个时候，我们通常会使用公司发放的客户资料登记卡来指导和与客户沟通，尽量多地收集资料。但是，如果要准确把握客户的需求，就必须了解客户真正的需求。当客户需要通过保险来解决问题的设想与我们保险产品的功能和作用相吻合的时候，你才会发现客户真正购买的动机。所以，我们提出除了了解客户的基本资料外，更要了解客户的感性资料。比如，我们需要了解对方的未来退休计划、对子女教育的期望、对未来生活质量的期望等，这都需要我们和客户进行深层次的沟通，了解他的内心世界，才算将客户资料收集完整。

作为保险销售人员一定要站在客户的立场观点分析保险需求；根据客户实际情况推荐保险计划；解决客户的财务问题促成保险计划，一切围绕客户的需求去销售产品。故在收集客户资料的时候，资料越完整、准确，我们就越了解客户想要的是什么，然后，再结合专业知识，有针对性地帮助客户解决其需求，这样成功率就会提高。分析及了解客户的财务状况、身体状况等，从大量的资料中找到可以显示客户某些共同性的问题，发现、创造客户的保险需求点。让客户明确体验到自己的保险需要并认同保险计划是解决客户所面对问题的最佳解决方案。

## 【知识延伸】

### 处于不同生命周期的客户的保险需求

1. 单身期（参加工作—结婚，一般为 2~5 年）

特点：经济收入比较低且花销大。这个时期是未来家庭资金积累期。年纪轻，主要集中在 20~28 岁，健康状况良好，无家庭负担，收入低，但稳定增长，保险意识较弱。

保险需求分析：保险需求不高，主要可以考虑意外风险保障和必要的医疗保障，以减少因意外或疾病导致的直接或间接经济损失，保险费低，保障高。若父母需要赡养，需要考虑购买定期寿险，以最低的保险费获得最高的保障，确保一旦遭遇不测时，用保险金支持父母的生活。

2. 家庭形成期（结婚—子女出生，一般为 1~5 年）

特点：这个时期是家庭的主要消费期。经济收入增加而且生活稳定，家庭已经有一定的财力和基本生活用品。为提高生活质量往往需要较大的家庭建设支出，如购买一些较高档的用品，贷款买房的家庭还需一笔大开支——月供款。夫妇双方年纪较轻，健康状况良好，家庭负担较轻，收入迅速增长且保险意识和保险需求有所增强。

保险需求分析：为保障一家之主在万一遭受意外后房屋供款不会中断，可以选择缴费少的定期保险、意外险、健康险等，但保险金额最好大于购房金额以及足够满足家庭

成员 5~8 年的生活开支。处于家庭和事业新起点,有强烈的事业心和赚钱的愿望,渴望迅速积累资产,投资倾向偏于激进。可购买投资型保险产品,规避风险的同时,又是资金增值的好方法。

3. 家庭成长期(子女出生—子女参加工作,一般为 18~22 年)

特点:家庭成员不再增加,整个家庭成员年龄都在增长。这个时期,家庭的最大开支是保健医疗费、学前教育、智力开发费用。理财的重点是合理安排上述费用。同时,随着子女的自理能力增强,年轻的父母精力充沛,时间相对充裕,又积累了一定的社会经验,工作能力大大增强。在投资方面可以考虑以创业为目的,如进行风险投资等。夫妇双方年纪较轻,健康状况良好,家庭成员有增加,家庭和子女教育的负担加重,收入稳定增长,保险意识增强。

保险需求分析:在未来几年里,面临子女接受高等教育的经济压力。通过保险可以为子女提供经济保障,使子女在任何情况下都可以接受良好的教育。此阶段偏重教育基金、父母自身保障。购车买房对财产险、车险也有需求。

4. 家庭成熟期(子女参加工作—退休,一般为 15 年左右)

特点:这个时期自身的工作能力、工作经验、经济状况都达到高峰状态,子女已经完全独立,债务已逐渐减轻,理财的重点是扩大投资。夫妇双方年纪较大,健康状况有所下降,家庭成员不再增加,家庭负担较轻,收入稳定在较高水平,保险意识和需求增强。

保险需求分析:人到中年,身体机能明显下降,在保险需求上,对养老、健康、重大疾病的要求较大,同时应为将来的老年生活做好安排。进入人生后期,万一风险投资失败,会葬送一生积累的财富,所以不宜过多选择风险投资的方式。此外,还要存储一笔养老资金,且这笔养老资金应是雷打不动的。保险作为强制性储蓄,累积养老金和资产保全,也是最好的选择。通过保险让自己辛苦创立的资产保持完整地留给后人,才是最明智的。财产险、车险的需求也必不可少。

5. 退休后

特点:这个时期主要以安度晚年为目的,理财原则是身体、精神第一,财富第二。那些不富裕的家庭应合理安排晚年医疗、保健、娱乐、锻炼、旅游等开支,投资和花费有必要更为保守,可以带来固定收入的资产应优先考虑,保本在这个时期比什么都重要,最好不要进行新的投资,尤其不能再进行风险投资。

保险需求分析:夫妇双方年纪较大,健康状况差,家庭负担较轻,收入较低,家庭财产逐渐减少,保险意识强。在 65 岁之前,通过合理的计划,检视自己已经拥有的人寿保险,进行适当的调整。

## 【知识拓展】

### 保险需求调查表

尊敬的客户:

感谢您在百忙之中能抽出宝贵的时间来填写这份问卷,这份问卷能帮助我们了解您对保险的看法、需求及宝贵建议,以便我们更好地为您提供保险金服务。您的真实想法与真实情况才会使我们的分析更加准确。本问卷结果属于您的个人信息，我们将严格为您保密。衷心地感谢您对我们工作的大力支持！

1. 被访人信息

姓名：　　　　　　　　　　年龄：

性别：　　　　　　　　　　职业：

2. 您的受教育程度？

A. 初中及以下　　　　　　　B. 中专

C. 高中　　　　　　　　　　D. 大专

E. 本科　　　　　　　　　　F. 硕士研究生及以上

3. 您的年收入是多少？

A. 5000 元以下　　　　　　　B. 5000～15000 元

C. 15000～25000 元　　　　　D. 25000～50000 元

E. 50000 元以上

4. 您是怎样看待风险的（比如交通意外、小偷窃取财物、家庭火灾等）？

A. 风险无处不在，要谨防风险事故发生

B. 风险无处不在，该来的总会来，防也没用

C. 风险无处不在，自己处事小心点就行

5. 您觉得保险是否有助于降低风险带来的损失？

A. 是　　　　　　　　　　　B. 否

6. 您拥有哪些保险？

A. 保障险　　　　　　　　　B. 健康险

C. 意外险　　　　　　　　　D. 养老保险

E. 其他

7. 您认为人们不买保险的主要原因是什么？

A. 不需要　　　　　　　　　B. 没遇到合适的代理人

C. 没遇到合适的产品　　　　D. 不了解保险的好处

E. 个人经济状况不支持

8. 您认为市场上最需求哪些保险，您会优先考虑哪类？

A. 养老险　　　　　　　　　B. 医疗险

C. 意外险　　　　　　　　　D. 子女教育险

E. 投资险

9. 您每年购买保险所愿意承受的花费是多少？

A. 1000 元以下　　　　　　　B. 1000～3000 元

C. 3000～4500 元　　　　　　D. 4500～6000 元

E. 6000 元以上

10. 您是否考虑过让您和您的家人拥有足够的保险？

A. 正在考虑　　　　　　　　B. 近期不考虑

C. 从不相信

11. 社保和商业保险您认为哪个好？

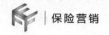 

A. 社保      B. 商业保险

12. 如果是自费或部分自费医疗，依您的经济实力能负担多少？

A. 5 万元      B. 10 万元以下

C. 30 万元以下      D. 其他

13. 您认为用什么方式能更好地防范风险？

A. 自己保存      B. 存钱储蓄

C. 社保医疗      D. 商业保险

14. 您最能接受的理财思路？

A. 注重低风险      B. 注重高收益

C. 收益稳健的      D. 多元化投资

15. 您觉得保险公司给付赔款时，是否快捷？

A. 非常快捷      B. 较快

C. 一般      D. 较慢

E. 很慢

16. 对于接报案服务，您总体感到是否满意？

A. 很满意      B. 满意

C. 一般      D. 不太满意

E. 非常不满意

谢谢您的合作！

## 【知识小结】

"无风险，无保险"。保险需求是人们为转移风险而产生的渴求和欲望，是促成投保行为的内在动力。但人们的保险需要会受到社会因素、心理因素、个人因素等方面的影响，故通过调查问卷等方式了解人们的保险需求，才能有针对性地激发人们的投保意愿。

## 【考核】

**思考题**

1. 分析保险需求的内涵及特征。

2. 如何创造客户保险需求。

**课后训练**

1. 六名同学一组，召开"我们需要什么样的保险商品"为主题的座谈会，并撰写相应的调查报告。

2. 任务情景安排：四名同学一组，一名学生模拟营销人员，一名学生模拟客户，两名学生作为观察员。营销员和客户通过 10 分钟的交流沟通，营销人员获取客户的基本情况资料及保险需求等信息。角色交替进行，最后观察员点评，教师反馈点评分析。

## 任务 1 – 4　编制保险商品营销计划书

（一）保险营销计划

1. 保险营销计划含义。保险策略计划是由主管部门或职能部门的高层管理人员制定的有关保险企业的主要长期经营目标及其为实现这些目标需要遵循的主要的总体方针，是保险企业的战略性计划。保险营销计划是由保险营销部门制订的运作计划，是保险企业为了占领目标市场和完成预定的营销目标而制订的营销行动方案。保险策略计划为保险营销计划奠定了基础，并为保险营销活动制定了基本方向。

保险营销计划是保险组织正常运作的核心计划之一，正确的营销计划往往能为公司的成功作出贡献。

2. 保险营销计划的类型。保险营销计划的类型受保险企业的规模、保险市场的状况、保险企业的战略方向等因素的制约。

（1）从时间跨度上划分的保险营销计划，可分为长期计划、中期计划、短期计划。

长期计划。一般来说，长期计划的时间跨度多在 5 年以上，其内容主要包括保险企业的发展目标、发展方向。如某寿险公司制定的关于未来 10 年公司在健康险市场的发展规模和效益水平。

中期计划。一般来说，中期计划的时间跨度为 1～5 年。其内容与中级和一线管理人员的日常工作有更多的直接关系。中期计划较为稳定，受环境因素变化的影响较小，是大多数保险企业制定营销计划的重点。

短期计划。一般是指年度营销计划，它对保险企业 1 年的营销目标、营销策略及实施步骤作了较为详细的规定，对保险营销管理人员的日常工作有更大的影响作用。

（2）从功能上划分的保险营销计划，包括销售计划、广告计划、分销计划、促销计划和新险种开发计划。

3. 保险营销计划的目的。保险营销计划的制定是保险公司将其策略计划的营销问题引入营销计划的过程。一项营销计划是一系列特殊的详细的对行动进行定向的战术。营销计划用来确定实施和控制公司的日常营销活动。保险企业制订营销计划的目的有以下五个方面：

（1）使公司所有层次的员工之间、公司各个职能部门之间的信息交流更为便利。

（2）使公司的管理人员能够监督公司各职能部门行动的一致性，从而提高公司的整体效益。

（3）使公司的营销做到有的放矢，减少盲目性。

（4）能帮助员工对整个目标保持注意力。

（5）能使管理人员将计划的既定目标与现实情况进行比较，准确评估公司的业绩。

（二）保险商品营销计划书的编制步骤

步骤 1. 拟定营销计划纲要。营销计划实施纲要是对营销计划的主要营销目标、措施、建议及各项指标进行简明概述，是体现整个营销计划本质的要点。相关人员在浏览完实施纲要后，能够对该营销计划的意图、实施建议、实施所需费用、预期达到的效果等核心内容一目了然。

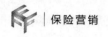

**图 1 - 3　保险商品营销计划的编制步骤**

步骤 2. 说明市场营销情况。

（1）市场情况。市场的范围有多大，包括有哪些细分市场，各细分市场近几年的保额是多少，呈现怎样的增长趋势。

（2）险种情况。各险种的市场占有率达到多少，保费收入达到多少，实现多少利润，为此所付出的各种耗费有多大。

（3）竞争状况。公司的主要竞争者是谁，各竞争者在险种、费率、消费环节都采取了哪些策略，它们的市场份额及变化趋势如何。

（4）营销渠道情况。保险商品营销渠道有若干条，既有直接营销渠道，又有间接营销渠道。直接营销渠道分为外勤人员销售、保险营销部销售、保险公司分支机构销售；间接营销渠道分为经纪人、代理人和公估人营销。保险公司要具体分析采取哪种渠道进行营销。

（5）保险商品营销环境分析。客户收入水平提高程度、客户购买力投向、与保险商品营销有关的经济立法情况以及人口结构变化等。

步骤 3. SWOT 分析。

（1）**优势**（strength）：政策环境好，国民经济持续快速稳定发展，金融市场健康良性发展，外贸高速增长，固定资产投资增长，监管机构鼓励保险业做大做强，消费者对中国保险业本土文化的认同感，后发优势，业务快速发展，市场体系逐步稳健，体制改革进展顺利，保险监管逐步与国际接轨。

（2）**劣势**（weakness）：保险业整体规模较小、供给主体数量少且分散，资本金规模小、承包能力有限，缺乏保险市场需求的价格弹性，保险费率总体水平偏低，管理技术落后，企业形象和品牌效应不突出，优秀高级管理人才短缺，产品普遍趋同、差别化特征不明显，保险新企业的进入和老企业的退出存在着障碍。

（3）**机会**（opportunity）：经济全球化，风险的分散性决定了保险的国际性，资本市场日益成熟，自然灾害日趋频繁，保险深度、保险密度较低，需求潜力巨大、保险业发展空间较大，保险消费意识的不断增强，保险中介机构发展很快、专业化趋势愈加明显，网络通信技术的飞速进步。

（4）**威胁**（threat）：市场竞争的加剧，中资保险市场份额会降低，优秀保险人才会流失，偿付能力可能会不足，部分公司可能会经营困难、甚至倒闭。

步骤 4. 确定营销目标。营销目标是营销计划的核心部分，是在分析营销现状并预测未来营销机会的基础上制定的。营销目标必须以定量的术语表达要实现的目标和所需时间。保险营销目标一般包括以下内容：保险金额、保费总收入、首期保费收入、市场份额、吸引新客户数量、续保率、营销人员数量及新招聘的营销人员数量、客户满意度和服务手段，以及企业形象目标等。

步骤5. 制定营销策略。营销策略是指达到营销目标的途径或手段，包括目标市场的选择、市场定位、营销组合策略等。目标市场是指保险企业要进入的市场，也就是企业的目标客户，是企业市场营销活动所要满足的那部分市场需求；市场定位是指保险企业根据现有竞争者的产品情况以及消费者对该种产品的认识，设计一定的营销组合，以影响潜在的消费者对产品的认识，并使其对该产品认同的过程；营销组合是指企业在选定目标市场时，综合考虑环境、能力、竞争状况及企业自身可以控制的因素，将各种策略进行最佳组合和运用，以完成企业的营销目标与任务。保险企业可以采用一种或多种营销策略来实现特定的目标。

步骤6. 决定行动方案。营销策略需要转化为具体的行动方案。行动方案的具体内容包括：要做些什么，何时开始，何时完成；由谁具体负责；需要多少费用等。保险公司应将这些内容列成详细的程序表以便执行和检查。行动方案通常由公司的市场营销部门来协调。

步骤7. 编制营销预算。为实现公司资源的合理利用，应在对营销组合的各项要素进行充分分析的基础上编制营销预算，管理人员要确定使用哪些财务资源，以及何时需要这些资源等。营销预算包括销售预算、营销成本估算、盈亏平衡分析、现金流量预测等。营销预算有助于管理人员监督行动方案的执行，以确信其未偏离营销目标且处于适当的成本幅度内。

步骤8. 营销计划的控制。控制对计划执行情况施加影响的过程和行为，是营销计划的最后一部分。其控制的对象是保险企业内部部门及营销人员；内容是营销计划的各种指标；目的是协调内部关系，减少差错和失误，确保整个计划的顺利实现。

## 【知识小结】

凡事预则立，不预则废。正确的营销计划往往能为公司的成功作出贡献，通过拟定营销计划纲要、进行 SWOT 分析，从而确定营销目标、制定营销策略，形成决定行动方案，完成保险商品营销计划书的编制，就可以帮助保险企业占领目标市场和完成预定的营销目标。

## 【考核】

**思考题**

1. 分析保险营销计划的目的。
2. 简述保险商品营销计划书的编制步骤。

**课后训练**

### 全球首款虚拟财产保险　游戏装备被盗可获赔

玩网游，游戏账号和装备被盗了怎么办？现在可以找保险公司索赔了。2011 年 7 月 6 日，阳光保险联合网络游戏公司 GAMEBAR 推出了全球首个虚拟财产保险，该产品由网游公司投保，为玩家损失买单。

思考：假如你是阳光保险的营销策划人员，公司要求你负责该保险商品的营销计划拟定工作，你将如何拟写该计划？

# 项目拓展

## 【知识链接】

### 市场调研方案设计

市场调研方案设计，一般会从调查范围，调查对象，资料收集方式，调查问卷设计，数据处理与分析，调查报告等几个方面考虑。项目组会根据会议，开始研究策划调研方案。

第一步，确定调研范围和调研对象。

确定产品的调研范围非常重要，根据市场调研方案已经提前确定了。调研对象信息资料的来源确定可以围绕几个主题展开：

（1）企业竞争对手的相关资料，企业产品市场的背景资料，获取这些资料的途径有很多，比如互联网等。

（2）企业产品是否有零售商以及代理商，它们的经营情况资料。

（3）消费者信息资料，这些资料根据项目组选定调查个体对象后获取。

第二步，策划调研问卷以及调研提纲内容。

调研问卷的设计质量对于调研结果会产生至关重要的影响，问卷基本提供了标准化以及统一化的数据收集程序，可以使得问题的用语以及提问程序标准化。一般调研问卷里需要包括说明部分、甄别部分、主体部分，个人资料部分和访问员记录、被访者记录。问卷需要按照被访问调查者思考问题和对产品了解程度来设计。另外，对于竞争对手的信息资料收集和同类品牌的信息收集也必须一起完成。

第三步，调研项目的组织安排。

调研项目组将被派往各个调查城市，这样方便督察样本的资料收集，每个城市，我们都可以到当地高校召集一些大学生作为我们的访谈员。召集访谈员后，我们会进行培训，在完成调查后，调查费用支出标准会按照各个城市不同工资水平上报批准。按照委托方的时间要求在规定时间内完成调研以及分析工作。

第四步，调研资料的处理。

资料收集上来后，我们需要安排专业人员进行审核，剔除无效以及不合格的问卷，才能确定资料的可靠性。将问卷进行统一编码，对于问卷中开放，或者半开放的问题答案用标准的代码表达出来，这样方便电脑统计。进行编码录入后，需要做最后的统计分析。根据消费者的消费特征以及竞争情况等，还要加上聚类、因子、SWOT分析，这样才能得出最准确的分析结果。

市场调研的目标是否得以实现，最为关键的因素是能否准确把握决策者的问题以及信息资料，这需要调研人员与决策者能够充分沟通。周密地研究调研对象与调研内容，才能保证收集资料的正确性。

## 【专业词汇中英对照】

保险营销　insurance marketing　　保险营销体系　insurance marketing system

保险营销环境　insurance marketing environment　保险需求　insurance demand
保险营销计划书　insurance marketing plan　优势　strength　劣势　weakness
机会　opportunity　威胁　threat

## 📖 项目测试题

1. 案例分析

### 北山雅一：以需求分析打开保险营销之路

《上海金融报》：在日本有 90% 的家庭加入了寿险，但中国加入寿险的家庭不超过 30% 。可以说，中国老百姓存在保障严重不足的现状。之所以有如此大的差距，您觉得主要有哪些原因？

北山雅一：二战以后，日本对整个国家的保险制度进行了梳理。从国家层面来看，既有医疗年金，又有养老年金；从企业层面来看，有企业养老年金制度。应该说，日本整个保险体制较为完善。在如此强大的国家保障制度之下，日本国民自身仍积极参加保险，由此可见，其保险意识远远强于中国国民。而中国参加保险的民众数量较少，风险意识差。这其实跟保险需求分析未达到一定程度有关。如果需求分析不够详尽，前期沟通不够深入，购买保险产品的人就少了。

《上海金融报》：作为中国社会养老保障体系的重要支柱，企业年金近年来蓬勃发展。中国保监会推动变额年金保险试点，以弥补养老年金类产品发展缓慢这一保险业的短板。您作为美国变额年金协会会员，如何看待变额年金保险？对于中国试点变额年金保险，您有哪些建议？

北山雅一：日本十年前推出了变额年金保险制度，而在这之前，基本都是固定利息，但由于利息非常低，不到 1% ，因此，对国民的吸引力不够。于是，一些生命保险公司开始开拓变额年金保险市场，客户以较富裕阶层以及退休人士为主。对于中国试点变额年金保险，关键是谁来承担风险，如何进行风险控制。变额年金保险产品形态复杂，技术性强，对资本市场要求高，经营不慎，可能对保险公司造成重大损失。因此，健全的配套制度和有效的防范风险手段非常重要。

《上海金融报》：您刚才提到，中国人的保险意识薄弱，与前期的保险需求分析未达到一定程度有关。据了解，日本人寿保险信息系统开发和建设力度非常大。您觉得这些系统的开发，对于保险营销来说，意义何在？中国目前对系统的开发和利用处于什么样的阶段？与日本以及亚洲其他国家比，还有哪些值得提升的地方？

北山雅一：在日本，寿险公司对保险信息系统的投入很大，尤其对位于前台的保险营销系统的开发，非常重视。如何让一个没有参加过人寿保险的客户，一下子意识到为什么要购买而且必须购买保险，这其中，需求分析起到了重要的作用。如果有一套完善的保险营销系统，那么，从需求分析到保单签约，几乎可以做到无缝衔接。因此，对于中国整个寿险市场而言，前台需求分析系统的开发至关重要。

《上海金融报》：日本大地震之后，我们发现日本的巨灾保险已经非常成熟，然而中国数年前汶川大地震后，凸显出国内保险意识和保险制度的"薄弱"。对于地震、海啸

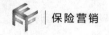 

等巨灾保险，日本有哪些经验？

北山雅一：一方面是完善的地震保险制度，另一方面是前期充分的沟通和了解，两方合力，使得日本的地震保险保障非常充分。

资料来源：中国保险网。

**思考：**假设你是一名保险营销员，请你在对保险营销环境进行分析的基础上，对消费者的需求加以调查和分析，为所在公司保险商品设计和开发提供依据。

2. 实训活动

任务安排：学生分组，开展大学生旅游风险意识与旅游保险需求调查，并按要求撰写保险营销计划书。

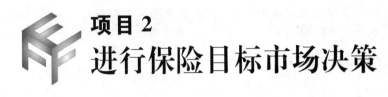

## 项目2
## 进行保险目标市场决策

【学习目标】

了解保险市场细分的基础概念；明确保险目标市场选择的相关策略；理解保险目标市场选择的影响因素；掌握保险市场定位应遵循的原则；能结合保险市场细分的依据来调研市场；能够根据保险目标市场的选择策略来开展业务和进行保险市场定位。

【项目导入】

进行保险市场细分 → 进行保险目标市场选择 → 进行保险市场定位

【知识结构图】

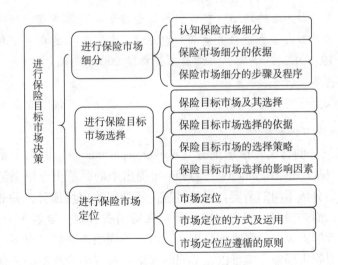

进行保险目标市场决策
- 进行保险市场细分
  - 认知保险市场细分
  - 保险市场细分的依据
  - 保险市场细分的步骤及程序
- 进行保险目标市场选择
  - 保险目标市场及其选择
  - 保险目标市场选择的依据
  - 保险目标市场的选择策略
  - 保险目标市场选择的影响因素
- 进行保险市场定位
  - 市场定位
  - 市场定位的方式及运用
  - 市场定位应遵循的原则

【案例引入】

### 广告下乡，你号准了农民的脉吗?

平安保险公司曾在中央电视台播出过这样一则广告：一个年轻的男士（平安员工）在不同的场景关心不同的人，这些场景都是和平安有关的，如平安镇、平安桥……虽然

该广告当年还曾获奖，但由于广告节奏慢，诉求过于隐性，很多农村消费者根本就不知其所云，最终该广告对三四级市场的销售并没有起到很好的推动作用。

思考：为何能获得大奖的广告却在实践操作中没有起到应有的作用？

# 任务 2-1　进行保险市场细分

## 【案例分析】

### 美国米勒公司营销案

20 世纪 60 年代末，米勒啤酒公司在美国啤酒业排名第八，市场份额仅为 8%，与百威、蓝带等知名品牌相距甚远。为了改变这种现状，米勒公司决定采取积极进攻的市场战略。

米勒公司首先进行了市场调查。通过调查发现，若按使用率对啤酒市场进行细分，啤酒饮用者可细分为轻度饮用者和重度饮用者，而前者人数虽多，但饮用量却只有后者的 1/8。米勒公司还发现，重度饮用者有着以下特征：多是蓝领阶层、每天看电视 3 个小时以上、爱好体育运动。米勒公司决定把目标市场定位在重度使用者身上，并果断决定对米勒的"海雷夫"牌啤酒进行重新定位。

重新定位从广告开始。米勒公司首先在电视台特约了一个"米勒天地"的栏目，广告主题变成了"你有多少时间，我们就有多少啤酒"，以吸引那些"啤酒坛子"。广告画面中出现的尽是些激动人心的场面：船员们神情专注地在迷雾中驾驶轮船，年轻人骑着摩托冲下陡坡，钻井工人奋力止住井喷等。结果，"海雷夫"的重新定位战略取得了很大的成功。到了 1978 年，这个牌子的啤酒年销售达 2000 万箱，仅次于 AB 公司的百威啤酒，在美国名列第二。

思考：通过以上资料，结合保险营销，分析市场细分在营销中的作用。

（一）认知保险市场细分

1. 保险市场细分的含义。市场细分（market segmentation）的概念是美国市场学家温德尔·史密斯（Wendell R. Smith）于 1956 年提出来的，是企业根据消费者需求的不同，把整个市场划分成不同的消费者群的过程。所谓保险市场细分，并非通过不同险种来细分保险市场，而是根据不同的需求特征把保险消费者划分成若干个保险消费者群，每一个保险消费者群即为一个保险细分市场，由于不同的消费者具有不同的保险消费心理和消费行为，保险市场细分就可以在不同的保险消费者中发现不同的保险需求者之间需求的差异性，然后把需求相同的消费者归为一类，把一个保险市场分成若干个子市场。在不同的细分市场之间，保险需求存在着明显的差异，而在每个细分市场内部，需求的差异就比较小，因而每个保险细分市场就是一个"同质保险市场"。

这一概念的提出，对于企业的发展具有重要的促进作用。其客观基础是消费者需求的异质性。进行市场细分的主要依据是异质市场中需求一致的顾客群，实质就是在异质市场中求同质。市场细分的目标是为了聚合，即在需求不同的市场中把需求相同的消费者聚合到一起。从整个保险市场来看，不同地区由于文化习俗等的差异，会有不同的保险需求；不同收入水平、不同职业的人，也会有不同的保险需求。另外，人们生活方式、个性心理特征的差别，也会对保险有不同的需求，而且随着社会经济的发展，这种保险需求的差异性会逐渐扩大，如何根据不同的保险需求以适当的方式和险种予以满足，保险市场细分就显得愈加重要。

2. 保险市场细分的意义

（1）市场细分有利于保险公司发掘新的市场机会。哪里有未满足的需求，哪里就有市场机会。只要能找到消费者没有被充分满足的需求，就可以发现市场机会。通过市场细分，保险公司就可以准确地发现市场需求的差异性及其满足程度，发掘客观存在的市场机会，并结合自己的资源状况和市场环境条件，选择适合自身发展的目标市场，针对目标市场的特点设计恰当的营销组合方案，从而占领目标市场。

（2）市场细分有利于保险公司正确制定营销组合策略。保险行业作为向特定人群提供风险保障和理财服务的金融服务性行业，企业的核心竞争力差异直接体现在各自服务于不同特征的核心客户群。保险企业在成立之初，通常采取扩张性的经营策略，以迅速占领市场份额，获得生存空间。经过一段时间以后，形成了一定规模的客户群，但是，他们之间往往没有显著的共同点，同时与竞争对手的客户相比也没有明显的不同，也就是说保险企业无法轻易地从已有的客户那里找到潜在的更大的市场。尽管如此，保险企业在制定发展战略和进行业务定位的过程中仍然必须也只能以现有的市场为基础，找到属于自己的那部分忠实客户，并通过分析他们的共同特征找到潜在的目标客户，进而开发相应的产品，制定并执行有针对性的营销策略。通过市场细分，保险公司可以更清楚地了解市场的结构，了解市场上消费者的需求特点，制定有针对性的营销策略。

（3）市场细分有利于提高保险公司的竞争能力。通过市场细分，保险公司可以更好地了解每一个细分市场上竞争者的优势和劣势，把握环境变化带来的机会，明确在这个细分市场上能否有效利用和发展本公司的资源优势。由于保险公司把自己有效的资源优势集中到与自己相适应的某个市场上，这就更有利于保险公司形成优势，提高保险公司的竞争力。

3. 保险市场细分的原则

（1）可衡量性。细分市场的大小、购买力和特性应该是能够加以衡量的，这样划分出来的细分市场范围才有可能比较明晰，才有可能对市场的大小做出判断。因此，凡是保险公司难以识别、难以衡量的因素或特性，都不能作为细分保险商品市场的标准。

（2）可盈利性。细分市场的规模要足够大，要有足够的消费者数量和购买力，能够保证保险公司在这一细分市场上有利可图。可盈利性包括两个方面：一是细分市场必须在一定时期内具有稳定性，企业在较长时间内都无须改变自己的目标经营策略，避免由于市场经常变动可能带来的风险，减少不必要的损失，因此稳定性是保证利润的基础；二是市场细分必须具备一定的市场潜力，能保证企业实现一定的利润目标。

（3）可接近性。细分市场应该是能够被有效地接触到和服务到的。对保险公司来说，应是保险公司能够对投保人产生影响、能够更好地为投保人服务的市场。比如，可以通过保险营销员上门服务于潜在的投保人，或通过电话、网络等手段与潜在投保人取得联系等。

（4）可区分性。细分市场在概念上能被区别，并且对不同的营销组合因素和方案有不同的反映。进行市场细分的假定前提是不同细分市场的需求是异质的，而在某一细分市场内部是同质的，如果对同一市场营销组合方案，各细分市场的反应是相同的，那么，这样的市场细分本身就是没有任何意义的。

## 【知识链接】

### 投资又开新渠道，陌生"险"来到你身边

说到保险，我们耳熟能详的险种无非就是寿险、意外险、健康医疗险、分红险等。在家庭一生的保险规划当中，这些保险确实占有举足轻重的位置。但对于某些特殊需求的人群来讲，也许仅有这些险种的保障是不够的。

与国外相比，国内保险业的"陌生面孔"算是相当稀少。但随着保险市场的逐步发展，险种越来越细化，一些昔日陌生的险种也开始渐渐走进人们的生活。虽然国内保险离"无孔不入"还有相当距离，但从中你也许能感受到保险已渗透到我们生活的趋势。

**地震险**

对大多数的人来讲，"地震"似乎比较遥远，但最近一年来，环太平洋地区频频发生的海啸地震灾难让我们目睹了种种"天灾"的巨大破坏力。可是真的想要投保地震险，我们会发现，"地震"是保险公司避之不及的"雷区"，国内无论中资外资保险公司，几乎所有的险种都将"地震"列为免责条款。

不过，从上海平安、华泰等财险公司了解到，在一些财产险中，"地震险"以附加险的形式悄然存在。如华泰财险的财产保险基本险就附加破坏性地震保险条款，保险责任为"直接因破坏性地震（由国家地震部门最终测定的里氏震级在 4.7 级及其以上且强度达 6 级以上的地震）震动或地震引起的海啸、火灾、爆炸及滑坡所致保险财产的损失"。据一位保险专家介绍，目前地震附加险的费率一般为主险的 10%。由于承保风险太大，保险公司一般不主动向客户推荐地震附加险。如果确实需要，客户可向保险公司主动提出，由保险公司审批办理。

**女性整容险**

泰康人寿在旗下的女性保险中，把意外整容植皮手术列入了保险范围。如果被保险人因意外伤害，或遭受意外伤害时烧伤，需接受意外整容植皮手术治疗，公司按其实际手术费用给付意外整容植皮手术保险金。

但是不要以为凡是整容失败，保险公司都会为你做坚实的经济后盾。以上述险种为例，只是为因意外事故影响容貌美观，而需要进行整形手术的女性提供保障，如果仅仅因为眼睛不美去划个双眼皮，就别怨保险公司在理赔时对你说"不"了。

**就餐险**

在杭州的"红泥"就餐时如果不幸滑倒受伤，不用担心酒楼会推卸责任，因为有保险公司"买单"。一款由华安保险推出的餐饮险全称是"餐饮业综合保险"，包括餐饮场所责任保险、财产损失保险、营业中断损失保险、雇主责任保险、现金保险、餐饮场所停车场责任保险 6 个险种。其中，餐饮场所责任保险又名"食客安心保险"，是与食客

关系最为密切的一个险种。如果餐饮企业投保了该险种，一旦食客就餐时发生火灾、食物中毒、摔伤、烫伤、撞伤、电梯意外等事故，只要是属于酒楼的责任，保险公司将对遇险食客进行每人最高 5 万元的责任赔偿。

值得关注的是，该险种将食品饮料中掺有异物、食客就餐期间财物损失等列入了除外责任，这意味着日常最常发生的纠纷还是需要食客自己面对。

### 物业险

车库进水、电梯故障、小区公共设施严重毁损等问题集中出现，让物业管理公司一度焦头烂额。

平安、人保、太平、天安等财险公司都推出了物业责任险。其赔偿范围主要包括：因物业公司管理上的疏忽或过失而发生意外事故，造成第三者人身伤亡或财产损失，应由物业公司承担的经济赔偿责任；发生保险责任事故后，物业公司为减少人身伤亡或财产损失的赔偿责任所支付的必要的、合理的费用。即便遇上地震、台风等免责情况，但若因物业管理维修不善，造成灾害来临时本不应发生的损失，仍然会获得保险赔偿。

### 高危运动险

攀岩、潜水等高危运动一向是保险公司承保旅游险的禁区。但目前这一禁区正被一步步打开。如美亚保险推出的境内游保险，就将蹦极、攀岩、潜水、滑雪等热门业余体育运动作为承保范围。

与地震险相似，如果投保人提出附加投保高危运动的要求，不少保险公司也会同意在提高保费的前提下承保。不过各种高危情况会有所限制，比如潜水不得超过 10 米等。

### （二）保险市场细分的依据

**1. 消费者个人市场细分的依据**

（1）按地理变量细分市场。即按照消费者所处的地理位置、自然环境来细分市场。例如，根据地区、城市规模、气候、人口密度等方面的差异将保险整体市场分为不同的小市场。地理变数之所以可作为市场细分的依据，是因为处在不同地理环境下的消费者对于同一类保险产品往往有不同的需求与偏好，他们对保险企业采取的营销策略与措施会有不同的反应。

（2）按人口变量细分市场。即按人口统计变量，如年龄、性别、家庭规模、家庭生命周期、收入、职业、教育程度、宗教等为基础细分市场。

表 2－1　　　　　　　　　　按人口变量细分市场

| 细分指标 | 细分标准 |
|---|---|
| 性别 | 由于生理上的差别，男性与女性在产品需求与偏好上有很大不同。 |
| 年龄 | 不同年龄的消费者有不同的需求特点。 |
| 收入 | 低收入和高收入消费者在产品选择、时间的安排等方面都会有所不同。 |
| 职业与教育 | 消费者职业的不同、所受教育的不同也会导致所需产品的不同。 |
| 家庭生命周期 | 一个家庭，按年龄、婚姻和子女状况，可分为单身、新婚、满巢、空巢和孤独五个阶段。在不同阶段，家庭购买力、家庭成员对商品的兴趣与偏好也会有很大的差别。 |

（3）按心理变量细分市场。即根据购买者所处的社会阶层、生活方式、个性特点等

心理因素细分市场。社会阶层，指在某一社会中具有相对同质性和持久性的群体，处于同一阶层的成员具有类似的价值观、兴趣爱好和行为方式，而不同阶层的成员对所需的产品也各不相同，通过识别不同社会阶层消费者所具有的不同特点，对于很多产品的市场细分可以提供重要依据。此外，人们追求的生活方式的不同和个性特点的差异也会影响他们对产品的选择。个性指一个人比较稳定的心理倾向与心理特征，它会导致一个人对其所处环境做出相对一致和持续不断的反应。一般地，个性会通过自信、自主、支配、顺从、保守、适应等性格特征表现出来。因此，个性可以按这些性格特征进行分类，不同的个性追求不同的生活方式，从而为企业细分市场提供了依据。

（4）按行为变量细分市场。即根据购买者对产品的了解程度、态度、使用情况及反应等将他们划分成不同的群体。很多人认为，行为变数能更直接地反映消费者的需求差异，因而成为市场细分的最佳起点。

2. 生产者市场细分的依据

（1）行业细分。即确定本保险公司应重点为哪个行业服务。企业保险市场上的用户购买保险产品，通常是为了保障企业生产能顺利进行。例如，交通运输行业的企业需要购买货物运输保险、运输工具保险等。因此，用户所处的行业不同，其保险需求会有很大的差异，特别是在非寿险领域。

（2）企业规模。企业规模的大小决定了其购买力的大小。在现实市场中，存在三种不同规模的客户，即大型客户、中型客户、小型客户。大型客户虽然数量少，但由于其企业规模大，投保的数额相对就大；而一些小型客户，虽数量多，但购买力并不大。因此，保险公司可以针对客户规模，采取不同的营销策略。如针对大型客户，可以采用直接联络、直接服务等策略，与他们建立长期的投保关系；对待中型客户，要通过人员联络、信息沟通等，使之成为自己的目标消费者；对待小型客户，要采取促销策略，使其成为自己的目标消费者。

（3）企业性质。企业性质包括国有、民营、个体、外商独资、合资等。不同性质的企业，其风险意识和管理水平是不一样的。因此，可以按企业性质将市场区分为不同性质的投保群，并根据不同性质的投保群的需求，实施相应的营销策略。

（4）企业的投保途径。不同的企业，其投保途径也有所不同。有的企业通过上级主管部门的安排统一投保，有的企业则通过专门负责人与保险营销员的直接联系进行投保，也有的企业通过委托代理的方式进行投保。按这种标准细分市场，有利于针对不同的投保途径，迅速找到投保决策者，并因势利导地提供相应的保险服务。

（三）保险市场细分的步骤及程序

1. 市场细分的步骤

（1）选定产品市场范围。选定产品市场范围，也就是确定企业进入什么行业，生产什么产品。产品市场范围的确定应以顾客的需求为标准，而不是产品本身的特性。保险公司应明确自己在某行业中的产品市场范围，并以此作为制定市场开拓战略的依据。

（2）列举潜在顾客的需求。潜在顾客的基本需求也是一个非常重要的因素。企业应该通过调查，了解潜在顾客的基本需求，可从地理、人口、心理等方面列出影响保险产品市场需求和顾客购买行为的各项变数。

（3）分析潜在顾客的不同需求。顾客的需求是多种多样的，不同层次的顾客群对于同一产品诉诸的需求也是不一样的，也就是说在了解到这些需求当中，不同顾客强调的重点可能不一样，保险公司应对不同的潜在顾客进行抽样调查，并对所列出的需求变数进行评价，了解顾客的共同需求。

（4）选取重要的差异需求为细分标准。在选择市场细分的时候，可以抽掉顾客的共同需求，把顾客的特殊需求作为市场细分的标准，这样才能够将顾客的需求具体化，直入顾客的内心，满足顾客的需要。

（5）根据所选标准细分市场。在营销时营销者应根据潜在顾客需求上的差异性，将顾客划分为不同的群体或者子市场，做到具体的市场细分。比如保险公司将客户划分为多个群体，并根据群体个体差异采取不同的营销策略，这样就能够更加直接地定位到某种需求上。

（6）分析各个细分市场的购买行为。分析各个细分市场的购买行为是确定选择哪一种细分最根本的一个要素。每一个企业的目的是为了盈利，因此，能够带来较大收益的市场细分才是一个最佳的选择。这就要求营销者进一步细分市场的需求和购买行为，并找到其原因。以便在此基础上决定是否可以合并这些细分市场或者对细分市场作进一步的细分。

（7）评估各个细分市场的规模。在仔细调查的基础上，评估每一细分市场的顾客数量、购买频率、平均每次购买数量等，并对细分市场上的产品的竞争状态及发展趋势作分析。因为这些因素影响着消费者的购买力，也就间接地影响到了企业的利润。

（8）制定相应的营销策略。在调查、分析、评估各细分市场的基础上，最终确定可进入的细分市场，并制定相应的营销策略。

2. 市场细分的程序

（1）正确选择市场范围。保险公司根据自身的经营条件和经营能力确定进入市场的范围，如进入哪个领域，设计什么类型的保险产品，提供什么样的配套服务。

（2）列出市场范围内所有潜在顾客的需求情况。根据细分标准，比较全面地列出潜在顾客的基本需求，作为以后深入研究的基本资料和依据。

（3）分析潜在顾客的不同需求，初步划分市场。保险公司将所列出的各种需求通过抽样调查进一步收集有关市场信息与顾客背景资料，然后初步划分出一些差异最大的细分市场，至少从中选出三个分市场。

（4）筛选。根据有效市场细分的条件，对所有细分市场进行分析研究，剔除不合要求、无用的细分市场。

（5）为细分市场定名。为便于操作，可结合各细分市场上顾客的特点，用形象化、直观化的方法为细分市场定名，如某旅游市场分为商人型、舒适型、好奇型、冒险型、享受型、经常外出型等。

（6）复核。营销人员进一步对细分后选择的子市场进行调查研究，充分认识各细分市场的特点，本企业所开发的细分市场的规模、潜在需求，以及还需要对哪些特点进一步分析研究等。

（7）决定细分市场规模，选定目标市场。企业在各子市场中选择与本企业经营优势和特色一致的子市场，作为目标市场。没有这一步，就没有达到细分市场的目的。

经过以上七个步骤，企业便完成了市场细分的工作，就可以根据自身的实际情况确

定目标市场并采取相应的目标市场策略。

## 【知识小结】

通过保险市场细分，可以在不同的保险消费者中发现不同的保险需求者之间需求的差异性，然后把需求相同的消费者归为一类，把一个保险市场分成若干个子市场，保险公司可以依据自己的资源优势，有针对性地开发保险产品和制定营销策略。

## 【考核】

**思考题**

1. 进行保险市场细分意义何在？

2. 进行个人保险市场细分要遵循哪些依据？

**课后训练**

案例分析：中国保险业爱唱儿歌

20世纪90年代初，中国寿险公司纷纷推出针对少年儿童的保险产品，如中保人寿的"66鸿运"、平安的"小儿终身平安"、友邦的"英才"、中宏的"儿童康宁"等。一段时间内，这些产品在市场上非常热销，以致成为各家寿险公司业务的主要增长点。这一现象引起保险理论界和媒介的关注，媒介称中国保险业爱唱"儿歌"。

**思考：** 寿险公司推出这类寿险产品是否合理？

## 任务2-2　进行保险目标市场选择

（一）保险目标市场及其选择

1. 目标市场。著名的市场营销学者麦卡锡提出应当把消费者看作一个特定的群体，称为目标市场。目标市场是指在需求异质性的市场上，保险公司根据自身能力所能满足的现有和潜在的消费者群体的需求，是保险公司决定要进入的市场，准备为之提供保险服务的顾客群体。

2. 目标市场的选择策略。目标市场的选择就是在诸多的细分市场中选择最适合公司的细分市场作为保险公司目标市场的过程。由于保险市场是无限的，而保险公司的能力确实是非常有限的，保险公司只能够将有限的能力服务于有限的市场。同时，由消费者需求所构成的总体市场的确可以根据需要、购买力、产品、地理、消费行为方式等因素细分为各具特点的细分市场。而且，消费者对满意的要求越来越高，而竞争的压力也越来越大，保险公司不得不集中资源在有限的目标市场中作战。所以，保险公司必须要对目标市场进行选择。目标市场的选择策略，通常有五种模式：

（1）密集单一市场。密集单一市场模式，是指企业选择一个细分市场，集中力量为之服务。较小的企业一般会采用此模式专门填补市场的某一部分。集中营销使企业深刻了解该细分市场的需求特点，采用有针对性的产品、价格、渠道和促销策略，从而获得强有力的市场地位和良好的声誉，但同时隐含较大的经营风险。

（2）选择性专门化。选择性专门化模式，是指企业选择几个细分市场，每一个细分

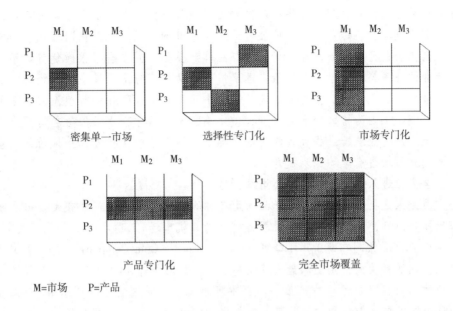

M=市场　　P=产品

**图 2 - 1　市场覆盖的五种模式**

市场对企业的目标和资源利用都有一定的吸引力，但各细分市场彼此之间很少或根本没有任何联系。这种策略能分散企业经营风险，即使其中某个细分市场失去了吸引力，企业还能在其他细分市场盈利。

（3）市场专门化。市场专门化模式，是指企业专门服务于某一特定消费群体，尽力满足他们的各种需求。企业专门为这个消费群体服务，能更好地了解此消费群体的需求，从而在此消费群体中建立良好的声誉。然而一旦这个消费群体的需求潜量和特点发生突然变化，企业就要承担较大风险。

（4）产品专门化。产品专门化模式是指企业集中生产一种产品，并向所有消费者销售这种产品。例如某保险公司只针对高收入群体设计保险产品、提供优质服务，而不针对其他收入层次的消费者设计保险产品。这样，该保险公司虽然可以在高收入群体的产品和服务方面树立很高的声誉，但如果出现该高收入群体的偏好转移，企业将面临巨大的威胁。

（5）完全市场覆盖。完全市场覆盖模式是指企业力图用各种产品满足各种消费群体的需求，即以所有的细分市场作为目标市场，例如保险公司为不同年龄层次、不同收入水平的消费者提供各类保险产品。一般只有实力强大的大企业才能采用这种策略。

## 【案例拓展】

### 来自不同行业的目标市场范围选择模式

一、产品专业化——格力集团

产品专业化是指企业集中生产一种产品，公司向各类顾客销售这种产品，在中国的家电产业里，格力集团是一个很有特色的企业，把产品专业化模式运用得很成功。第

一，该公司从其成立之日起，就将空调作为主要经营业务，而且限于做家用空调，不生产中央空调、汽车空调等。第二，该公司进入空调市场时间较晚，当时春兰、华宝、美的等一批国内企业已经崛起，在市场份额与品牌声誉等方面占有了很大优势。第三，当时家电产业的许多公司出于分散风险、迅速扩张等动因，纷纷开展多元化经营，但格力集团仍然坚持专业化经营。格力电器数年来由小而大、由弱而强的辉煌，靠的是单一的产品——空调。正因为格力的专心专业，使之有绰号"单打冠军"。在空调行业原材料价格不断上涨、行业洗牌进程大大提速的情况下，格力继续保持着优势地位，销量、销售额、利润和市场占有率均稳步提升。

### 二、全方位进入——可口可乐公司

全方位进入是指公司想用各种产品满足各种顾客群体的需求。只有大公司才能采用完全市场覆盖战略，例如国际商用机器公司（计算机市场）、通用汽车公司（汽车市场）和可口可乐公司（饮料市场）。可口可乐公司（Coca – Cola Company）成立于1892年，总部设在美国亚特兰大，是全球最大的饮料公司，拥有全球48%市场占有率以及全球前三大饮料的两项（可口可乐排名第一，百事可乐第二，低热量可口可乐第三），可口可乐在200个国家拥有160种饮料品牌，包括汽水、运动饮料、乳类饮品、果汁、茶和咖啡，亦是全球最大的果汁饮料经销商（包括Minute Maid品牌），在美国排名第一的可口可乐为其取得超过40%的市场占有率，而雪碧（Sprite）则是成长最快的饮料，其他品牌包括伯克（Barq）的root beer（沙士），水果国度（Fruitopia）以及大浪（Surge）。可口可乐公司制造和分配浓缩软饮料和果汁，它的产品是从可口和可乐两种植物的叶子和果实中榨取出液汁制成的一种饮料。作为该公司主要部门的软饮料每年的销售额约占公司总销售额的80%。该公司食品部制造和销售冷冻、浓缩柑橘和各种果汁、柠檬晶、咖啡和茶。酒类部门生产和销售各种牌号的酒，主要销于国内市场，是美国第四家最大的酒类生产和销售者；该公司还生产塑料薄膜以及其他消费产品如防臭剂、湿手巾纸等；可口可乐公司是举世闻名的汽水大王，它在全球各地有500余种产品销售，其中可口可乐、健怡可口可乐、雪碧、芬达四大品牌，在全球最畅销汽水前5位中独占4位。Coca – Cola公司重视国际市场，在外国就地制造，就地销售，获取厚利。

### （二）保险目标市场选择的依据

1. 细分市场的规模与增长潜力。首先要评估细分市场是否具有适当市场规模和增长潜力。适当规模是相对于保险公司的规模与实力而言的；较小的市场对于大保险公司而言，不值得涉足；较大的市场对于小保险公司而言，也不建议涉足，因为小保险公司缺乏足够的资源，也无力与大保险公司竞争。同时，市场增长潜力的大小也关系到保险公司销售和利润的增长，但有发展潜力的市场也常常是竞争者激励争夺的目标，这又减少了它的获利机会。

2. 细分市场的吸引力。吸引力主要是指长期获利的大小。一个市场可能具有适当规模和增长潜力，但从获利观点来看不一定具有吸引力。有五种力量决定整体市场或细分市场是否具有长期吸引力：现实的竞争者、潜在的竞争者、替代产品、购买者和供应者。保险公司必须充分估计这五种力量对长期获利所造成的威胁或提供的机会。

如果某个市场上已有为数众多、实力强大或者竞争意识强烈的竞争者，该市场就失去了吸引力；如果某个市场可能吸引新的竞争者进入，他们将会投入新的生产能力和大量资源，并争夺市场占有率，这个市场也没有吸引力；如果某个市场已存在现实的或潜在的替代品，这个市场就不再具有吸引力；如果某个市场购买者的谈判能力很强或正在加强，他们强烈要求降价或对产品和服务要求很高，并强化买方之间的竞争，这个市场也缺乏吸引力；如果保险公司的供应者——原材料和设备供应商、公司事业机构、银行等，能够随意提高或降低产品的服务质量或减少供应数量，该市场就没有吸引力。

3. 企业本身的目标和资源。有些细分市场虽然规模适合，也具有吸引力，在涉足之前也必须考虑两个因素：第一，是否符合保险公司的长远目标，如果不符合，就不得不放弃；第二，保险公司是否具备该市场盈利所必需的能力和资源，如果不具备，也只能放弃。

（三）保险目标市场的选择策略

在市场细分的基础上，保险企业可根据自己的资源和目标选择一个或几个子市场作为自己的目标市场，这样的营销活动，就称为目标营销或市场目标化。市场经过细分，保险企业面对不同的子市场，就要作出以下战略选择：一是覆盖多少子市场；二是如何覆盖市场，这就是市场覆盖战略或目标市场的选择策略。一般来说，有三种可供选择的策略，即无差异性市场策略、差异性市场策略和集中性市场策略。

1. 无差异性市场策略。无差异性市场策略也称为"整体市场策略"。这种策略是保险公司把整体市场看作是一个毫无差别的大市场，只注意保险消费者对保险需求的同一性，而不考虑他们对保险需求的差异性，以同一种保险条款、同一标准的保险费率和同一营销方式向所有的保险消费者推销同一种保险。实施此策略时，保险企业所设计的产品和营销方案，都是针对大多数顾客的，只求满足最大多数顾客的共同性需要。

无差异性市场策略适用于那些差异性小、需求范围广、适用性强的保险险种的推销，像汽车保险、人身意外伤害保险就可以应用这一策略。无差异营销的优点是获取规模经济效益。由于大量营销，品种少，批量大，可节省费用，降低成本，提高利润率。但是如果许多企业同时在一个市场上实行无差异营销，竞争必然激烈化，获利的机会反而不多。同时，以一种产品和一种营销方案，很难得到不同层次、不同类型的所有顾客的满意。因此，在保险创新活动中，差异性营销将成为一种趋势。

2. 差异性市场策略。差异性市场策略是一种以市场细分为基础的目标市场策略，采用这种策略的保险企业，在市场细分的基础上，选择多个子市场作为目标，针对每个目标市场，分别设计不同的产品营销方案，同时多方位或全方位地分别开展有针对性的营销活动。这种营销策略可以做到有的放矢，对症下药，通过同时满足多种需要而扩大销售，提高市场占有率。较之无差异营销，差异性营销可为保险企业带来较高的销售额，但同时也会使营销成本增高，因为差异营销势必增大设计、制造、管理和促销等方面的成本。因此，在采取这种策略时，要权衡一下究竟差异到什么程度最有利。以寿险公司为例，为了提高市场需求的适应性，应按照不同客户群体的要求开发不同的寿险品种。根据多个细分市场的需要，寿险品种的开发应当做到多层次、多品种，满足客户的不同需求。对经济发达地区和高收入人群，开发大额度、一次性缴费、多重保障型产品；针对低收入阶层，开发价格相对低廉、注重基本保障的产品等。在保险竞争日趋激烈的形势下，保险公司要在竞争中站住脚，必须努力追求保险产品和服务的差异化、个性化。

在现代保险市场竞争中，多数保险企业都在运用这一策略。

3. 集中性市场策略。集中性市场策略也称为"密集性市场策略"，是指保险企业选择一个或几个细分市场为目标市场，制订一套营销方案，集中力量争取在这些细分市场上占有大量份额，而不是在整个市场上占有小量份额。

这种策略的优点是：可深入了解特定目标市场的需求，实行专业化经营，从而节省费用，增加盈利，并强化企业及其产品的形象。集中性营销比较适用于试图在某个方面、某种产品上独树一帜的公司。有些风险和技术含量都很高而市场潜力又很大的保险产品，往往会考虑采取集中营销的策略。例如，在国外有很多专业保险公司，其中有一些就是专门经营医疗保险的公司。因为医疗保险具有牵涉方面多（保险人、投保人、被保险人、医疗服务提供者）、风险类型多、风险控制难度大等特点，专业化要求很强。采用专门化的集中营销，可以专注于提高服务质量，促进业务发展。

集中性市场策略的优点是：能够集中力量，迅速占领市场，提高保险商品知名度和市场占有率，使保险企业集中有限的精力去获得较高的收益；可深入了解特定的细分市场，实行专业化经营，适用于资源有限、实力不强的小型企业。集中性营销也有其局限性：在一定的情况下，如果目标过分集中，就有较大风险。因为所选定的目标市场如果发生突然变化（偏好的突然变化或者强大的竞争者的进入），很可能导致滞销和亏损。因此，实行集中性营销战略时要准备应变措施。

**（四）保险目标市场选择的影响因素**

1. 保险公司的实力。保险公司的实力主要是指人力、物力、财力及管理能力等，它是保险公司在市场竞争中获胜的物质基础和保证。如果保险公司实力雄厚，管理水平高，那么它就有能力也有可能选择差异性营销策略或无差异营销策略；反之，若保险公司资源有限，无力将自己的资源覆盖整个市场或几个细分市场，则适宜采用集中性营销策略，最大限度地发挥自身的优势，从而在激烈的竞争中占有一席之地。

2. 保险产品的特性。保险产品的特性即保险产品的差异性。有些保险产品的差异性很小，可把它看作是一种同质商品。比如满足消费者基本保障的一些保险产品就是同质商品，消费者的需求基本上没有什么区别。但是，有些保险商品的差异性比较大，是一种异质产品。例如，高端的意外伤害保险就是异质产品。爱好滑雪、赛车、蹦极等高风险活动的消费者就需要高端的意外伤害保险。

3. 保险市场的同质性。市场同质性，是指在各细分市场上消费者需求、购买行为等方面的相似程度。如果市场上的消费者在一定时期内的需求和偏好比较接近，并且对市场营销刺激的反应相类似，则市场同质性较高，比较适合于实行无差异市场营销；反之，如果市场需求和偏好的差别较大，则市场同质性低，宜采用差异性营销或集中性市场战略。对于保险市场而言，如果投保者的需求比较接近，爱好大致相同，购买数量大体相同，对销售方式的要求差别不大的话，就可以采用无差异营销策略；相反，如果市场需求差别很大，投保者选择性较强，就易于采用差异性营销策略或集中性营销策略。

4. 保险产品的生命周期。处于不同生命周期阶段上的产品，具有各自的特点。保险公司应根据不同阶段的产品，采用不同的营销策略。对处于介绍期的新险种来说，由于刚刚进入市场，投保者对其不熟悉，竞争者也较少，这时，宜于采用无差异营销策略，以激起潜在目标消费者的兴趣。当产品处于成长期和成熟期时，应采用差异性或集中性营销策略，开发有别于竞争对手的产品，以便更好地有针对性地满足目标消费者的需要。当产品处于衰退期时，则宜采取集中性营销策略，以尽可能地延长产品的生命周期。

5. 竞争者的数目和策略。如果市场上竞争者的数目很少，市场竞争不很激烈，那么保险企业完全可以通过采用无差异营销策略，控制、占领市场。如果市场上竞争者的数目较多，市场竞争非常激烈，企业为了进入市场并占领市场，就需要寻找市场上的空白点和缺口，这时，就宜于采用差异性营销策略或集中性营销策略。当然，为了与竞争者竞争，企业也可以"反其道而行之"，当竞争者采用差异性营销策略时，不妨采用集中性营销策略，当竞争者采用无差异性营销策略时，不妨采用差异性营销策略。

## 【知识小结】

保险市场是无限的，而保险公司的能力是有限的，保险公司只能够将有限的能力服务于有限的市场。保险企业只根据自己的资源和目标选择一个或几个子市场作为自己的目标市场，只有这样才能扬长避短，提升自己在行业内的竞争力。

## 【考核】

### 思考题

1. 保险公司进行目标市场选择的依据有哪些？
2. 简述保险公司目标市场的选择策略。

### 课后训练

学生到一家保险公司调研，并探讨该公司的目标市场是什么，该公司向目标市场提供了什么产品。

## ■ 任务 2-3　进行保险市场定位

## 【案例分析】

### 一次成功的市场定位

1999 年 10 月 23 日，中国平安保险公司在上海市场率先推出："平安世纪理财投资连结保险"产品。其运作方法：将投保人的保险费分成"保障"和"投资"两部分，具有保障投资双重功能。推出 1 个月内，受理保单 2450 件，实现保费收入 1124 万元。强烈的市场反应，良好的销售业绩，大大超出预期。目前，中国平安保险公司已在全国 20 多个城市全面推广。

思考：（1）结合案例说明保险市场定位的重要意义；

（2）保险市场定位中还应考虑哪些因素。

（一）市场定位

1. 市场定位概念。保险企业确定目标市场后，就要考虑在一个充满竞争的市场中，

本公司如何顺利进入目标市场并打开局面的问题，这就是市场的定位。

市场定位也称作"营销定位"，就是保险企业根据现有竞争者产品的情况以及消费者对该种产品的认识，经过一系列的创新活动，实现本企业产品与众不同的鲜明个性或形象，并通过有效的营销组合影响顾客对该产品认同的管理过程。它是市场营销工作者用于在目标市场（此处目标市场指该市场上的客户和潜在客户）的心目中塑造产品、品牌或组织的形象或个性（identity）的营销技术。企业根据竞争者现有产品在市场上所处的位置，针对消费者或用户对该产品某种特征或属性的重视程度，强有力地塑造出本企业产品与众不同的、给人印象鲜明的个性或形象，并把这种形象生动地传递给顾客，从而使该产品在市场上确定适当的位置。市场定位是企业全面计划中的一个重要组成部分，它关系到在竞争的市场上，本企业及其产品能否形成竞争力的大问题。

2. 市场定位步骤。市场定位的关键是企业要设法在自己的产品上找出比竞争者更具有竞争优势的特性。竞争优势一般有两种基本类型：一是价格竞争优势，就是在同样的条件下比竞争者定出更低的价格。这就要求企业采取一切努力来降低单位成本；二是偏好竞争优势，即能提供确定的特色来满足顾客的特定偏好。这就要求企业采取一切努力在产品特色上下功夫。因此，企业市场定位的全过程可以通过以下三大步骤来完成。

步骤一：识别潜在竞争优势。这一步骤的中心任务是要回答以下三个问题：一是竞争对手产品定位如何？二是目标市场上顾客欲望满足程度如何以及确实还需要什么？三是针对竞争者的市场定位和潜在顾客的真正需要的利益要求企业应该及能够做什么？要回答这三个问题，企业市场营销人员必须通过一切调研手段，系统地设计、搜索、分析并报告有关上述问题的资料和研究结果。通过回答上述三个问题，企业就可以从中把握和确定自己的潜在竞争优势在哪里。

步骤二：核心竞争优势定位。竞争优势表明企业能够胜过竞争对手的能力。这种能力既可以是现有的，也可以是潜在的。选择竞争优势实际上就是一个企业与竞争者各方面实力相比较的过程。比较的指标应是一个完整的体系，只有这样，才能准确地选择相对竞争优势。通常的方法是分析、比较企业与竞争者在经营管理、技术开发、采购、生产、市场营销、财务和产品等七个方面究竟哪些是强项，哪些是弱项。借此选出最适合本企业的优势项目，以初步确定企业在目标市场上所处的位置。

步骤三：战略制定。这一步骤的主要任务是企业要通过一系列的宣传促销活动，将其独特的竞争优势准确传播给潜在顾客，并在顾客心目中留下深刻印象。首先，应使目标顾客了解、知道、熟悉、认同、喜欢和偏爱本企业的市场定位，在顾客心目中建立与该定位相一致的形象。其次，企业通过各种努力强化目标顾客形象，保持目标顾客的了解，稳定目标顾客的态度和加深目标顾客的感情来巩固与市场相一致的形象。最后，企业应注意目标顾客对其市场定位理解出现的偏差或由于企业市场定位宣传上的失误而造成的目标顾客模糊、混乱和误会，及时纠正与市场定位不一致的形象。

企业的产品在市场上定位即使很恰当，但在下列情况下，还应考虑重新定位：

①竞争者推出的新产品定位于本企业产品附近，侵占了本企业产品的部分市场，使本企业产品的市场占有率下降。

②消费者的需求或偏好发生了变化，使本企业产品销售量骤减。

　　重新定位，是指企业为已在某市场销售的产品重新确定某种形象，以改变消费者原有的认识，争取有利的市场地位的活动。重新定位对于企业适应市场环境、调整市场营销战略是必不可少的，可以视为企业的战略转移。重新定位可能导致产品的名称、价格、包装和品牌的更改，也可能导致产品用途和功能上的变动，企业必须考虑定位转移的成本和新定位的收益问题。

　　（二）市场定位的方式及运用

　　1. 市场定位的方式。市场定位显示了一种保险产品或一个保险企业类似产品或企业之间的竞争关系。定位方式不同，则形成的竞争态势就会不同。

　　（1）避强定位。这是一种避开强有力的竞争对手，而另辟蹊径采取填补空白的市场定位法。这种策略是企业避免与强有力的竞争对手发生直接竞争，而将自己的产品定位于另一市场的区域内，使自己的产品在某些特征或属性方面与强势对手有明显的区别。其优点是能够在"人无我有"的新市场上，形成自身的局部优势，可使自己迅速在市场上站稳脚跟并在消费者中树立起品牌形象。由于这种定位法使市场竞争风险较小，成功率较高，常常为多数企业所采用。但空白的细分市场往往同时也是难度最大的细分市场。

　　（2）优势定位。优势定位，是指在所选定的目标市场上，保险公司通过对于自己优势的充分发挥，在市场上抢占一席之地的定位方法。这种定位法要求：首先保险公司要通过与竞争对手比较，找到自身的优势所在；其次要通过调研明确市场最需要的是什么；再次要找到两者的最佳结合点，即正确选择竞争优势；最后保险公司要善于运用各种方式如通过广告或代理人宣传自己的优势等。主观的优势和客观需求的有效结合，就是本公司的最佳定位。例如，我国的企业年金市场引起了寿险公司、银行、信托公司、基金公司、证券公司、财务公司等多种金融公司的关注。

　　（3）迎头定位。迎头定位是一种敢于与最强大的竞争对手以"唱对台戏"方式进行的定位方式。这种策略是企业根据自身的实力，为占据较佳的市场位置，不惜与市场上占支配地位、实力最强或较强的竞争对手发生正面竞争，从而使自己的产品进入与对手相同的市场位置。由于竞争对手强大，这一竞争过程往往相当引人注目，企业及其产品能较快地为消费者了解，达到树立市场形象的目的。显然，这是一种危险的战术。但有的企业认为这是一种更能激励自己奋发上进的可行的定位尝试，一旦成功就会取得巨大的市场优势。这种策略可能引发激烈的市场竞争，具有较大的风险，运用这种定位方式，企业必须知己知彼，了解市场容量，清醒地估计自己的实力，正确判定凭自己的资源和能力是不是能比竞争者做得更好，或者能不能平分秋色。由于这种定位法具有很大的风险性，一般公司对它的选用持慎重态度。

　　（4）重新定位。重新定位也叫"调整定位"。这种定位是指企业通过努力发现最初选择的定位战略不科学、不合理、营销效果不明显，继续实施下去很难成功获得强势市场定位时，及时采取的一系列重新定位方法的总称。企业重新定位的目的在于能够使企业获得新的、更大的市场活力。

　　这种策略是企业对销路少、市场反应差的产品进行二次定位。初次定位后，如果由于顾客的需求偏好发生转移，市场对本企业产品的需求减少，或者由于新的竞争者进入市场，选择与本企业相近的市场位置，这时，企业就需要对其产品进行重新定位。故这

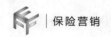 

种定位在两种情况下可以采用：一是经过一段时间的市场实践后，发现原有的市场定位不成功，产品打不开销路；二是企业产品在市场推出后，获得成功，有更多的消费者对产品提出更高的要求，需要重新定位。

2. 市场定位的运用

（1）区域定位。区域定位，是指企业在进行营销策略时，应当为产品确立要进入的市场区域，即确定该产品是进入国际市场、全国市场，还是在某市场、某地等。只有找准了自己的市场，才会使企业的营销计划获取成功。

（2）阶层定位。每个社会都包含有许多社会阶层，不同的阶层有不同的消费特点和消费需求。企业的产品究竟面向什么阶层，是企业在选择目标市场时应考虑的问题。根据不同的标准，可以对社会上的人进行不同的阶层划分，如按知识分，就有高知阶层、中知阶层和低知阶层，进行阶层定位，就是要牢牢把握住某一阶层的需求特点，从营销的各个层面上满足他们的需求。

（3）职业定位。职业定位，是指企业在制定营销策略时要考虑将产品或劳务销售给什么职业的人。将饲料销售给农民及养殖户，将文具销售给学生，这是非常明显的，而真正能产生营销效益的往往是那些不明显的、不易被察觉的定位。在进行市场定位时要有一双善于发现的眼睛，及时发现竞争者的视觉盲点，这样可以在定位领域内获得巨大的收获。

（4）个性定位。个性定位是考虑把企业的产品如何销售给那些具有特殊个性的人。这时，选择一部分具有相同个性的人作为自己的定位目标，针对他们的爱好实施营销策略，可以取得最佳的营销效果。

（5）年龄定位。在制定营销策略时，企业还要考虑销售对象的年龄问题。不同年龄段的人，有自己不同的需求特点，只有充分考虑到这些特点，满足不同消费者要求，才能够赢得消费者。如对于婴幼儿开发的保险产品，营销策略应针对母亲而制定，因为婴幼儿保险产品多是由母亲来实施购买的。

## 【知识链接】

### 市场定位的策略

1. 比附定位，即攀附定位，通过比拟名牌来给自己的产品定位。比附定位的方法有：

（1）甘居第二，明确承认该行业中最负盛名的品牌，给消费者留下谦虚诚恳的印象。

（2）强调本企业在某一方面能够与知名度最高的品牌并驾齐驱、平分秋色。

（3）当企业不能取得第一或攀附第二时，可以强调自己是高级群体中的一员，以提高自身的形象地位。

2. 属性定位，即根据特定产品的属性来定位，突出该产品吸引目标市场的核心特征，将之与同类竞争产品相区别。

3. 利益定位，即根据产品所能满足的需求或所提供的利益、解决问题的程度来定位。如牙膏、洗发水等日化产品的定位，突出其不同的功效和特征，以其能为消费者提供的利益和好处来定位。

4. 竞争定位，就是与某些知名的、常见的产品作明显的区别，给自己的产品定一个相反的位置。如美国的七喜汽水，其成功地成为美国第三大软性饮料的原因在于采用了这种定位策略。它宣称自己是"非可乐"型饮料，是替代可口可乐和百事可乐的清凉解渴饮料，突出与可乐的区别所在，因而形象分明，吸引了大量的消费者。

5. 市场空当定位，即寻找市场上尚无人重视或未被竞争对手控制的位置，使自己推出的产品能适应潜在目标市场的需要的策略。采用这种定位策略，企业必须进行充分的可行性分析，对以下主要问题有足够的把握：技术上的支持，制造成本上的可行性，有足够数量的潜在购买者。

6. 质量/价格定位，即结合质量和价格来定位，或从性能与价格之比来定位（通常所说的"性价比"），其实质是从价值的角度来突出产品的优势。

质量和价格是消费者进行购买决策时最为直观、最为关注的因素，因此，可以相应地定价为"物有所值""物美价廉""高质量高价位"等。

（三）市场定位应遵循的原则

市场定位原则被营销学家认为是市场定位成功与否的关键，在定位理论发展中起着决定性的作用，归纳起来有以下四点：

1. 受众导向原则。受众导向原则的主要观点是，企业不仅要制定有效的定位策略，还要有效地与一般公众和目标受众沟通这些策略内容，有效地将定位信息植入受众的心灵。

保险公司要想做到定位准确，最重要的是要面向市场，经过调查研究，挖掘经济生活中的热点，集中公司的技术优势，不断推出新产品。这种坚持从实际需要出发的定位，能确保市场定位的高度准确性，从而不断提高公司的市场占有率，提升公司的竞争力。

2. 差别化原则。差别化原则的主要出发点是，在社会成千上万的产品信息中，要想达成将产品信息牢固定位于消费者心灵这一目的。保险公司如果能使自己的产品定位与众不同，并能使这种差异性的特定信息有效传达至消费者，从而引起消费者注意品牌、产品，并产生联想，那么产品或品牌就能留驻在消费者心中，激发消费者的购买欲望。

3. 个性化原则。个性化原则要求市场定位要有创意，要与众不同，要有自己的一套，即使这种个性与产品本身并无关联，是人为赋予的，但只要得到消费者认同，它就将是企业战胜对手，赢取消费者放心的最有力武器。

在保险市场走向开发和国际化的背景下，任何保险产品的定位还要考虑与国际接轨的问题。只有既从国情出发，又与国际接轨的产品，才能充分满足现代社会消费者的需求。比如，某保险公司最近几年推出的针对律师、注册会计师等专业技术人员在内的职业责任保险，就是在借鉴国外保险责任条款、费率厘定方法的基础上，结合我国的相关法律和客户需要开发的产品，这种产品体现了兼容性的市场定位，具有广阔的发展前景。

4. 动态调整原则。企业是社会系统中的一个子系统，它的经营活动自然受到环境的制约。动态调整原则要求企业在变化的环境中，抛弃过去传统的以静制动，以不变应万

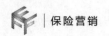
变的静态定位思想，以便在变化的环境中不断调整市场定位及其策略。

保险业的发展与国民经济的发展息息相关。国家产业政策调整和经济体制改革的走向，都对保险产品的定位起到了导向的作用。因此，保险公司必须密切关注此方面的动态，及时开发相应的保险新产品。例如，伴随着我国产业结构调整的不断深入，近年来我国包括医疗卫生、房产、旅游业等在内的第三产业占国内生产总值的比重日趋增大，很多保险公司及时开发了医疗责任保险、建设工程设计责任保险、旅行社责任保险等产品。可见，时刻关注国家有关政策的变化，是保证保险公司市场定位准确又一不可忽视的原则。

## 【知识小结】

市场定位的关键是企业要设法在自己的产品上找出比竞争者更具有竞争优势的特性，在充满竞争的市场中，保险企业只有进行精准定位，才能顺利进入目标市场并打开局面。

## 【考核】

**思考题**

1. 简述保险市场定位的主要方式。
2. 保险市场定位应遵循什么原则？

**课后训练**

学生到保险公司调研，并讨论该保险公司是如何进行保险市场定位的。

## 💡 项目拓展

## 【知识链接】

### 保险产品正在细分市场

在国外，保险已经和人们日常生活紧密地联系在一起，时常能看到人们为了自己的一些"乱七八糟"的东西投保。比如你对自己的头发比较重视，可以为自己买一份防止脱发的保险；如果你不想一辈子一次的婚礼出差错，你也可以买份保险；如果你觉得自己买彩票老不中奖也能买份保险让保险公司理赔。

**静怡/漫画**

相比国外成熟的保险市场来说，目前国内的保险市场则显得相对比较简单。一般都是根据险种来设计产品，很少有专项产品的出现。但是近日记者在采访中发现，国内多家保险公司已经开始向专项保险产品领域拓展。

**一、目前产品无法兼顾特殊需求**

记者在对比了国内外的一些保险产品后发现，目前国内的很多保险产品是根据险种来设计的。比如投保人想要购买一款养老险，目前国内几家保险公司推出的养老险产品基本都是提供两种保障方式：一种是设定一个领取年限，缴纳完保费后，到了领取年限开始返还保费，一般二十年左右返还完毕，合同终止，如果中途身故还将获得一笔理赔；另一种方式则是一直领取到身故，如果投保人有其他的需求养老险就无法涵盖和理赔了。

采访中，赵女士告诉记者，去年听说某家保险公司推出了一款重疾险，可以保障 50 种左右的重大疾病，只要是得了这 50 种重大疾病都能得到理赔，另外还提供 1 万元的住院理赔，这个是针对因所有疾病引起的住院情况的。今年赵女士怀孕，怕生产期间出现一些情况需要住院治疗，查询后发现之前投保的这款产品中的住院理赔并不包含怀孕期间住院理赔，想要另外购买能提供怀孕期间住院理赔的保险却没有。

有业内人士表示，目前国内几家保险公司提供的产品大多还是照顾到老百姓日常生活中的普遍情况，个性化的保险产品确实较少。如果真的需要，保险公司只能通过定制专属产品的方式进行操作。

**二、个性化保险已开始慢慢普及**

虽然目前国内保险产品的大体现状是这样，但是也有不少保险公司开始尝试走差异化的路线，推出各种个性化的保险产品来满足客户的不同需求。比如在 H7N9 型禽流感（以下简称 H7N9）较为严重的时候，平安保险就推出了 H7N9 的专项保险产品，只针对这种病症进行投保。而太平洋保险公司陆续推出的食品安全责任险、防癌健康险等专项产品也为保险个性化市场加入了新能量。

记者从中国太平洋人寿保险股份有限公司福州中心支公司了解到，太平洋人寿推出的新一代防癌健康综合解决方案"守护安康"就属于一款比较有代表性的专项防癌产品。针对癌症这个专项病症太平洋人寿提供了全方位的服务。据太平洋人寿相关人士表示，这款产品将健康服务与防癌保险相结合，不仅提供传统的疾病赔付和与需求高度匹配的"全疗程"财务支持，还为客户提供以预防和规范化治疗为目的的防癌咨询、体检、专家预约和导医导诊等服务。太平洋人寿专门针对各类癌症做到"防、治、保"三位一体的新定义。据了解，这款产品就是以癌症为专项，从预防开始做起，如果客户不幸真的得了癌症，这款产品还能全程介入、全程支持和全程理赔，避免得了癌症需要花费巨额费用治疗的情况。

某业内人士表示，目前各家保险公司也都在积极探索各类专项保险，让国内的保险市场能够出现多元化的产品，而不是依靠同样的产品去适应不同的每个人的需求。今后国内也会像国外一样出现各种细分的保险产品，比如一些彩迷如果发现自己一直没中过大奖，就可以买个保险，多少给自己挽回一点经济损失。

资料来源：东南快报，2013 年 7 月 30 日。

## 【专业词汇中英对照】

市场细分　market segmentation　目标市场　target market

市场定位　market positioning　个性　identity

## 案例分析

### "三八"妇女节临近，哪款医疗保险适合女性？

"三八"妇女节临近，女性朋友不妨买份合适的保险犒劳自己，老公也可送太太一份保单表达对她的爱。女性买保险，要综合考虑自身年龄、经济状况和理财目标来定。

**女人20，重疾险越早投越好**

20多岁的年轻女孩，步入社会不久，首先可以考虑购买意外风险保障类产品，保费不高。现代女性生活压力大，各种疾病发病时间越来越早，年轻女孩也需要一份大病保障，可买消费型的定期重疾险，这类险种越早投，保费相对越低。

对于年轻单身女性，如果要赡养父母，可侧重购买健康险、意外险和定期寿险。此时不需要设置较高保额，所缴保费约为收入的8%～10%；成家之后，可适当调高保额。

**女人30，考虑长期养老规划**

女性到了30岁，随着职位越来越高，压力也越来越大，在意外险的基础上，可以适当增加医疗保障，有一定经济能力的女性，还应尽早做养老的长期规划，养老保险属于生存领取，价格较贵。已经结婚生子的女性，购买险种时，还应综合考虑子女教育金方面的问题。

**女人40，补充寿险和健康险**

40岁以后的女性，子女逐渐长大成人，家庭处于成熟期，有一定财富积累，同时临近退休。此时买保险，应进一步加强养老险规划，根据自身经济能力及时补充寿险和健康险。如果此前未购买过保险，则重大疾病保险和医疗保险仍然需要放在首位，同时附加一些医疗费用型和补贴型的保险产品。

此外，一些保险公司针对女性的特殊疾病，开发出女性健康保险。比起一般的重大疾病保险，这类险种的保费相对便宜，保障的范围也从最普遍的重大疾病转为女性最易发生的重大疾病，也较适合四十岁左右女性的需求。

买保险也要有"个性"。女性购买保险既有"共性"也要有"个性"，准妈妈、单亲妈妈、全职太太等，买保险各有侧重。

准妈妈：买保险要趁早。女性妊娠期的风险概率，远远高于正常人，保险公司对孕妇投保的要求也比一般人群多。

准妈妈怀孕4个月后，医疗保险、重疾险和意外险等，一般会限制投保。有些保险公司开发了专为孕妇开设的母婴险，但也有"拒保期"，一般怀孕未满28周才能投保。

单身妈妈：先保自己再保孩子。单亲妈妈经济负担比较重，投保首选自身疾病保障，最好再安排好寿险，以防自己万一发生不测，孩子今后成长有一定经济保障。

单亲妈妈还要考虑到孩子的教育费、医疗费，以及自己的养老金。为孩子选择的险种最好具有或者可选择附加投保人豁免条款，孩子的保障才不会因父母发生意外而中断。

全职太太：注重医疗保障。对全职太太而言，老公是家庭的绝对经济支柱，首先给先生买保险，使自己成为受益人。另有多余的资金，再为自己买保险。

长期的家务劳动和女性的生理特征，让全职太太容易罹患一些女性疾病，可投保一些医疗保障功能强的女性险，特别是可为特殊女性疾病投保。

资料来源：向日葵保险网。

思考：以女性保险市场为例，分析如何通过对保险市场细分进行保险目标市场决策？

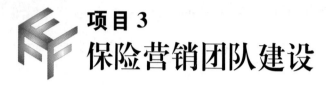

# 项目 3
# 保险营销团队建设

## 【学习目标】

了解保险营销团队；明确保险增员流程；掌握保险团队培训的内容及方法；能利用保险公司增员面谈表进行增员面谈；能进行有效的团队合作和沟通。

## 【项目导入】

组建保险营销团队 → 培训保险营销团队 → 管理保险营销团队

## 【知识结构图】

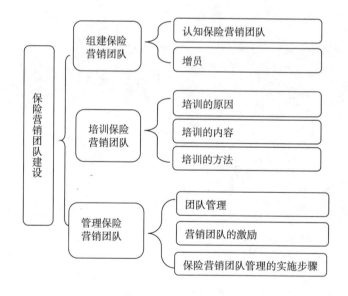

## 【案例引入】

### 从西游记看团队合作

请问大家，你喜欢西游记中的哪一个角色？估计一般都说孙悟空。因为孙悟空本领大、能力强、机智勇敢、有责任心、疾恶如仇、有正义感。猪八戒呢？一提起猪八戒，大家就想到了：这家伙好吃懒做、自私自利、喜打小报告、喜欢推卸责任、有小农思想，还好色，从心里你就不喜欢他。沙僧呢？老实人，能力一般，还没主见，动不动就喊：不好了，师傅被抓走了。你有点看不起他。师父唐僧呢？文弱书生，没武功，心慈手软，优柔寡断，你替他着急？所以大部分都是喜欢孙悟空的，即便是小孩，也说"我是孙悟空，你是猪八戒"。

但是，我们换一个角度看一下。他们难道没有优点吗？师父唐僧心地善良、有学问、有毅力、不贪财好色、有事业心，是一个目标坚定的人，人还长得帅，如果没有唐僧的带领，其余人怎么修得正果？猪八戒虽然好吃懒做，但是干起活儿来也保质保量；虽然自私自利，但也能坚持大立场；虽然喜欢打小报告，但也不会无中生有。还有八戒的协调能力是孙、沙二人不具备的：时而劝服孙悟空继续西行；时而替孙悟空向师傅说情。并且，如果没有猪八戒，在漫长的取经路上，大家都只顾闷头走路，失去多少乐趣啊，那多无聊啊！沙僧也是忠厚老实、埋头苦干、任劳任怨、一副担子挑了十万八千里，没有沙僧，谁给挑担子啊？

因此，如果只有一个人行吗？在团队中间，要看到别人长处，不能老看人短处，要有容人之量。反过来，如果依照你的个人喜好，在一个团队中，人都一样，那就麻烦了。如果全是唐僧，就是一群和尚了，来个小妖怪就玩完了，更别说本领通天的大妖怪了，这经是断定取不成的了。如果只有孙悟空，没有唐僧，就没有行动目标，另外孙悟空的好胜心强、性格暴躁、不服从领导、团队意识淡薄也是很棘手的。如果团队里都是孙悟空，一定乱成"一锅粥"不可，谁也不服谁，也绝对干不出西天取经这样轰轰烈烈的大事。如果全是猪八戒，就更麻烦了，互相比懒，互相耍小心眼，怎么能成就一番事业？如果只是沙僧，唯一可能的事业就是开搬家公司了。

因此，虽然团队里面的人，存在这样或那样的缺点，但也有各自优点。总的来说，唐僧团队是成功的，是取得了辉煌成就的，成就了一番传诵千古的大业！

## ■■ 任务3–1　组建保险营销团队

（一）认知保险营销团队

1. 保险团队及团队营销

（1）保险团队。所谓团队，就是一种为了实现某种目标，由相互协作的、具有共同信念的个体组成的工作群体。优秀团队具备共同的期望、融合的沟通、良好的运作及适当的亲近等要素。理想的团队应该是既充满爱，又富于严格管理，其功能发挥应该是 $1+1>2$ 的。

保险营销团队，指的是在公司内部，在相同的目标指引下，共同完成保险销售和其他保险服务等团队任务的组织。

（2）团队营销。团队营销，是强调营销手段的整体性和营销主体的整体性，尽量为最终消费者创造最大的让利价值，最大化地满足最终消费者的需求，使企业从中获得长远发展和长期利润。团队营销理论是基于市场营销的理念，强调营销手段的完整性和营销主体的整体性，尽量为客户创造最大的价值，使客户满意最大化，使企业从中获得长远发展和稳定利润。团队营销模式主要有三大优势：

一是营销团队的业绩，不只是营销主管非常关注的事，还应成为团队中每个个体都自觉关注的事，使团队内部个体利益与整体利益一致化。企业引入团队营销模式，可以解决好企业内部互挖"墙角"、外部营销"撞车"的问题。

二是通过群策群力，调动企业团队所有资源和一切积极因素，从而能更好地实现企业的整体目标。企业引入团队营销模式，容易争取到重大项目，试想，当你告诉客户，有一个团队的强大专业人员为其专门服务，客户会怎么想？同时，也可以处理好重大项目营销分工的问题，由专业的数据分析人员处理电脑排版、制表等工作，可以让不会电脑排版、制表的营销人员解放出来，专心做好客户联系、客户维护等工作。

三是营销团队中，每个营销个体在向同一个目标前进时，自身的能力建设、学习水平会同团队的整体业绩一并得到提升。企业引入团队营销模式，可以强化员工专业特长，提高团队整体素质，从而更好地适应市场竞争需求。

2. 高绩效团队的特征

（1）共同的价值观。团队的共同价值观，即团队全体或多数员工一致赞同的、关于团队意义的终极判断，是团队文化的核心。

（2）良好的沟通能力。支持性和开放性的团队沟通能力是高绩效团队的一个基本特征。在高绩效团队里，领导者只相当于协调人的角色，并不主导一切，所有的团队成员都是在平等地工作。他们不仅具备对个人绩效的承诺，同时也具备对团队绩效的承诺。团队成员可以更有效地共享知识、经验，多种多样的教育方式使团队更有效地增长知识，提高团队潜能。

（3）较强的协作意识。在高绩效的团队里，每一个团队成员基本上都是某一方面的专家，因此，必然要求团队成员拥有良好的工作能力，确保有能力独立承担团队任务中的某一部分具体工作，从而确保团队的每一个成员都发挥自己的专长和优势，保证团队整体工作顺利完成。从另一方面来看，团队成员在独立完成自己承担的那部分工作的同时，还应该相互协作。

（4）高水平参与和互相学习。团队成员的高水平参与是决定团队绩效的重要变量。因此，高绩效的团队在团队决策、问题解决过程中应尽量让所有团队成员参与，而不是由一个或一些较强的成员或管理者操控。

（二）增员

招聘和培训保险营销人员的过程在保险营销中称为增员。增员的目的是挑选具有优秀潜质的保险营销人员，因此增员要按照一定的流程进行。

**图 3 - 1  增员流程图**

1. 制订增员计划。保险营销行业是人员流失率比较高的行业，据统计，保险公司营销人员首年流失率高达 70%，第二年、第三年、第四年分别在前一年的基础上流失35%、25% 和 20%。一方面，新设定的营销目标需要更多的营销人员去完成；另一方面，大量的流失人员需要新增的营销人员来补充。所以，为完成销售目标，保险代理机构、保险公司分公司或营销服务部，每年都要制订增员计划，将计划目标落实到每个月的增员目标中。增员流程中的个人增员计划如表3-1所示。

2. 寻找增员对象。增员对象应当具备与保险行业特征及其要求相符的基本条件。准增员对象需要符合如图3-2所示条件。

3. 增员面谈。寻找到准增员对象后，就需要与其进行面谈。增员面谈的目的是引起准增员对象对保险营销行业的兴趣，同时通过面谈全面评估准增员对象的综合素质，如表达能力、说服能力、自信、自制、耐心、幽默感、思想观念、个人的背景信息等。

增员面谈主要是为了了解准增员对象的背景，引起增员对象的兴趣。增员面谈的次数并不是一成不变的，具体需要面谈几次，要根据具体情况而定。一般来说，面谈可以分为以下几个阶段。

（1）初次面谈。由主管或保险营销人员进行初次面谈，主要目的是激发准增员对象对保险营销行业的兴趣，初次面谈要掌握如下一些技巧：

寒暄赞美。准备一个很好的开场白，如果是陌生的准增员对象，要主动与其交谈。

**表3-1 增员流程中的个人增员计划表**

| 年计划增员总人数 | 12人 |
|---|---|
| 月计划增员总人数 | 1人 |
| 每月上岗人数 | 1人 |
| 每月促成人数 | 3人 |
| 每月有效面谈人数 | 9人 |
| 每周有效面谈人数 | 2~3人 |
| 每日有效面谈人数 | 三天1人 |
| 每日获得准增员名单人数 | 1人 |

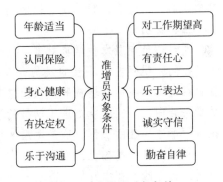

**图3-2 准增员对象条件**

增员说明。通过有效提问和积极倾听，在与准增员对象的交谈过程中，找出增员对象的问题所在，找准切入点，引导其谈论对现阶段工作的困惑和不满。

增员促成。通过对行业、公司的介绍激发准增员对象的企图心，并适时发出邀请，约定再次面谈，以便更深层次地介绍公司、从事保险行业的优势等。

（2）二次面谈。二次面谈一般由专家主持，通过创业说明会等形式，深层次地介绍公司的优势、行业的发展潜力、保险的意义、公司提供的培训和晋升空间等，目的是使准增员对象对保险行业有正确的认知，使准增员对象认同保险，产生加入保险行业的欲望。

（3）三次面谈。三次面谈由资深营销主任或营销经理主持，目的是挖掘准增员对象的需求点。通过一些测试工具全面掌握准增员对象的资料，分析准增员对象资料，了解准增员对象加入保险行业的动力，例如是为了赚钱、学习、开心还是为了挑战自己，要找准需求点，以需求点作为切入口，劝说准增员对象加入保险行业，同时帮助解决准增员对象的困难与困惑，处理好增员过程中的异议。

（4）增员面谈中的异议处理。增员面谈中异议处理的流程是：聆听反映、尊重理解、澄清事实、将异议转化为问题、处理问题。

## 【知识链接】

### 保险公司增员面谈该遵循的操作流程

**一、寒暄**

建立自己成功形象，把握被增员者基本状况。在这个环节中，主要的引导性问题应从如下着手，从这些问题的答案中了解并判断增员对象的基本情况，并在脑海里作出一定的判断。

**二、开门**

增员点发掘与资料收集，观察重点如下：一个人的态度就是他做事的结果，一个人的视野决定他的输赢。对于以上问题凭借我们多年从事营销工作的经验积累，相信不难做出判断，他是否适合从事我们的工作，是否具备这个潜质。在对其整体性和综合素质有个全面的判断后，我们就可以明确有没有必要进行面谈后的下一步动作。

**三、说明**

通过增员点激发被增员对象。同样也不例外，发问是最有效的技巧，我们一定要通过多提问，观察被增员者的反应，了解其对工作、对生活、对家人、对事业的基本态度。在过去，我们在增员的时候最喜欢夸夸其谈，先把增员对象说得摸不着头脑，甚至是晕头转向，其实这就走进了增员的误区。我们做增员不是做一个说服性的工作，而是在做一个选择性的工作，这是本质的区别。通过哪些问题来激发增员对象呢？

在被激发的基础上，如果我们发现他是一个有强烈反应的人，试着对其做进一步的说明，就保险行业本身的优势展开攻势，保险业的说明点包括：a. 寿险的意义与功用；b. 寿险业的现况与未来；c. 市场在哪里；d. 公司商品介绍；e. 公司简介。在介绍公司和行业的过程中，我们就刚才提到的问题——为增员对象解答，因为这是我们这个行业的特质和优势，淋漓尽致地发挥出来是我们在这个环节里必须的动作。要注意只是激发和介绍，谈自己的感受，而不是简单地拉拢或者急于促成，任何过于功利性的劝说都会让增员对象感到恐惧。

**四、反对问题处理，解决被增员者的疑惑感**

通过上面的沟通，让增员者和被增员者在一问一答之间互相认知对方，在我们进行了一定阶段的说明后，注意用这个问题过渡一下我们的面谈过程。"你有没有什么问题，我可以回答的"，或者说"您还有什么样的疑问，我可以帮助到你的"，让增员对象继续发表自己的观点，这个时候无论如何都可以作出是否有进行下一步动作的决定了，那当然是促成入司的第一步，参加新人说明会。

## 【知识拓展】

### 常见的增员异议问题

（一）我比较内向不善言辞，不适合做保险

1. 没有天生的销售高手，我们有系统的培训。

2. 不去尝试，怎么知道不行。

3. 我今天来找你，并不是因为你能说会道。

（二）做保险没底薪，收入又不稳定

1. 稳定与否是相对的。

2. 发展空间有局限。

3. 心态、知识、习惯决定收入的稳定。

（三）有朋友做过保险，因为做不到成绩不做了

1. 任何行业中都有杰出者与不适者。

2. 相信自己，敢于挑战自己。

3. 争取过，无遗憾。

（四）保险太难做了

1. 容易做的工作，收入不可观。

2. 不会就难，会了就容易。

3. 保险是朝阳行业。

（五）做保险太累、太辛苦

1. 经营自己的生意你会觉得累吗？

2. 现在累点、苦点，好过年老来辛苦。

3. 累、苦、压力才是我们成长的机会。

资料来源：http://www.vobao.com/u/807549275934485945/art/811243239177815137.shtml。

表 3 - 2　　　　　　　　　　　某保险经纪公司增员面谈表

面谈对象：　　　　　　　　　　　　　　　　　　　　　面谈时间：

| 项目 | 题目 | 回答 |
|---|---|---|
| 理想报酬 | （1）您目前一个月的薪水有多少？您满意吗？ | 是□　否□ |
| | （2）您最近一年内有无调薪？ | 是□　否□ |
| | （3）您是否希望当工作能力提升时，收入与报酬马上增加，而不需要看别人的脸色与好恶？ | 是□　否□ |
| | （4）您是否希望您的工作是可以做自己的老板，收入多寡操之在己，而且没有上限？ | 是□　否□ |
| | （5）与各行业之收入比较，您认为您目前的工资收入属于收入较多者吗？ | 是□　否□ |
| 升迁机会 | （1）您目前的工作有升迁的可能吗？ | 是□　否□ |
| | （2）您是否希望不需依靠人事背景，只要凭着自己的能力与努力即可升迁之工作？ | 是□　否□ |
| | （3）如果有一种工作，能够让您在不久的将来带领 10 人、20 人、30 人甚至更多，您是否愿意尝试呢？ | 是□　否□ |
| | （4）如果有一种工作能让您很清楚地看到您明年的成就、后年的成就，五年后，对您自己的未来能够很清楚并且可以掌握，是否会吸引您呢？ | 是□　否□ |
| 个人成长 | （1）您目前的工作可以增进个人成长吗？ | 是□　否□ |
| | （2）您希望在工作中不断提升个人工作能力吗？ | 是□　否□ |
| | （3）您是否希望从事的行业能让您成功的速度比您的朋友或同学更快？他们三年得到的，您用一年的时间即可获得？ | 是□　否□ |

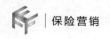

续表

| 项目 | 题目 | 回答 |
|------|------|------|
| 行业远景 | （1）您目前的公司生意远景是否有发展潜力呢？<br>（2）您是否希望从事的行业未来潜力是无限的？ | 是□　否□<br>是□　否□ |
| 工作价值 | （1）您是否喜欢能够帮助更多的人，而且助人助己呢？<br>（2）您是否喜欢从事能让您迅速拓展人际面、建立社会地位的行业？ | 是□　否□<br>是□　否□ |

面谈主持人意见：录用□　　储备□　　不录用□

面谈主持人：

部门经理签字：

资料来源：沈开涛．保险销售实务〔M〕．北京：北京大学出版社，2015.

4. 增员甄选。增员甄选是通过一系列的方法从一批准增员对象中经过选择、淘汰，找出适合的保险营销人员的过程。增员甄选对保险营销队伍的建设和管理而言很重要，吸纳一名不合格的增员对象进入营销队伍，不仅浪费物质和时间成本，而且会由于营销人员的拖累而对团队造成很大的负面影响，使团队人心不稳，挫伤其积极性和进取心。

通过有效的增员甄选，可以找到与团队价值观一致的合适人选，当这些准增员对象入职后，比较容易融入团队文化，从而降低人员流失率。与此同时，经过甄选后的人员在入职时，后续的培训工作也会比较容易开展。

增员甄选的具体流程包括：

（1）初步审核。甄选是甄别选择。甄选的第一步是审核准增员对象的背景资料，包括年龄、学历、经济状况、在当地居住的时间等，选出初步合格者，进入下一步工作。通过初步甄选可以对准增员对象获得初步了解，对其沟通技巧、仪表、自信心及行业认识进行初步评估。

（2）潜能测试。通过一系列关于性格、能力等测试，评估准增员对象在保险营销行业的发展潜力。

（3）重点问题核查。针对准增员对象填写的求职表，找出其中不明确的部分，以便在面谈时提出，使主管更进一步了解准增员对象，客观地对其做出评价。

（4）审核其他资料。主管或保险营销人员还需要对包括同事的意见和推荐人的意见等其他资料进行审核。

（5）甄选面谈。主管将收集到的关于准增员对象的大量资料进行分析，与准增员对象进行有的放矢的深入面谈，针对收集到的问题对准增员对象进行有效提问，并积极倾听其回答，尽量多地掌握准增员对象的真实情况。

（6）做出总结。对准增员对象的所有评估资料进行汇总和分析，做出是否录用的决定，并制定针对准增员对象的优点和缺点的培训计划。

5. 职前培训。甄选通过后的准增员对象，就可以参加保险公司的职前培训了，一般会涉及职业道德方面的培训，也有产品知识和营销流程、营销技巧等方面的培训，培训结束后，准增员对象就可以成为正式的保险营销人员了。

## 【案例拓展】

### 增员九招，招招管用

增员好坏，对公司业绩影响重大，因此做好增员工作是每一位主管非常重视的目标。来自新西兰的 NZI 寿险公司的四位高级主管，在一次增员座谈会中现身说法，将他们如何增员成功的九大招式公开如下：

1. 专门职业的杰出人士：我们经常与一些专门职业的杰出人士保持联系，这些职业都是需要与其客户作一对一接触的，例如律师、会计师等。这些有力人士的推荐，是增员中的一大助力。

2. 残障人士：我们经常穿梭在各地区的大小医院，目的是在找寻一些合适的残障人士加入这一行业，通过他们终生难忘的经验，打开残疾保险这一市场。

3. 运动名人：尽量把握这些运动健将即将从其职业生涯退休的时刻。由于这些人已具有大众形象，因此在保险销售上来说，更容易让准保户接受。

4. 保户：销售人员的保户及保户配偶都是增员的理想人选。一般而言，我们都会首先去试探他们的意见，可能的话，再敲定一个面谈时间。这个方法到目前为止，效果较好。当然，并不是每位保户都适合担任销售人员，因此，我们都是针对那些对公司及公司产品信心十足的保户，来进行这项增员工作的。

5. 各类求职广告：从各类求职广告中，我们常常也可以找到需要的人选。这个方法省时也省力，同时也可以找到一些奇才。

6. 高龄人选：这是一些提早退休或是因各公司裁员而离职的人士。在经过一番年龄考虑，及过去在职表现的评估之后，对于合适的人选，我们便鼓励他们勇于尝试从事这份新的工作。此外，我们还对新进销售人员施以特别训练，使他们对一些高龄保户是否适合这份工作，具有独到的判断力。

7. 报刊广告：我们设计了一些极为特殊，有吸引力的广告，刊登在各报纸杂志上，以期吸收各行各业的精英。而后，我们再从其背景资料中，一一予以过滤，选择出适合的人来。我们希望这些人分别来自不同行业，使我们能有更多、更大的准保户市场。

8. 职业讲习会：我们以定期或不定期方式，为有志从事保险销售人士开设职业讲习会，让他们对这一行业有正确而深刻的印象，进而愿意加入。这个讲习会内容包括公司主管畅谈公司业务，新进人员感想谈，资深人员经验谈，以及地方单位主管讨论公司政策及历史讲述。

9. 其他行业的销售人员：其他行业的销售人员多少已有一些销售经验，加入这一行自是驾轻就熟。一般来说，我们都会先寄上信函，告诉他们有这么一个绝佳的工作机会，以及加入这一行的种种利益，随后再以电话与对方约定一个面谈时间。事实证明，这是一个效果相当好的方法。

总之，增员是一种长期的投资工作，绝对不是短暂的、一时的，而是永永远远的。

资料来源：沃保保险网。

## 【知识拓展】

### 增员话术

营销人员增员话术培训之一：

三十秒，说清楚什么是保险！

人有一天会不会老？

老的结果是什么？

生病一般要不要去医院？

去医院一般要不要花钱？

花自己钱一般会不会心疼？

假如花 10 万元，您出 1 万元，我们给您报销 9 万元好不好？

营销人员增员话术培训之二：

保险就是人生的一个选择！

我们每个人上班，是不是为了赚钱？

赚钱的同时，是不是努力攒点钱？

攒钱的目的是什么呢？

如果攒了 1 万元，发生了急难，有人给 10 万元不？

如果有人愿意给，你愿意不？

营销人员增员话术培训之三：

假如有这样的项目，你会考虑吗？

项目没有资金投入、无风险；

利润可以做到百万元、甚至千万元；

项目运作有制度保证；

没有退休、终身享受教育培训；

不用给其他合伙人发工资；

可以结交一生的朋友。

营销人员增员话术培训之四：

我们的工作是什么？

结交朋友，开发客户，建立友谊；

帮助人们达成财务目标；

为我们的国家利益着想，建立一个资金融资和投资渠道；

帮助别人的同时成就自己；

还可以赚到很多钱。

## 【知识拓展】

### 保险团队增员

在过去的若干年里，保险行业虽然实现了规模化的快速增长，但在增员工作上显然是走过了一段"为增员而增员"的弯路。当时，为了完成既成任务和目标，再加上客户需求简单、竞争环境相对平静，所以允许这种情况存在；而现在，随着市场的日趋成熟，竞争的不断加剧，客户的需求多样化，这条路已经难以为继。

所以，我们必须回到正确的轨道上来。如何走上合理的增员之路，首要的就是树立正确的观念。这一点在业内已经达成共识。

### 一、相信保险能够帮助别人

凡是能把事情做成功的人，内心一定有一个信念在支持着他。做保险也一样，要想做大做强，一定要有坚定的信念，那就是：相信保险。

从精神层面的需求来讲，要相信保险可以帮助别人，是一项伟大的事业，只有真正认同了这一点，才会有意识地用信念去与人沟通，而不仅仅是用话术去争取。

### 二、相信保险能够实现你的人生梦想

从物质层面的需求来讲，要相信保险是实现事业梦想的最好途径，就是通过诚实的劳动，可以赚到钱，实现美好的生活。保险业发展非常快，善于学习的人跟上了发展节奏，就可以抓住机遇，去实现自己的期许。

### 三、增员也是一种销售

增员的实质就是向被增员者销售你所在公司的基本法，所在团队的品牌。从这个角度来说，增员也是一种销售。作为一个保险代理人，一定要明确增员和业务的关系。一般代理人的留存率是 5～8 年，所以，如果你想把保险当作一个事业来做，就一定要树立长远意识——通过团队的建立和成长，扩大你的事业。

### 四、增员不成也有收获

增员需要一个培养的过程，是一件长久的事。正因为如此，有些人担心增员不成，反而浪费了自己的时间和精力。认为与其如此，不如只做销售。那么增员不成，是否真的一无所获呢？实际上，增员即使不成功，也有人际的拓展，有客户留下来给你去跟进挖掘，在培养的过程中，也有很大的锻炼，怎么去看人，怎么因时、因人施教。自己也可以从中获得成长。

## 【课堂实操】

### 增员过程的自我管理

——增员百分卡使用

姓名：　　　　　每周 25 分，增员百分百　　　T：次数 P：分值

| 增员活动 | 分值 | 第一周 | | 第二周 | | 第三周 | | 第四周 | | 当月合计 |
|---|---|---|---|---|---|---|---|---|---|---|
| | | T | P | T | P | T | P | T | P | |
| 新增准增员 | 1 | | | | | | | | | |
| 多次面谈 | 1 | | | | | | | | | |
| 邀约面谈 | 2 | | | | | | | | | |
| 参加说明会 | 3 | | | | | | | | | |
| CDA 测试 | 3 | | | | | | | | | |

续表

| 增员活动 | 分值 | 第一周 | | 第二周 | | 第三周 | | 第四周 | | 当月合计 |
|---|---|---|---|---|---|---|---|---|---|---|
| | | T | P | T | P | T | P | T | P | |
| 代理人考试 | 5 | | | | | | | | | |
| 新人岗前培训班 | 5 | | | | | | | | | |
| 签约上岗 | 5 | | | | | | | | | |
| 当周合计 | 25 | | | | | | | | | |

百分卡填写说明：

填写项目解释：

1. 新增准增员数——指当周已获得的名单和接触中的准增员数。

2. 多次面谈数——指当周面谈次数。

3. 邀约面谈数——指当周通过面谈可参加说明会的人数。

填写说明：

1. 做什么，填什么。

2. 做多少，填多少。

百分卡填写说明：

1. 根据增员计划和增员活动填写整理百分卡。

2. 每周填写一次，每月填写一张。

3. 分析结果并调整自己每月的增员计划。

4. 持之以恒养成良好的增员习惯。

## 【知识小结】

增员的目的是挑选具有优秀潜质的保险营销人员，通过增员，形成一支有共同的价值观、良好沟通能力、较强协作意识、高水平参与和互相学习的高绩效团队，使企业在团队营销中获得长远发展和长期利润。

## 【考核】

**思考题**

1. 简述高绩效团队的特征。

2. 简述增员需要遵循的流程。

**课后训练**

两道选择题，测出你是否喜欢保险。

第一题：以下三种钱，只选择一种，你会选哪一种？

A. 不会变少，也不会变太多

B. 有时候会变很多，有时候会变很少

C. 不会变少，有时候会变很多

第二题：假如未来某一天一个人需要30万元医疗费，有以下三种方式准备这笔钱，你会选哪一种？

A. 一次在银行存够 30 万元现金，以备不时之需

B. 每年存入银行 1.5 万元，必须坚持存够 20 年

C. 每年强制储蓄 1 万元，需要坚持存 20 年，但可以在需要时拥有至少 30 万元医疗费用

## ◆ 任务 3 - 2　培训保险营销团队

（一）培训的原因

由于保险市场的不断发展，保险产品的不断更新，要保证营销人员能够跟上保险市场和产品发展的脚步，对保险营销人员进行持续不断的教育和培训是不可或缺的。加之保险行业是一个高流失率的行业，当今保险行业，各保险公司都非常重视对营销人员的训练，不但注重对新招聘的营销人员进行培训，而且还根据法律法规的要求对在岗营销人员提供持续的训练。通过培训，不仅可以提高营销业务人员的专业知识、业务技巧和社会阅历，同时还能让营销业务人员感受到自己在公司的价值及能力提升，防止业务人员的流失。

在进行培训时，一个必不可少的环节就是让营销人员知晓掌握营销技巧的必要性，了解营销技巧学习的四个阶段。作为受训员工，一般需要经历四个阶段（表 3 - 3）。

表 3 - 3　　　　　　　　　营销技巧学习的阶段及特点

| 阶段 | 特点 |
| --- | --- |
| 1. 无意识的不会 | 受训者没有考虑技巧问题 |
| 2. 有意识但不会 | 受训者了解技巧但不能实际应用 |
| 3. 有意识的会 | 受训者知道个人技巧，知道怎样做，但将技巧全部付诸实践很困难 |
| 4. 无意识的会 | 受训者不用思考就能将技巧自动用于实践，并完成任务 |

资料来源：粟芳. 保险营销学（第三版）[M]. 上海：上海财经大学出版社，2015.

受训者在从事销售工作以前通常处在第一个阶段，他不知道运用销售技巧，甚至没有想过技巧问题。决定从事营销的人通过阅读或别人告诉他有关技巧问题，就会达到第二个阶段，即有意识但不会，他也许知道该怎么做，但不能成功地运用技巧。处在第三个阶段的受训者，不仅知道该怎么做，而且熟悉销售技巧，并能把技巧分别单独成功地完成介绍、处理异议和促成交易，但如果需要他在处理异议时继续销售介绍，同时又寻找成交信号，他也许就无能为力了。处于第四个阶段的营销人员能游刃有余地实施各种销售技巧，并有能力预先考虑销售过程的下一阶段，从而控制销售的局势。营销人员能自然地通过明确需要、介绍产品、处理异议等阶段，并能在恰当的时候和以最适宜的技巧促成交易前，根据环境要求改变销售方式。

（二）培训的内容

1. 专业知识。营销人员的训练计划应该包括专业知识和销售技巧的结合，通常应至少包括五个部分的内容：

（1）保险公司的目标、政策、组织和文化；

（2）公司的产品；

（3）公司的竞争者及其产品；

（4）销售的程序和技巧；

（5）工作组织和报告的准备。

前三个组成部分是训练营销人员必备的知识。第一部分要介绍保险公司的简要历史、现状、它的成长和将来的方向；要解释和营销人员有关的政策，如怎样考核营销人员绩效和营销人员的薪酬制度等；还要介绍保险公司的组织结构形式、销售与市场营销的关系，以使营销人员明确自己所处的位置和他能得到的后台支持。

第二部分和第三部分，即保险公司自己的和竞争者的产品，包括介绍产品的特征、除外责任、保费缴纳、各种选择权等。这将鼓励营销人员对产品进行分析，明确产品的关键特征和利益所在，突出本公司产品和其他公司产品的区别，并能够清楚明了地向客户介绍公司的产品。

训练计划内容的第四部分是主要的组成部分，它包括销售程序和技巧的介绍，使受训者通过担任角色和实习过程来练习和发展销售技巧。

训练计划的最后一部分是工作组织和报告准备。由于保险代理人与保险公司之间的关系比较松散，受训者应受到计划和组织自己工作能力的训练，在工作中树立良好的工作习惯。市场调研报告撰写和销售业绩的汇报也是受训者应当学习的内容。

2. 团队文化。团队文化是指团队成员在相互合作的过程中，为实现各自的人生价值，并为完成团队共同目标而形成的一种潜意识文化。团队文化是社会文化与团队长期形成的传统文化观念的产物，包含价值观、最高目标、行为准则、管理制度、道德风尚等内容。它以全体员工为工作对象，通过宣传、教育、培训和文化娱乐、交心联谊等方式，以最大限度地统一员工意志，规范员工行为，凝聚员工力量，为团队总目标服务。

（1）构成要素。人（people），人是构成团队最核心的力量。

共同目标（shared purpose），共同目标为团队成员导航，让团队成员知道要向何处去。

团队的定位（place），团队的定位是要明确团队由谁选择和决定团队的成员，团队最终应对谁负责，团队采取什么方式激励下属等问题。

权限（power），明确团队在组织中及团队内部人员的权限。

计划（plan），明确实现目标的计划和步骤。

（2）如何进行团队文化培养

①选好优秀的团队领导。团队领导是团队中的带头人，是团队员工的主心骨与榜样，对团队有很强的影响力。所谓"火车跑得快，全靠车头带"说的就是这个道理。

②尊重团队成员。每个团队成员与团队领导都是平等的，都是要实现团队的价值，只不过分工不同罢了，所以尊重团队的每一个成员，就是尊重自己，尊重团队。

③加强团队制度建设与管理。任何一个部分或者团队都需要制度的约束或者激励，尤其对于一个新组建的团队来说，有了制度和良好的管理，才能逐步走向正轨。

④做好团队情绪管理。团队由不同性格、不同能力、不同区域的成员组成，这就难免会出现各种不同的情况，即使针对同样一种工作情况，不同人员所表现出的情绪也会不同，所以就要有所取舍，顾大局，及时安慰那些稍微有些情绪的人员，动之以情，晓之以理，让他们服从团队的利益。

3. 团队精神。团队精神的形成并不要求团队成员牺牲自我，相反，挥洒个性、表现特长保证了成员共同完成任务目标，而明确的协作意愿和协作方式则产生了真正的内心动力。团队精神是组织文化的一部分，良好的管理可以通过合适的组织形态将每个人安排至合适的岗位，充分发挥集体的潜能。如果没有正确的管理文化，没有良好的从业心态和奉献精神，就不会有团队精神。团队精神的养成需要从以下几个方面入手：

①明确提出团队目标。目标是把人们凝聚在一起的力量，是鼓舞人们团结奋斗的动力，也是督促团队成员的尺度。要注意用切合实际的目标凝聚人、团结人，调动人的积极性。

②健全团队管理制度。管理工作使人们的行为制度化、规范化。好的团队都应该有健全完善的制度规范，如果缺乏有效的制度，就无法形成纪律严明、作风过硬的团队。

③创造良好的沟通环境。有效的沟通能及时消除和化解领导与成员之间、各部门之间、成员之间的分歧与矛盾。因此，必须建立良好的沟通环境，以增强团队凝聚力，减少内耗。

④尊重每一个人。尊重人是调动人的积极性的重要前提，尊重团队中的每一个人，关心团队成员的工作与生活，让每一个人都感受到团队的温馨，将会极大地激发团队成员献身事业的决心。

⑤引导成员参与管理。每个成员都有参与管理的欲望和要求，正确引导和鼓励这种愿望，就会使团队成员积极为团队发展出谋划策，贡献自己的力量与智慧。

⑥增强成员全局观念。"团结出战斗力"，团队成员不能计较个人利益和局部利益，要将个人、部门的追求融入团队的总体目标中去，就能达到团队的最佳整体效益。团队中成员之间的关系，一定要做到风雨同行、同舟共济，没有团队合作的精神，仅凭一个人的力量无论如何也达不到理想的工作效果，只有通过集体的力量，充分发挥团队精神才能使工作做得更出色。

（三）培训的方法

营销人员的培训方法多种多样，各保险公司应根据本公司的具体情况和条件，因地制宜地从中选择适合的方法。

（1）授课。由销售经理、经验丰富的营销人员或专家给受训者讲课，介绍专门的销售技巧。在授课过程中应采用多媒体辅助教学。此外，应避免只是传授式的教学方式，要进行互动式教学，鼓励受训者参与讨论。

（2）电视录像和电影。在信息提供和应用技巧传授方面，电视录像和电影是授课过程中的有效辅助手段。电视录像和电影给销售理论和技巧的讲授赋予了鲜活的实例，受训者通过观看这些影像资料，能够对销售技巧有比较感性的认识。如果能将这种感性认识通过情景模拟和角色扮演加以实践，就能够上升为理性认识，将他人的经验转化为自己的知识，从而在以后的营销实践中有意识地加以运用。

（3）角色扮演。角色扮演是指营造特定的销售环境，让学员担任客户、营销人员等不同角色，进行实战演练，从而直观地得出成功或失败的原因和教训。信息的反馈可以由其他营销人员、销售训练者等来提供。

（4）实例研究。实例研究是指将以前发生的实例编成案例，供受训者分析研究，它有助于培养受训者的分析能力。实例研究中要求受训者分析形势，明确问题和机会，做

好处理问题的准备。例如，给出客户的家庭情况和财务情况，要求受训者为其下一次拜访制定销售目标。

（5）研讨。研讨是指通过交换意见和分享心得来达到学习效果的一种培训方法，它包括分组讨论、双向沟通、个案研讨等方式。

（6）主管陪访。主管陪访，又称"陪同展业"，是指主管陪同团队成员一起展业，在展业过程中，主管充分展示自己的工作方法与技巧，让团队成员从中学习并掌握正确的工作方法及流程的一种培训方式。陪访是主管训练团队成员的实战舞台，它是培训中最为直接和有效的方式之一。主管培训对新入行的营销人员有直观的激励作用：一是在陪访过程中主管展示自己的经验和技巧。例如，如何约定客户面谈的时间，如何通过提问和倾听锁定客户的需求，如何促成客户够买保险等，新人可以从中学习到不少的实战技巧；二是在陪访过程中，主管能够更为直接地发现新人在与客户接触过程中存在的问题，找出问题症结，进行有针对性的辅导，帮助新人更快地成长。

（7）主管辅导。主管辅导是通过示范等方式使营销人员掌握技巧和调整心态的过程，它包括训练、指导和评估三层含义。一个营销人员从进入保险营销行业开始就一直伴随着主管的辅导而成长。一般采用的主管辅导方法有：营销活动记录表的落实、市场陪同辅导、室内销售训练、案例分析和相关资讯的提供等。保险营销人员从入职开始，主管辅导就贯穿了其销售的每一个流程。

（8）团队活动。团队活动是指以部、组为运作主体，结合部、组、团队成员展业特点与展业区域范围，有计划、有目地组织团队成员，在一定的区域范围内（街道、小区、企业、市场、村、镇等）利用工具（单页、市调表）进行宣传造势的一种市场开拓模式。

团队活动形式有：团队街头摆台与逐家进入、扫楼扫街、小型家庭推介会、电影晚会、分红发布会、小组交叉式团队拜访等。

团队活动是每个员工稳定持续客户来源的根本。具体操作分为事前、事中、事后三个阶段。

表3-4　　　　　　　　　　　　团队活动具体操作

| | |
|---|---|
| 事前 | 1. 做好充分的宣导与沟通，包括属员展业区域的划分以及二次早会上对团队展业的宣导。<br>（1）宣传公司、培育市场，展示公司是一家有责任感的公司。<br>（2）团队活动建立个人品牌。<br>（3）分红积累客户，获得客户部分资料。<br>（4）是家庭联谊会的前提。<br>2. 物质上的准备：单页、公益海报、展业桌、宣传语条幅、白板笔、签名登记处、部分市调表、建议书，有条件的可以设饮水处。<br>3. 二次早会做好建议书设计训练、分享，如何帮助子女为父母购买保险产品、如何让家庭支柱认识到自己购买保险是对父母、子女最有责任心的体现等。 |
| 事中 | 1. 签名活动之前，可有针对性地提前2～3天在小区或村庄发放单页，进行预热宣传。<br>2. 着装规范，根据机构当地情况作出符合情况统一话术，保持一致。<br>3. 注意让客户做好登记，方便回访。<br>4. 适当情况下应跟进市场调研问卷。 |

续表

| 事后 | 1. 发掘典范, 以点带面, 拉升团队活动热情。<br>2. 充分利用客户管理工具, 做好回访工作。<br>3. 主管帮助业务员进行客户分析并做好推介会安排。<br>4. 建立长期区域经营的意识。 |
| --- | --- |

## 【知识小结】

提升营销人员的综合素质才能跟上保险市场发展的脚步。通过培训, 让保险营销人员在掌握专业知识、业务技巧的同时, 了解团队文化、形成团队精神, 增强凝聚力, 防止人员的流失。

## 【考核】

**思考题**

1. 保险团队培训的原因何在?

2. 对保险营销员的主要培训内容是什么? 主要培训方法有哪些?

**课后训练**

### 团队培训游戏:"盲人"穿拖鞋

1. 游戏编排目的。一个人的力量有时毕竟有限, 就像盲人不能看到拖鞋的方位一样, 但一个"盲人"的背后有"明眼人"可以指点, 一个人的弱点在队伍中可以得到弥补和帮助。大家齐心协力, 就能把事情办好。

2. 参加人数和道具。5~6人一组, 和所分队数相同的拖鞋。

3. 游戏规则。各队轮流派出1人, 把拖鞋放在起点前方5步左右的地方, 回到起点蒙眼, 原地转三圈以后出发, 能够准确前进5步, 第6步穿到拖鞋较多的一组获胜。

参考:进行中己方可以大声提示, 对方也可以用错误的指示来扰乱。

4. 注意事项。蒙上眼睛以后, 一团漆黑, 原本清楚不过的事情顿时让人失去了方向。在这时, 一方面要把握住自己, 尽力按照正确的方向, 正确的步伐前进;另一方面, 还要多听来自身后的声音, 你的同伴——能够看得见的人, 他们的指点会帮助你走出迷津。

5. 讨论。

(1) 你能否在自己行动的基础上, 听从别人的指导, 从而顺利穿上拖鞋?

(2) 为什么蒙上眼睛之后, 走出的步伐就不再是以前的步伐了?

(3) 在游戏中, 怎样分清自己队友的指导声音, 免除外界干扰?

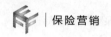

## 任务 3 - 3　管理保险营销团队

## 【知识拓展】

### 团队管理七大激励法

1. 培养员工对工作的兴趣。员工只有对工作真正地感兴趣，从中获得快乐，才能竭尽全力地把工作做好。要想让员工把工作当成兴趣，就要给予员工完全自由发挥的空间。企业的基层员工通常最了解产品和市场，经常在这方面迸发新鲜的创意。所以，企业为员工提供一定的支持，给员工自由的发挥空间，不仅能让员工把工作当兴趣，以愉悦的心态投入到工作中去，同时还能够为企业创造价值。

2. 用荣誉激发员工的热情。企业都希望员工在集体荣誉感的驱使下努力工作，但在现代社会中，集体荣誉与个体荣誉从根本上来说是一致的：个人荣誉是集体荣誉的体现和组成部分，集体荣誉是个人荣誉的基础和归宿，因此，要想让员工拥有集体荣誉感，企业要通过个人荣誉来换取员工的认同感，主管要善于发现、挖掘团队的优势，并经常向属员灌输"我们是最棒的"的意识，让团队成员觉得他们所在的团队是所有同类团队中"最棒的"，进而激励员工努力工作。

3. 培养员工的危机感。危机感是一个人成长的动力，同时也是进取心的源泉，一个人失去了危机感，就会变得安于现状。华为 2009 年年销售额超过 300 亿美元，已经成为全球第二大移动设备供应商，但任正非依然高喊"华为的冬天要来了"，正是在这种危机感中，华为不断地成长，并成为中国企业的典范。

4. 保持平等公正的沟通。与员工保持相互沟通是激励员工的重要方法之一，尤其是平等、公正的沟通，可以让员工感觉到自己受到重视。当员工犯错误时，如果只是进行严厉批评和惩罚并不能解决问题，甚至可能造成员工积怨和流失，有时与员工进行朋友式的沟通和交流反而能取得事半功倍的效果。

5. 目标激励。所谓目标激励，就是把大、中、小和远、中、近的目标相结合，使员工在工作中时刻把自己的行为与这些目标紧紧联系。目标激励包括：设置、实施和检查目标三个阶段。在制定目标时须注意，要根据团队的实际业务情况来制定可行的目标。一个振奋人心、切实可行的目标，可以起到鼓舞士气，激励员工的作用。相反，那些可望不可即或既不可望又不可即的目标，会产生适得其反的作用。主管可以对团队或个人制定并下达适合年度、半年、季度、月、周、日的业务目标任务，并定期检查，使其朝着各自的目标去努力、拼搏。

6. 领导行为激励。一个成功的团队主管，其之所以成功，关键在于主管 99% 的行为魅力以及 1% 的权利行使。部属能心悦诚服地为他努力工作，不是因为他手中有权，权是不能说服人的，即使服了，也只是口服心不服。绝大多数原因是主管有着好的领导行为。好的领导行为能给属员带来信心和力量，激励部属，使其心甘情愿地义无反顾地向着目标前进。作为主管要加强品德修养，严于律己，做一个表里如一的人；要学会推销并推动你的目标；要掌握沟通、赞美及为人处世的方法和技巧。

7. 奖励激励。奖励就是对人们的某种行为给予肯定和奖赏，使这种行为得以巩固和发展。奖励分为物质奖励和精神奖励。人在无奖励状态下，只能发挥自身能力的 10% ~ 30%；在物质奖励状态下，能发挥自身能力 50% ~ 80%；在适当精神奖励的状态下，能发挥 80% ~ 100%，甚至超过 100%。当物质奖励到一定程度的时候，就会出现边际作用递减的现象，而来自精神的奖励激励作用则更持久、强大。所以在制定奖励办法时，要本着物质和精神奖励相结合的原则。同时，方式要不断创新，新颖的刺激和变化的刺激作用会增加，反复多次的刺激作用就会逐渐衰减。奖励过频，刺激作用也会减少。通过奖励鼓励先进，鞭策落后，调动全体员工的积极性。

保险营销团队管理的成功很大程度上取决于管理人员对下属的了解、影响、沟通、教导和指引的能力——与人们一起工作的能力是管理成功的先决条件。如何正确地对保险营销团队进行有效管理，可以通过以下环节开展实施：

**图 3 - 3 保险营销团队管理步骤**

（一）分析营销人员的需求

人有各种各样的需求，如果有目标激励，人就会产生欲望，欲望如果用信念加以激励，就会产生行为动机，如果动机用正面反馈加以强化，就会产生行为，即：

$$需求 + 目标 = 欲望$$
$$欲望 + 信念 = 动机$$
$$动机 + 反馈 = 行为$$

所以，营销团队管理就是主管如何将营销人员的需求转变为欲望，如何再将营销人员的欲望转变为动机，又如何将营销人员的动机转变为行为的过程。具体而言，是通过一系列的考核制度对营销人员的行为进行规范，不断激励他们形成主管所希望的优良行为习惯。因此，主管的职责是发掘营销人员的特定需求，仔细寻找营销人员真正想要满足的需求，确定每一位营销人员在需求层次上的位置，并确定能强烈激励营销人员行为的上一层次的需求。

（二）确定营销人员的考核和激励目标

营销人员的考核是销售主管的一项重要的管理工作，对营销人员的绩效进行准确、客观的考核不仅与其报酬有关，也与激励有着密切的联系，从而毫无疑问地影响到保险公司的最终业绩和长远发展，所以，保险公司不应该只注重保费收入一个指标，还应该考虑许多更加长远的因素，综合、全面地考察营销人员的业绩。

主管一旦确定了营销人员在需求层次上的位置，就要有针对性地帮助营销人员确立与其需求相适合的职业目标，并将职业目标转化为年销售目标、月销售目标，再将销售目标转化为活动量目标。未来，为了使营销员能够完成他所希望的收入目标，营销主管要对营销员的活动量进行考核。营销主管要求营销员首先填写准客户名单，其次对准客户的综合情况进行评分，排定有限拜访顺序，最后依据客户拜访顺序来编写工作日志。主管每天都要检查营销员的拜访日志，核实其拜访情况，并有针对性地进

行辅导和督促，利用收入、晋升、荣誉等目标激励营销员去执行计划活动、完成销售目标等。

（三）坚定营销人员的信念

营销人员要有自信能完成销售目标，相信只要自己付出努力就能够有回报，并且这种销售行为与个人价值观不冲突，相信自己的营销行为是有利于社会、客户、自己个人的行为，只有这样，才会有强烈的动机去完成自己定下的活动量目标和销售目标。为此，营销主管必须设法强化营销人员对实现目标的信念。

首先，营销主管使营销人员不断地了解保险的功能和意义，以及保险行业的发展前景，使营销人员对自己从事的保险营销事业更有信心。其次，要帮助营销人员将职业理想通过目标细化分解，转变为可以看得见、可以通过努力实现的活动量目标，并根据营销人员的实际情况进行调整，增强营销人员的自信心。最后，要对保险营销人员进行系统知识和销售技能的培训，使营销人员的个人能力得到明显提升，使其工作起来更有信心，更容易取得销售方面的成功。

（四）给予营销人员适当的反馈

有了欲望和信念，营销人员就会产生比较强烈的行为动机，但是动机仅仅是一种"尝试一下"的冲动。如何将这种"尝试一下"的冲动转变成一种持续的行为，就需要不断地正面反馈，那么这种行为就会因为外界的正面反馈而受到激励。营销人员因正面反馈和激励有了积极的情绪体验，就会不断地重复这种行为。不断地正面反馈和积极的情绪体验，使这种行为持续得到强化，最终成为营销人员的行为习惯。反之，如果给予某种行为负面反馈，这种行为就逐渐地消退。

## 【知识拓展】

### 我国保险行业销售团队存在的问题

对于公司保险销售团队，目前普遍存在的现状就是：易招和难留。易招和难留即没有经验的易招，有经验的难留。在网上发出业务员的招聘启事后，应聘邮件很快就成堆。但想找到有经验、有能力的，确实是一件难事。而在现有的销售人员当中，想留住有经验的、有能耐的，更是一件令人头疼的事情。销售团队现有人员素质参差不齐，有的销售方式直接影响公司的形象。其问题主要表现在以下几个方面。

（一）人员流动性高

有的销售人员刚进一家保险公司，工作不到三个月，又换到另外一家公司。原因在于不规范的管理难以体现公平。规章制度之所以产生的原因之一，是因为担心个人的喜好会影响决策判断的公平，再有能力的团队管理者也难以保证一碗水能够端平，保险营销团队通常依靠负责人的判断来处理事务很容易引发矛盾。举一个简单的例子，营销员为争取保费，常常会误导消费者，而负责人在处理这类问题时，往往会根据对营销员的印象来处理，惩罚轻重不一，很容易引发内部的不满。团队事务中还有不少类似的需要摆平的事情，如转正、升迁、表彰等，很难依靠个人的判断处理妥当。代理制本身就已经拉远了营销员与团队之间的关系，事情处理机制的不公平更增加了他们之间的距离感，不规范管理容易引起军心涣散。营销团队的江湖化，使营销员过分依赖于自己熟悉的人，在不知不觉中，便形成多个"山头"，也就是小团体，其所在的大团队实际上便被孤立了。小团体之间常常会出现利益之争，如果小团体的"领头人"另谋出路，他通常会带走周围的人，这也是让保险公司痛苦的地方。营销员经常成批地离开原来的保险公司，严重时会造成整个队伍人心涣散。

### （二）团队沟通不顺畅

"沟通"就是把不通的管道打通，让"死水"成为"活水"，彼此能交流、能了解、能产生共同意识。在团队沟通中，言谈是最直接、最重要和最常见的一种途径，有效的言谈沟通很大程度上取决于倾听。作为团体，成员的倾听能力是保持团队有效沟通和旺盛生命力的必要条件；作为个体，要想在团队中获得成功，倾听是基本要求。在保险公司内部，有工作业绩的压力，有做了客户很长时间的思想工作仍然没有签单的压力……不能用一个好的心态去化解这些压力，就没有一个良好的沟通效果。

### （三）没有树立好的对外形象

形象，在交往中第一印象是人的外在形象，最重要的当然是所销售险种对客户是否合适。如果营销人员首先在衣着方面给人一种邋遢的感觉，客户必会将其拒之千里之外。在向客户推销保险的过程当中，不管客户最后意愿是否购买，都应该有一个良好的、符合职业性质的外在形象。

### （四）团队的凝聚力不强

保险业内营销人员的高流动已经成为人们司空见惯的现象，这与某些保险公司"重保费、轻管理"的管理思路脱离不了关系。

## 【知识小结】

保险营销团队管理的成功很大程度上取决于管理人员对下属的了解、影响、沟通、教导和指引，通过激励、考核、坚定营销人员信念等，可以有效实现对保险营销团队的管理。

## 【考核】

**思考题**

1. 简述团队管理激励有哪些方法。
2. 分析保险营销团队管理的实施步骤。

**课后训练**

小张是一名资深保险营销员，由于想发展业务，在两个月内招募了几个新人，这些新招募的人员大多家在本地，经济条件不错，来从事保险营销工作就想打发时间。为了让新人安心于保险事业，小张极力向他们推介保险事业的前景，如高佣金回报、晋升主管后的薪酬待遇、公司高管的高额保障等。小张口才极好，当然描绘得也是非常细致，但几次下来，新人对此皆反应冷淡，甚至有点不屑。一两个月后，新人的业绩不但没有起色，反而都有退意。小张认为，是保险公司的条件还不够有吸引力。

**思考**：小张的看法正确吗？为什么小张的激励措施没有取得预期效果？

## 💡 项目拓展

## 【知识链接】

### 保险团队文化

在职业生涯中，每个人的需要和动机都不一样，有的人可能更看重事业前途，有的人更看重物质待遇，有的人更看重文化关系，这三方面因素都会影响一个人的去留。在一份调查报告里，影响人才流失的三个因素中，包括人际关系在内的文化关系排在第一位。中国保险业有200万的从业人员，在这么庞大的人群中有很多大大小小成功的团队，在成功的团队中，借助优秀的团队文化而成功的不在少数。这些团队凭借着自身的团队文化，增强团队凝聚力，扩大团队市场上的知名度。故在增员的时候，团队文化成为一大亮点。

**团队精神文化：融合与个性**

融合——所谓"海纳百川，有容乃大"，团队是一个整体，自然最讲究包容之道，中国传统文化里的包容精神在一个目的性很强的保险团队里更多地被阐释为"融合"。对于一个团队来说，各个成员之间不发生关系时，他们是独立的个体，虽然对团队的进步也有促进作用，但这种作用是分散的，只有在他们互相发生关系时，才能对团队起一个共同的推力。在团队里，特别强调志同道合，"看他跟我们的价值观相不相同，看他适合不适合做销售，愿不愿意遵守团队的规则，看他愿意不愿意合作。如果有人做个人销售特别好，但与团队的价值不一致，宁愿不增，因为人才是不缺的，要做团队的百年老店，一定要能合作的人。"在一个团队里，只有共同的归属感，才能走到一起。"代理人的归属感在于他们相信这个公司是最好的，相信这个团队能帮到他们，他们能做自己的事情。"保险业的人都知道，一个团队最初的发展多是由一两个非常具有人格魅力的人带起来的，他们不仅个人业绩做得非常好，而且非常自信，这种自信的个性对其他人有非常大的影响。在优秀的团队中，团队领袖们对自己的人格魅力都直言不讳。"个人魅力的吸引肯定要有""团队做大，自身知名度也要提高""要有一定的人格魅力，要人家跟随你，你的形象、经验、资历很重要，同时你也要先喜欢他。只要有（增员）对象给我谈，还是满有信心的。"在一个团队里，不仅要有极具个性的领袖，还要有极具个性的成员，"选人要注意人品"。当然，在一个团队里，个性发挥的前提是大家都有同样的信念：我们都是在做一份事业。

**团队物质文化：务实与创新**

务实——从增员的角度看，团队的务实更多是体现在增员速度和数量上。优秀的团队在增员时非常务实，公司在人数上不会控制，但公司会控制质量，把没有质量的人淘汰掉、筛选掉，稳健务实的步伐才能让团队业绩稳步增长。"增员要当成一件工作来做，一个季度增一到两个，因为你要带他，太多带不了，要陪访，这个方面的工作如果做不到的时候，这个人就很容易流失"。这种做法就非常务实。

创新——毫不夸张地说，创新是团队的生命，正是依赖创新才使团队获得持久的生命力。一个团队一旦失去了创新的能力，那就无法吸引到优秀的人才，进而被淘汰。某些团队专门增员一些没有保险从业经历、年薪五万以上、管理过三人以上、学历大专以上、年龄在 25～45 岁的人，这样的团队在人员要求上区别于一般的团队，本身就是个创新，这种创新的观念会融入这个团队的文化，推动团队的发展。

**团队制度文化：开放与人本**

开放——制度上的开放来源于思想上的开放，一个能融合各种职业、各种身份、各个年龄层次人的团队必然有其开放的特征。开放会带来全面宽广的视野，开放能让一个团队吸收更多方方面面的人才。每个季度选一天为 Open Day（开放日），开放公司的一些培训部，让公司以外的人了解公司的一些做法。这是保险公司促进增员的一个做法，对于一个团队来说，也可以借鉴这个做法，设定某个对外开放时间，吸引感兴趣的人来参观，与事业说明会形成互补。除了公司的事业说明会外，也应有自己团队的说明会，通过展示团队独特的一面来吸引加盟者。所谓"良好的第一印象是销售的开始"，那么让增员对象对团队文化氛围产生良好的印象同样也是增员人才的开始。

人本——以人为本，是现在团队管理中谈得最多的话题，一个成功团队的团队文化必然不会缺少这一条，因为没有对成员的尊重，谈其他都是没有力度的。把保险当成一份事业来做，是很多保险从业人员的共识，也是他们对自己的尊重，这一共识本身就是人本的观念。"新人进来后半年内，我们主管要带，这半年很重要的，要花很多心思去教他。你把我带进来，又不理我了，好比把我生下来，就扔到了一边。这个工作如果做不到的话，这个人就很容易流失"。人本的另一面是关怀，而关怀是最能打动人心的。"我会给新人三次陪访的机会，高层主管陪访的成功率很高，所以我一般帮新人赚他的头几笔钱。这能增加他们的信心，又能让他学到东西。他们有权利放弃这些机会，但他们选择了，我就有义务去做"。这里强调"义务"两个字。

## 【专业词汇中英对照】

保险团队　insurance team　保险增员　insurance reinforcement

团队培训　team training　团队管理　team management

共同目标　shared purpose　团队的定位　place

权限　power　计划　plan

## 项目测试题

1. 某职业学院保险专业学生马上要到安安保险公司进行顶岗实习，保险公司想将这 40 名学生组成 4 个营销团队，并要求小组成员在团队主管的带领下，组织队员进行沟通和研讨，确立小组的名称、组训，并推荐代表进行团队小组精彩展示。

请思考：（1）保险营销团队有什么特征？

（2）如何确定保险销售团队的组名、组训，如何构建团队文化？

2. 全班学生分组，进行创业说明会设计，要求对创业说明会的主题、流程和各个环节的具体内容进行策划，制作富有感染力的 PPT 并撰写主持稿。

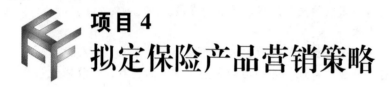

# 项目4
# 拟定保险产品营销策略

## 【学习目标】

了解保险产品的整体概念；明确保险产品营销的四大策略；掌握运用保险营销策略的基本技能；明确保险公司产品说明会的基本流程；能组合运用保险产品营销的设计策略、价格策略、渠道策略和促销策略；具备制定保险产品说明会流程的能力。

## 【项目导入】

## 【知识结构图】

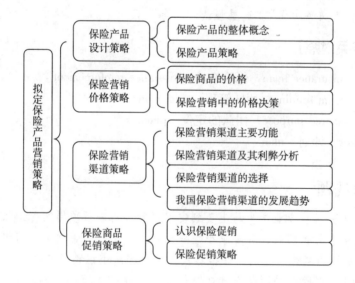

## 【案例引入】

### 百花齐放的营销渠道

市场一再呼吁各保险公司提供"广覆盖，低费率"的保险产品，即花钱不多，人人都能买得起。在此市场趋势下，各保险公司利用各种销售渠道、营销方案花样翻新地销售意外险产品。网站、短信、节假日、急救服务网络都成为保险公司销售意外险搭乘的渠道快车。

### 网站平台

泰康人寿在情人节期间借助泰康在线推出保险电子贺卡——52e保险电子贺卡，"52e"是"我爱你"的谐音。每张贺卡都带有一份旅行保险订单，贺卡接收方在收到祝福贺卡的同时，还可以凭贺卡上所附的订单号和密码获得保险期为5天、保额为5万元人民币的境内旅行意外保障。这种时尚、别致的保险电子贺卡，一份的费用只有5元，由发卡人通过多家银行的银行卡网上付款。

### 节日促销

每到节假日都是意外险的热销期，由于意外险利润较高，保险公司都会抓住机会在节前强力促销，热销的险种都是经过保险公司重新整合包装后有特色的意外险。

春节期间太平洋寿险和产险联合推出了一组意外险套餐，这款意外险套餐涵盖了家庭中儿童、老人、上班族的人身意外伤害保障，同时特别增加了对家庭财产的保障。对一个家庭来说一份综合保障计划才能起到全面规避风险的作用。

### 短信促销

"拇指经济"也带动保险营销的想象力。新华人寿保险公司在北京地区推出了利用短信投保航空意外伤害保险业务。凡是在北京移动注册的手机用户发个短信就能买到放心的航空意外险，保费通过手机费支付。

### 搭乘其他渠道"快车"

中国人民财产保险股份有限公司与国际救援中心（SOS）合作，推出"附加境外紧急救援意外伤害保险产品"，为出国旅游、商务、留学人员等提供全球范围内的、标准化的医疗救援服务。这种附加值服务保障被保险人在境外遭受意外事故时，可以在第一时间得到医疗咨询、紧急救护专机运送、医疗费用担保、翻译协助等高端服务以及相应的保险保障。

**思考**：通过阅读以上资料，分析如何通过产品营销渠道选择来营销保险产品？

## 任务4-1　保险产品设计策略

（一）保险产品的整体概念

现代市场营销理论认为，产品整体概念包含核心产品、有形产品、附加产品、期望产品和潜在产品五个层次。人们通常理解的产品是指具有某种特定物质形状和用途的物品，是看得见、摸得着的东西。这是一种狭义的定义。而市场营销学认为，广义的产品是指人们通过购买而获得的能够满足某种需求和欲望的物品的总和，它既包括具有物质形态的产品实体，又包括非物质形态的利益，这就是"产品的整体概念"。

1. 核心产品。核心产品，是指消费者购买某种产品时所追求的利益，是顾客真正要买的东西，因而在产品整体概念中也是最基本、最主要的部分。消费者购买某种产品，并不是为了占有或获得产品本身，而是为了获得能满足某种需要的效用或利益。

2. 形式产品。形式产品是核心产品借以实现的形式，即向市场提供的实体和服务的

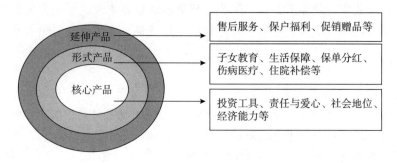

**图4-1　产品整体概念**

形象。如果有形产品是实体品，则它在市场上通常表现为产品质量水平、外观特色、式样、品牌名称和包装等。产品的基本效用必须通过某些具体的形式才得以实现。市场营销者应首先着眼于顾客购买产品时所追求的利益，以求更完美地满足顾客需要，从这一点出发再去寻求利益得以实现的形式，进行产品设计。

3. 延伸产品。延伸产品又叫附加产品，是顾客购买有形产品时所获得的全部附加服务和利益，包括提供信贷、免费送货、质量保证、安装、售后服务等。附加产品的概念来源于对市场需要的深入认识。因为购买者的目的是为了满足某种需要，因而他们希望得到与满足该项需要有关的一切。美国学者西奥多·莱维特曾指出："新的竞争不是发生在各个公司的工厂生产什么产品，而是发生在其产品能提供何种附加利益（如包装、服务、广告、顾客咨询、融资、送货、仓储及具有其他价值的形式）。"

（二）保险产品策略

保险产品策略是指在市场调查与选定目标市场的基础上，对险种的开发、设计、组合、推出时机、附加险、服务等做出决策。保险产品策略是营销策略的基础，保险产品策略的正确与否，直接影响到保险营销的成败。保险产品策略实施是一个系统性工作，具体包括险种开发策略、险种组合策略及险种生命周期策略。

```
            ┌─── 险种开发策略
 保险
 产品 ──────┼─── 险种组合策略
 策略
            └─── 险种生命周期策略
```

**图4-2　保险产品策略**

策略一：险种开发策略

新险种是整体险种或其中一部分有所创新或改革，能够给保险消费者带来新的利益和满足的险种。险种开发是指保险人根据标的市场的需求及保险经营的性质和特点，对保险项目的种类、内容及规则进行设计和规定的过程。

1. 险种开发的意义

（1）险种开发是保险公司其他经营活动的基础。险种设计对保险经营具有重要意义，它是保险经营的起点。保险是经营风险的，但并非所有风险都可经营，这要受营利目的的限制。在有利可图的前提下，对何种标的提供经济保障，承保什么风险，不承保什么风险，承保多大程度的风险，保险费率如何测算与制定，如何规定保险期限等有关保险的重要内容都有赖于险种设计。因此，险种设计是保险展业、承保等其他经营活动的前提条件。

（2）险种开发能够增强保险公司竞争能力，提高保险公司的经营效益。在保险市场上，保险的供给者通常不是唯一的而是多数并存，在这种条件下，竞争是保险经营者不可避免的经营环境。为了在竞争中获得有利的地位，保险经营者就要面对需求市场，千方百计地研究人们的需求动向，从而开发设计险种，以新取胜便成为重要的竞争策略。保险需求由于受各种客观因素的影响，变化往往呈多变性、快速性，其变化的程度和特性决定着险种的兴衰，关系着保险经营者在竞争中的成败。如果险种衰退，则表明该险种已不适应需求的变化，已不能满足保险需求，倘若不重新加以设计，该保险将失去保险市场，保险经营者将处于劣势；反之，如果保险经营者能根据保险需求的变化，不断进行险种设计，投放出适应需求的保险商品，保险经营者就可把握保险市场，从而使保险经营者在竞争中居于优势。可见，险种设计是保险经营者在竞争环境中，求生存谋发展的重要战略和手段。

（3）险种开发有利于推动保险公司的技术进步和提高员工的素质。新险种的开发往往需要涉及经济、大数定律、概率论、保险法律及灾害学、心理学等多方面的知识，具有很强的技术性。要开发高水平、有吸引力的险种，必须得有较高水平的人才和技术手段。所以，重视险种开发有利于促进保险公司技术管理水平的提高和保险公司员工素质的提高。

2. 新险种开发应遵循的原则

（1）市场性原则。市场性原则，是指要按照市场需求为导向开发新险种。保险公司要提高自身业务在整个保险市场的占有率，就必须开发适合市场需求的新险种。保险商品应能满足一定客户群体的特定保险需求，即险种开发应有特定的目标市场，以便最大限度地满足消费者的需求。这就要求保险公司必须明确所服务的目标市场，了解目标市场上的消费者的保险需求、购买习惯和偏好，认识新险种的市场潜力，在此基础上开发满足消费者需求的保险商品。

（2）技术性原则。技术性原则，是指险种的开发要从保险人处理风险的客观能力出发，保证业务经营的财务稳定性。保险新险种开发最为关键的内容是条款的设计和费率的厘定。如果条款设计不合理、费率厘定不准确，将导致保险公司的经营风险。根据大数法则，保险公司只有掌握保险标的风险性及其发生的规律性，才能保证定价的准确性，这就要求在开发新险种时掌握大量风险事故资料。与此同时，影响险种开发的因素还涉及保险公司的支付能力和管理水平，如资本金规模、核保技术、资金运用水平、销售体系和营销队伍素质、客户服务手段及服务质量等。保险公司只有建立适应支付能力和管理水平的险种优势，树立公司品牌形象，才能有效占领市场和赢得竞争。

（3）社会性原则。保险公司作为社会经济体系中的一员，有责任和义务支持及促进政府的经济政策的贯彻与执行。这就要在遵守经济原则和技术原则的基础上，克服缺乏远见的狭隘的部门利益观念，设计和开发一些政策性的保险业务，并且充分认识到政策性保险业务本身可能由于多种因素会在经营过程中出现负效益的情况，明确政策性保险业务也可能由于其业务面广泛和社会影响力大的优势，使其成为宣传保险公司的广告性业务。同时，让社会大众通过政策性保险业务认识现代商业保险的社会意义，从而促进和带动其他非政策性保险业务的开展，扩大保险公司的社会效益和企业效益。

（4）超前性原则。超前性原则，是指新险种开发要具有超前的产品开发意识，适应保险市场需求的变化，适时进行产品创新。一个国家或地区的保险需求，受其社会保障制度、宏观经济环境、居民收入水平、保险法规政策、历史文化背景和保险消费习惯等

多种因素的影响，这些动态变化的因素又导致保险市场需求不断变化和发展，使老的保险产品逐步退出市场的同时，不断创造出新的市场需求。保险公司要想在不断变化和竞争激烈的保险市场中保持产品竞争优势，必须具有超前的产品开发意识，适应保险市场需求的变化，善于发现和捕捉新的市场机会，遵循产品生命周期和销售方式的周期规律，适时进行产品创新。另外，同产品生命周期一样，保险产品的销售方式也存在生命周期。随着电子信息技术的发展，传统的保险营销方式也正在发生深刻的变革。如通过互联网开展网上营销正处于发展阶段，保险产品开发应适应国际保险市场发展趋势，不断拓展新的销售方式和业务领域。

（5）盈利性原则。盈利性原则，是指险种开发应关注公司的长期盈利能力。商业性保险公司无论是否以利润最大化为目的，要实现企业的可持续发展，其经营最终都必须盈利，因为收不抵支的亏损公司是无法长期生存下去的，这就要求保险公司的新险种开发必须进行产品成本收益分析。险种开发的成本主要是在险种开发过程中所投入的人力、物力和财力，除此之外，还应考虑到险种开发的机会成本，以及由于新险种的推出而可能导致的传统业务销售及利润下降的替代成本。保险公司还可能出于完善其产品系列或增强市场竞争力等方面的原因，开发一些成本较高但业务规模较小的不盈利甚至亏损的险种，这也是一种险种开发的无形成本。

3. 险种开发的程序。尽管各国保险公司甚至各个保险公司的险种开发均有自己的特色，但就其基本程序而言，不外乎包括下列六个步骤。

第一步：市场调查。保险公司必须先进行市场调查，了解保险客户对新的危险保障的需求及其市场潜力，调查原有的经营状况，从中寻找险种开发的方向和设计点。

第二步：可行性分析。可行性分析即保险公司根据自己的业务经营范围，在市场调查的基础上对险种开发

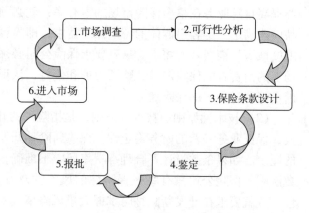

图4-3　新险种开发的程序

进行可行性分析，选择险种开发的重点，初步构思主要考虑开发什么保险业务，其内容一般包括险种名称、业务性质、主攻方向及其与公司现有业务的联系等。

第三步：保险条款设计。由于保险条款是保险险种的主要内容。条款设计便成了险种开发的关键环节。设计保险条款时要注意的问题有：

（1）明确保险标的的范围。例如，财产保险条款应对保险财产、特约保险财产和不可保财产明确区分，让投保人容易了解。

（2）确定保险责任和除外责任。保险责任是确定保险人承担危险的依据，是保险人对所承保的保险事故发生时应承担的损失赔偿责任或保险金给付责任。除外责任是保险合同列明的不属于保险人赔偿范围的责任。确定保险责任和除外责任时，既要考虑保险人承担危险的大小，又要适应市场的需求。

（3）确定保险金额和偿付计算方法。保险金额是保险人承担赔偿或给付保险责任的

最高限额。在财产保险中，保险金额确定的方法一般是以保险标的的保险价值为依据；人身保险的保险金额确定方法原则上是由投保人与保险人约定而成。保险赔偿和给付是保险人在保险标的遭遇保险事故导致被保险人财产损失或人身伤亡时依法履行的义务，因此，其计算方法一般在条款中有明确规定。

（4）确定保险期限。保险期限是保险人承担保险责任的时间。保险期限的确定有两种方式：一是定期保险，即规定半年、一年为保险期限；二是航程保险，即以某一事件的自然发生过程为保险期限。无论以何种方式确定，都应在保险条款中明确。

（5）确定保险费率及保险费支付办法，保险费是投保人付给保险人使其承担保险责任的代价。保险条款应对保险费率、缴付保险费的方式、缴付保险费的时间和次数有明确规定。

（6）列明被保险人的义务。被保险人是受保险合同保障，享有保险金请求权的人。在保险条款中应明确被保险人负有的主要义务，如损失通知义务、防止和减少损失义务等。

第四步：鉴定。险种设计完成后，保险公司一般由其专门的险种设计委员会或有关专家顾问咨询机构对其进行鉴定，其内容主要包括：险种的市场及业务量大小，险种能否给公司创造效益以及条款设计中有无缺陷等。如果鉴定通不过，则需重新进行市场调查、可行性论证及条款设计工作。因此，鉴定环节实质上是公司对险种开发部门的设计进行审核和把关。

第五步：报批。险种作为保险公司的保险商品，事先由保险公司设计推出，事后为保险客户所购买。险种设计是否合理，直接关系到作为保险消费者的保险客户的切身利益，因此在一些国家，险种报批是保险法律规定的一项必经程序。审批保险条款等亦是保险管理机关的法定权力，尤其是对一些主要险种更是如此，以便维护保险客户的权益。

第六步：进入市场。经过前述程序，险种即可投入市场，但对新险种而言，其生命力往往要经过保险市场的检验，因此，保险公司险种开发的最后阶段便是试办，待试办证实该项险种的生命力后再大规模推广，并争取迅速占领市场。

上述程序是险种开发中的通常程序，对于各保险公司而言，其具体步骤与内容可能有所差异。例如，有的公司设有专门的市场调查部门、险种开发部门，拥有一支专门的险种设计队伍。有的公司则由展业或承保部门负责进行；有的公司借助于代理人的力量；还有的则缺乏自己的新险种，即只是借鉴或照搬其他保险公司的条款开展业务。

4. 险种开发的策略。险种开发策略是指保险险种开发的方法和途径，它集中地体现着保险公司的业务经营战略，是保险公司市场营销策略的重要构成部分。险种开发的目的在于选准公司的业务经营方向和战略，争取有利的竞争地位和较大的市场份额。各保险公司在险种开发时可以根据保险市场的具体情况和公司的现实条件采用不同的技术策略、组织策略和时机策略。

（1）完全创新的险种。完全创新的险种是指保险人利用科学技术进步成果研制出来的能满足消费者新需求的产品。如艾滋病保险、乳腺癌特种疾病保险等。此种开发策略，需要前期大量投入和准确的精算，但能够使保险公司迅速占领某一特定的市场，是制胜法宝。

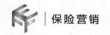 

（2）模仿的新险种。模仿的新险种是指保险人借鉴外国或外地的险种移植学习的，在本地区进行推广的新险种。如卫星发射保险、利润损失保险、投资连结保险、万能保险等险种。目前各保险公司采用此法较多，此开发策略成本较低，风险较小，但市场已被部分覆盖，扩张有一定难度。

（3）改进的新险种。改进的新险种是指对原有险种的特点、内容等方面进行改进的新险种。这实际上是老险种的发展，赋予老险种新的特点，以满足消费者的新需要。此开发策略风险最小，在受顾客欢迎的险种中进行改进，易获得重复购买。

（4）换代新险种。换代新险种是指针对老险种突出的某一特点，重新进行包装，并冠以新的名称，使其特点有显著提升的新险种。如平安育英才两全保险。这种做法比完全创新险种的研制要容易些，向市场推广的成功率也高些。

## 【拓展案例】

### 某保险公司产品开发过程

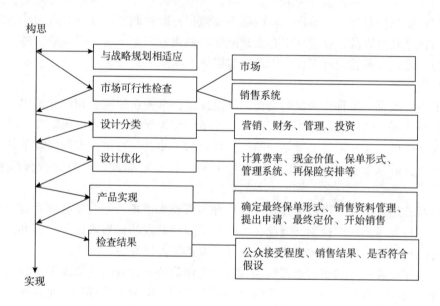

**图4-4 产品开发过程**

策略二：险种组合策略

1. 险种组合的原则

（1）满足客户需求的原则。每一种保险产品组合的形式都是以保险需求为基础的。例如，现行的家庭财产保险组合，就是在火灾保险的基础上，根据人们对自然灾害和盗窃风险的保险需求而产生的。

（2）注重基本保障为主的原则。保险产品的基本保障是提供安全保险，而且人们对保障的基本需求也是财产和人身的安全。例如，传统的人寿保险所提供的定期死亡保险和终身保险就属于这一类。但是，随着社会经济的发展和人们生活水平的提高，人们已不满足于已获得的基本保障，开始寻求更大范围的保险保障。保险企业就要适时推出以死亡保险为主、附加人身意外伤害和医疗费用保险的保险产品组合。

（3）提高保险公司效益的原则。保险产品组合要遵循保险市场经济规律，以较少的投入获得较大的经济效益和社会效益。因此，在进行保险产品组合时，保险企业要科学地确定保险责任范围和保险费率，并选择合适的销售渠道和销售方式。

（4）有利于保险产品促销的原则。保险产品组合后，尽管险种保障范围扩大了，保险费率也有所上升，但由于更适合投保人的需要，而且投保手续更为简单，对于提高保险产品的销售额就会更为有利。保险产品组合不适当，常常造成消费者对保险的误解，如社会上有些人认为保险骗人、购买保险不划算等，这与保险产品组合不适当有密切的关系。另外，保险产品的组合要考虑其完整性，例如，人寿保险具有储蓄、投资、节税、养老、保障遗产等多元化功能，因此在保险产品组合上，就要考虑保户的年龄、经济能力、婚姻、子女及有无其他社会保险等因素，把有限的保险费作最佳分配，使保险单的功能趋于完整。

2. 保险产品组合因素

（1）保险产品组合广度。保险产品组合广度，是指保险公司所经营产品线的数量。拥有的产品线越多，则其组合广度越充分，越有利于满足客户的多方面需求，并能实现保险公司的稳定经营。如"车"＋"房"＋"人"一起投保，全家一张保单。

**图 4 – 5　保险产品组合实例**

（2）保险产品组合深度。保险产品组合深度，是指产品线中每种产品品牌有多少个品种。保险产品组合深度，是指保险企业经营的每一种保险产品线内所包含的险种的多少，如果保险企业经营的险种多、保险产品线广，就说明其保险产品组合深度深；相反，则保险产品组合深度浅。

（3）保险产品组合密度。保险产品组合密度又称为保险产品组合的关联性，是指各保险产品线最终作用于销售渠道、销售方式或其他方面的密切程度。例如，家庭财产保险与人身保险组合的密度较强，是因为它们与最终的接受对象和销售方式等都有着密切的关系。

3. 险种组合的策略。险种组合策略包括扩大险种组合策略、缩减险种组合策略和关联性小的险种组合策略。

（1）扩大险种组合策略。扩大险种组合策略有三个途径：一是增加险种组合的广度，即增加新的险种系列；二是加深险种组合的深度，即增加险种系列的数量，使险种系列化、综合化；三是险种广度、深度并举。按照第一种途径，保险公司应在原有的险种系列基础上增加关联性大的险种系列，按照第二种途径，保险公司应把原有的险种扩充为系列化险种，也就是要在基本险种上附加一些险种，扩充保险责任，可见，险种系列化使得保险消费者的需求获得更大的满足。

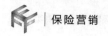 

（2）缩减险种组合策略。这种策略是指保险公司缩减险种组合的广度和深度，即减掉一些利润低、无竞争力的保险险种。保险公司可在保险市场处于饱和状态且竞争激烈、保险消费者交付保险费能力下降的情况下，集中精力进行专业经营而采取的策略。具体做法是将一些市场占有率低、经营亏损、保险消费者需求不强烈的险种予以取消，以提高保险公司的经营效率。

（3）关联性小的险种组合策略。如财产保险的险种与人身保险的险种关联性较小，但是随着保险市场需求的开发和保险混业经营的开展，这些关联性小的险种组合将更能满足保险消费者的需求。例如，家庭财产保险与家庭成员的人身意外伤害保险的组合，房屋的财产保险与分期付款购房人的人寿保险的组合，将形成具有特色的新险种。

【知识拓展】

## 产品组合类型和组合规则

根据客户需求和保险产品种类，常见的产品组合有四种类型：

产品组合规则

表 4 – 1　　　　　　　　　　**人身保障型的产品组合搭配规则**

| 险别 | 搭配要求 |
| --- | --- |
| 主险 | 1. 具有终身身故保障功能。<br>2. 首选具有红利分配的险种。 |
| 附加险 | 1. 具有重疾保障功能。<br>2. 根据客户需求附加适度保额的定期寿险及豁免保费额。 |
| 保额 | 根据客户需求设定保额，在人生责任高峰期身故保障要高，中老年期可适当降低保额。 |

表 4 – 2　　　　　　　　　　**养老理财型的产品组合搭配规则**

| 险别 | 搭配要求 |
| --- | --- |
| 主险 | 1. 具有生存给付功能的产品（如养老、年金、两全、万能险等）。<br>2. 首选具有红利分配的险种。 |
| 附加险 | 1. 具有重疾保障功能。<br>2. 根据客户需求可附加适度保额的定期寿险及豁免保费额。 |
| 保额 | 1. 根据客户需求设定保额。<br>2. 根据险种类别选择适当的领取年金的年龄。 |

表 4 - 3　　　　　　　　　　　教育储蓄型的产品组合搭配规则

| 险别 | 搭配要求 |
| --- | --- |
| 主险 | 1. 具有生存给付功能或特定年龄给付功能的产品，如年金、两全、万能险等。<br>2. 首选具有红利分配的险种。 |
| 附加险 | 1. 具有重疾保障功能。<br>2. 根据客户需求可附加适度保额的意外伤害及投保人豁免保费。 |
| 保额 | 1. 根据客户需求设定保额。<br>2. 根据险种类别选择适当的领取年金的年龄。 |

表 4 - 4　　　　　　　　　　　医疗保障型的产品组合搭配规则

| 险别 | 搭配要求 |
| --- | --- |
| 主险 | 具有住院补偿功能的产品。 |
| 附加险 | 具有意外伤害、意外医疗、住院津贴、手术津贴保障功能。 |
| 保额 | 根据客户需求设定保额，费用补偿最好选择以每次事故住院最高补偿。 |

策略三：险种生命周期策略

1. 保险产品的生命周期。保险产品的生命周期是指保险产品从进入保险市场到大量销售，直至最终退出保险市场的全过程，具体可分为引入期、成长期、成熟期、衰退期四个阶段。

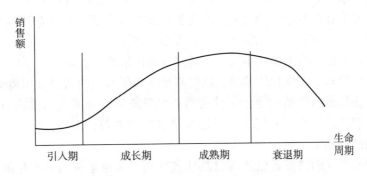

图 4 - 6　保险产品的生命周期

（1）引入期。引入期，是指保险产品进入保险市场的最初阶段。本阶段特点是：由于保险产品还未赢得消费者的广泛接受和信赖，因此销售数量少；而生产成本与销售费用却较高，因此，这一阶段保险公司无利可图。

（2）成长期。成长期，是指新的保险产品在市场上已经打开销路，销售量稳步上升的阶段。本阶段特点是：保险消费者对该类保险产品已经比较熟悉，市场需求扩大，销售量迅速增加；大批量生产与销售使单位保险产品成本和费用下降，从而使保险公司的利润大大提高。但是，由于有利可图，竞争者相继进入保险市场，竞争趋于激烈。

（3）成熟期。成熟期，是指保险产品在市场上已经普及，销售量达到高峰的阶段。本阶段的特点是：保险产品已被大多数消费者所接受，销售量处于相对稳定状态，增长缓慢，并逐渐呈现下降趋势；市场竞争十分激烈；未来巩固市场占有份额，保险公司要适当增加营销费用，从而造成利润逐步下降。

（4）衰退期。衰退期，是指保险产品销量持续下降，即将退出市场的阶段。本阶段的特点是：消费者对该保险产品已经没有兴趣，保险产品的销量严重下降，保险公司利润不断降低。

2. 保险产品生命周期的营销策略

（1）引入期的营销策略。险种引入期，是指险种投放保险市场的初期阶段，其特点是：第一，由于对承保风险缺乏了解，所积累的风险资料极为有限，保险费率不尽合理；第二，由于承保的保险标的数量极为有限，风险分散程度较低；第三，由于保险费收入低，而投入的成本较高，保险公司利润很少，甚至会出现亏损。

产品在投入期的市场特点是消费者不了解新产品，购买者少，经销商不愿多进货，销售渠道少，因此，销售增长率十分缓慢。由于产品还不能大批量生产，因而，产品生产的成本高，企业微利甚至无利、亏本。对全新的新产品来说，一般没有直接的竞争者，因而，促销的重点在于介绍产品特点，刺激消费需求。产品在市场投入期的营销策略，着重于新产品如何推销宣传和如何制定产品的收益目标，即制定价格。企业必须把销售力度直接投向最有可能的购买者，尽可能缩短投入期的时间，因此，保险公司通常采用的营销手段有：

①快速掠取策略。快速掠取策略，即以高价格和高水平的营销费用推出新险种，以求迅速扩大销售量，加强市场渗透和扩张，迅速收回产品成本。此策略适用于下列市场条件：

——大部分潜在顾客不了解新产品，需要开展大规模的广告促销宣传。

——该产品潜在的竞争威胁最大，产品的科技含量不高，竞争对手很容易模仿，为了尽早树立品牌，稳定销售，也需要开展大规模的宣传。

——该产品的价格需求弹性不大，有制定较高价格的可能。

②缓慢掠取策略。缓慢掠取策略，即以高价格和低水平的营销费用将新险种投入保险市场，具体操作是给产品制定较高的价格，但只花费少量的资金作适当的广告宣传。投入期产品不容易让竞争对手模仿，市场容量也比较有限，不适宜做大量的广告宣传，这种策略使用的市场条件为：

——大部分潜在的消费者已经通过其他各种信息渠道了解到新产品的资料，因此，不必要做大规模的广告宣传。

——该产品的市场容量相对有限，因此不能做大规模的广告宣传。

——该产品潜在的竞争威胁不大，也没必要做大规模的广告宣传。

——该产品的需求弹性不大，有制定较高价格的前提条件。

③快速渗透策略。快速渗透策略，即用低价格和高水平的营销费用推出新险种。这里的渗透是指利用低价去渗透购买者的心理。具体做法是给产品制定较低的价格，花费大量资金做大规模的广告宣传，以迅速取得最大的市场占有率，着眼于利润的长期获得。此策略适用的市场条件是：

——潜在消费者对产品不了解，但该产品的价格需求弹性较大，因此，既要大规模地宣传，又要谨慎地制定价格。

——市场容量相当大，应当作大规模的推销，以便吸引更多的潜在的消费者来购买。

——新产品的成本会因大量销售大批量生产而降低，这为制定低价格提供了条件。

——潜在的市场竞争将十分激烈，必须进行大规模的推销。

④缓慢渗透策略。缓慢渗透策略，即用低价格和低水平的营销费用推出新险种。具体做法是采用低价格，只花费少量的资金进行推销活动，着眼于长期的最大限度的市场占有率，从低价中获取最大利润。此策略适用的市场条件是：

——市场容量很大，在短时间内不易被消费者接受或短期内市场不会饱和，须着眼于长期策略的实施。如果市场容量在短期内饱和，采用缓慢渗透策略便得不到预期的效果。

——购买者对新产品已基本了解，通常只是改进新产品种类，所以不必进行大规模的推销。

——该产品的价格需求弹性较大，高价格容易引起销售量急剧减少。

（2）成长期的营销策略。险种成长期，是指险种销售量迅速增长的阶段，其特点是保险公司已掌握风险的出险规律，险种条款更为完善，保险公司费率更加合理，保险需求日益扩大，风险能够大量转移，承保成本不断下降，等等。因此，保险公司应采取的营销策略包括不断完善保险商品的内涵，广泛开拓营销渠道，适时调整保险费率，确保售后服务的质量，以尽可能地保持该险种在保险市场上长久的增长率。

一是不断地完善保险产品，使之更适应保险需求和业务的需要，并提高保险产品的竞争能力。

二是为了吸引更多层次的、对价格敏感的保险消费者，应当在适当的时候调整保险价格。

三是广告宣传的内容要依据保险消费者需求的变化而变化。

四是开拓新的保险营销渠道，如依靠保险代理人和保险经纪人开展业务，建立广泛的营销网点。

五是做好保险售后服务。

（3）成熟期的营销策略。险种成熟期是指险种销售量的最高阶段，其特点是险种的利润达到最高峰，销售额的增长速度开始下降，市场处于饱和状态，潜在的消费者减少，更完善的替代险种开始出现。因此，保险业应采取的营销策略有：

一是市场改进策略：通过发现产品的新途径改变推销方式，开辟新市场，寻找新顾客，以此扩大产品的销售量。

二是产品改进策略：通过提高质量，扩大产品的使用功能及样式的改进，使产品呈现多样化发展的趋势，从而满足消费者的不同需求，以维护产品的市场份额。

三是市场营销组合改进策略：通过降价让利、增加网点、提高促销水平、改进产品包装、有效利用广告及公共关系等综合促销手段延长成熟期。

（4）衰退期的营销策略。险种衰退期是指险种已不适应保险市场需求，销售量大幅度萎缩的阶段。这一阶段的特点是，保险供给能力大而销售量迅速下降，保险公司的利润也随之下滑，保险消费者的需求发生了转移，等等。

衰退期产品的特点有：新产品开始进入市场，逐渐替代了老产品；除少数品牌产品外，大多数产品销量下降；市场竞争突出地表现为价格竞争，市场价格不断下降；这时期的顾客多为保守、忠诚的消费者。营销策略有：

一是维持策略：由于这一阶段很多竞争者纷纷退出市场，但是这种产品在市场上还有一定的消费需求，因此，有条件的企业可仍按原来的细分市场，使用相同的销售渠道、定价及促销方式维持经营，这也是对品牌忠诚用户的利益维护，有利于企业开拓未来市场。

二是集中策略：将企业的人、财、物集中到最有力的细分市场和销售渠道上去，以缩小市场面，同时降低推销费用，精减推销人员，以增加眼前利益。

三是淘汰策略：对市场不需要的非盈利产品，应有计划地撤出，引入新产品，以完成新老产品的接替，维护企业的市场竞争力，保证企业利润的持续增长。

四是重振策略：积极改进产品的功能和特征，创造新的用途，开发新的市场，使产品进入新的循环。

因此，保险公司要采取稳妥的营销策略，不要仓促收兵，而是要有计划、逐步限制推销该险种。此外，还应有预见性地、有计划地开发新险种，将那些寻求替代险种的消费者再一次吸引过来，使险种淘汰期尽量缩短。

## 【知识小结】

产品的整体概念包括核心产品、形式产品和延伸产品。在此基础上，保险公司应遵循市场性原则、技术性原则、社会性原则、超前性原则、盈利性原则等来开发险种和制定营销策略，实现保险产品的整体营销。

## 【考核】

**思考题**

1. 简述新险种开发应遵循的原则。
2. 简述保险产品生命周期的营销策略。

**课后训练**

一些财产保险公司开发的交强险三者财产损失限额为 2000 元，远远满足不了高额的修理费。我们是否开发一种第三者特大损失赔偿特约保险条款，针对布加迪、阿斯顿马丁、玛莎拉蒂、宾利、劳斯莱斯和迈巴赫等豪车的出险频率、损失情况予以统计，利用概率论、保险原理及大数法则，厘定费率，开发出该险种。虽说目前豪车数量有限，但随着全球经济低迷，中国经济保持健康发展，国外豪车生产企业将中国作为销售的主战场，豪车在中国会遍地开花，一旦损失就是上百万，我们不得不重视目前的情况。

**思考：** 新险种开发的关键点在哪里？

## 任务 4-2  保险营销价格策略

价格是影响产品需求的重要因素，也是保险公司进行竞争的必要法宝。尽管保险产品的价格必须通过精算得出，但是在估算出产品的成本和费用后，可以借鉴营销理念中的定价策略来厘定最终价格。保险公司在为产品定价时要考虑很多因素，并且有很多价格策略可以选择。

（一）保险商品的价格

1. 保险商品的价格构成。保险商品的价格即保险费，简称"保费"。投保人缴纳的保险费一般称为"毛保费"，它由纯保费和附加保费两部分构成，毛保费也称"总保险费"。保险公司所收取的保险费是由保险金额和保险费率决定的，用公式表示为：

保险费 = 保险金额 × 保险费率

而保险金额可以由保险公司和客户选择确定，属于主观变量，因此，我们通常所指的保险商品的定价，就是指保险费率的厘定。

2. 保险费率厘定的原则。保险人在厘定费率时要贯彻权利与义务相等的原则，具体而言，厘定保险费率的基本原则为充分、公平、合理、稳定灵活以及促进防损原则。

（1）充分性原则。充分性原则指所收取的保险费足以支付保险金的赔付及合理的营业费用、税收和公司的预期利润，充分性原则的核心是保证保险人有足够的偿付能力。

（2）公平性原则。公平性原则一方面指保费收入必须与预期的支付相对称，另一方面则是被保险人所负担的保费应与其所获得的保险权利相一致。保费的多寡应与保险的种类、保险期限、保险金额、被保险人的年龄、性别等相对称，风险性质相同的被保险人应承担相同的保险费率，风险性质不同的被保险人，则应承担有差别的保险费率。

（3）合理性原则。合理性原则，指保险费率应尽可能合理，不可因保险费率过高而使保险人获得超额利润。

（4）稳定灵活原则。稳定灵活原则，指保险费率应当在一定时期内保持稳定，以保证保险公司的信誉；同时也要随着风险的变化、保险责任的变化和市场需求等因素的变化而调整，具有一定的灵活性。

（5）促进防损原则。促进防损原则，指保险费率的制定有利于促进被保险人加强防灾防损，对防灾工作做得好的被保险人降低其费率；对无损或损失少的被保险人，实行优惠费率；而对防灾防损工作做得差的被保险人实行高费率或续保加费。

（二）保险营销中的价格决策

1. 确定价格目标。保险企业进行价格决策时，首先应确定价格目标。价格目标一般有以下三种选择：

（1）利润最大化目标。高价格未必能带来利润最大化，能实现利润最大化的价格是有竞争力的价格，有竞争力的保险价格必须符合以下三个条件：第一，准确预测损失率，从而使价格建立在科学的基础上；第二，提高管理水平，降低赔付率，从而使成本降低或提高投资盈利能力，使降价成为可能；第三，密切关注竞争者同类产品的价格，尽可能把价格定在低于竞争者的水平，或者与竞争者价格相同，提供优于竞争者的保险服务和强有力的促销措施。所以，价格的竞争是企业综合能力的竞争，并非像有人所称的低水平的竞争。

（2）保费收入最大化目标。将保费收入最大化作为价格目标意味着企业采取低价或降价策略以增加产品销售，扩大市场份额，同时还要采取一定的促销措施，增加推销人员，以迅速增加市场销售量。

（3）价格稳定目标。对于某些竞争较为激烈的保险产品，可以以保持价格稳定为目标，这样可以保持竞争的均衡。当然，保持价格稳定并不是价格绝对不变，而是在一定时期内保持稳定，随着需求状况和竞争形势的变化而相应作出调整也是正常的。如在人

寿保险中，随着生活水平、医疗卫生、社会福利等的改善，人类寿命的延长，过去厘定的价格就需要进行调整。

2. 保险价格策略选择。保险价格策略是指保险企业根据保险标的风险状况，确定保险商品的合理价格，使保险当事人双方实现等价交换的措施。制定保险商品的价格，是保险营销活动中具有重要意义的环节。这一环节的过程包括风险分析、风险评估、分析需求、了解竞争对手、计算成本以及赔付率等多种情况，以便最终选定一种得到投保人认可的保险商品的价格。保险商品的定价必须实现市场化，贯彻等价有偿的原则。保险当事人双方要实现高保障高缴费、低保障低缴费的平等交换，这样才能使投保人和保险人双方的权利和义务达到对等，使营销组合的目标得以实现。

（1）针对产品的定价策略

①低价策略。低价策略指以低于原价格水平而确定保险费率的策略。实行这种定价策略的优点是可使保险公司迅速占领保险市场或打开新险种的销路，更多地吸引保险资金，为保险公司资金运用创造条件。但是保险公司要注意严格控制低价策略使用的范围。实行低价策略是保险公司在保险市场上进行竞争的手段之一，但是如果过分使用它，就会导致保险公司降低或丧失偿付能力，损害保险公司的信誉，结果在竞争中失败。

低价策略的实施条件：要建立在提高管理效率、加强成本与管理费用的控制、降低保险推销成本的基础之上。

低价策略实施的注意事项：既要从自身利益出发，考虑到保险险种的促销作用，又要考虑公司的社会利益。

②高价策略。高价策略指以高于原价格水平而确定保险费率的策略。保险公司通过实行高价策略获得高额利润，有利于提高自身经济效益，同时也可以利用高价策略拒绝承保高风险项目，有利于自身经营的稳定。但是保险公司要谨慎使用高价策略，因为保险价格过高会使投保人支付保险费的负担加重而不利于开拓保险市场；此外，定价高、利润大，极容易诱发激烈竞争。

高价策略的实施条件：一是某些保险标的的风险程度太高，尽管对保险有需求，但保险公司都不愿意经营；二是因为投保人有选择地投保某部分风险程度高的保险标的；三是保险需求过剩等。

③惠价策略。惠价策略指保险公司在现有价格的基础上，根据营销需要给投保人以折扣费率的策略。实行优惠价格策略的目的是为了刺激投保人大量投保、长期投保，并按时缴付保险费和加强风险防范工作等。惠价策略主要有以下几种模式：

统保优惠。如某个律师协会为所有律师统一投保职业责任保险，由于是团体保险，保险公司可以少收一定比例的保险费，因为统保能为保险公司节省对单个投保人花费的营销费用和承保费用。

续保优惠。现已投保的被保险人如果在保险责任期内未发生保险赔偿，期满后又继续投保的，财产保险公司通常可按上一年度所交保险费的一定比例对其给予优惠。

趸交保费优惠。在长期寿险中，如果投保人采取趸交方式，一次交清全部保险费，保险人也可给予优惠，因为这样减少了保险人按月、按季度或按年收取保险费的工作量。

安全防范优惠。例如，财产保险的条款中规定，保险人对于那些安全措施完善、安全防灾工作卓有成效的企业可以返还一定的安全费。

免交或减付保险费。如人身保险中子女婚嫁保险规定，如果投保人在保险期限内死亡或完全残废无法继续交保险费时，保险人允许免交未到期部分的保险费，而其受益人仍继续享受其保险保障。

④差异价格策略。差异价格策略包括地理差异价、险种差异价和竞争策略差异价等。地理差异价，是指保险人对位于不同地区相同的保险标的采取不同的保险费率。险种差异价，是指各个险种费率标准和计算方法都有一定的差异。竞争策略差异价格的主要做法有：第一，与竞争对手同时调整费率，以确保本公司在保险市场占有的份额；第二，在竞争对手调整费率时，保持原费率不变，以维护本企业的声誉和形象；第三，采取跟随策略。在已知竞争对手调整费率时，先不急于调整本公司的费率，待竞争对手的费率对市场销售产生较大影响时，才跟随竞争对手调整相关费率。采取哪种策略需根据保险公司的市场地位而定。

（2）针对客户的定价策略。客户驱动定价策略，是指保险商品的价格能够让分销商和顾客都愿意接受的策略。对于分销商而言，客户驱动定价策略意味着产品设计中可能考虑更多的补偿因素，即销售该公司的产品时得以获得更高的佣金。对于客户而言，则意味着较低的保费，对看重保单现金价值的客户，可能意味着早期的高现金价值，对看重公司偿付能力的客户，则意味着公司的财务实力强大、信誉优良。采用客户驱动定价策略的关键是保险公司要明确客户看重的价值取向，并且制定出合适的产品价格，让客户感觉自己希望实现的价值可以在这家保险公司的产品上得以实现。客户驱动定价策略一般有以下三种方式：

①心理定价策略。此策略是以消费者为驱动的定价策略，即消费者认为这家保险公司制定的价格会比其他公司的价格更具有吸引力，这是根据保险消费者购买保险时的心理上对险种的费率进行调整，使之成为消费者可接受的保险费率，这种策略的主要目的是让消费者在心理上产生价格差异。例如，一份其他公司卖100元的意外保险产品，如果某家保险公司以99元的价格出售，肯定会在消费者心理上产生差异，一般消费者也更愿意购买99元的产品，而实际上两者之间并没有太大的差别。心理定价策略一般比较适合对于价格比较敏感的客户，也比较容易产生效果，尤其是短期意外保险或健康保险产品，采用这种定价策略也更为有效。

②早期获利价格策略。此策略是指保险公司在销售产品时最希望购买该产品的客户收取最可能高的价格，这种策略比较适用于保险新产品销售的初期。由于新开发产品的消费者认知度较小，市场上也没有同类产品可比较，消费者这时看重的就不会是价格，而主要看重产品能带来的效果或者产品能带来的身份地位。然而一旦市场上出现类似的新产品时，早期获利价格策略就很难继续采用。

③促销定价策略。此策略是指通过以低于正常价格的价格销售某些产品以达到销售某种产品的目的。促销定价策略的常用手法是通过价格先导来吸引消费者购买公司产品，形成一定的客户基础，进而带动其他相关产品的销售。保险行业的新市场进入者也可以采取类似的手段，一般长期寿险产品不适合以低价出售，因此更适合以比较低的价格出售短期意外险产品，进而带动其他相关险种的销售。针对不同消费者的需求和不同竞争者的策略，保险公司要适当调整保险费率，以便促销。

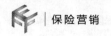 

（3）针对竞争对手的定价策略。竞争对手驱动定价策略，是指保险公司以主要竞争对手的价格为基础，以定价来确保自己在市场体系中的地位。保险公司可以根据自己的整体营销策略、企业目标和定价目标，以通行价格、高于市场价格和低于市场价格这三种层次来制定自己的产品价格。

①通行价格策略。通行价格策略，是指保险公司以通行价格来设定自己的费率，将自己的价格定在保险市场的平均价格水平上，属于"迎接竞争"的策略，此策略通常以市场上主要的大保险公司定价作为参考基准。由于这种追随类型的定价策略在竞争对手突然降价时可能会陷入困境，因此通行价格策略比较适合在完全竞争或者寡头垄断的保险市场上实施，因为在这两种市场环境下降价的空间比较小，一般不会出现突然降价的情况。

②竞争价格策略。竞争价格策略的主要目的是打击竞争对手，一般只有那些实力雄厚或者具有独特细分市场的公司才会采用，适用这种策略的保险商品的价格通常以主要的保险公司的最低价格为基准，独有的单个保险商品也要以较低价格出售。采用低价策略，保险公司首先要确定自己的目标市场和市场地位，同时在定价中要确保保险产品的相关变量可以被控制在一定范围，因而在低价策略中关键是设计或改进产品以适应一个选定的价格区域。

③渗透价格策略。渗透价格策略，是指保险企业可以利用相对较低的费率获得市场份额并使销售量迅速上升的定价策略，这种策略的主要目的是以合适的价格取得最大客户群。渗透价格策略主要在以下情况下比较有效：新产品进入市场时，需要取得市场份额；市场竞争激烈，降低费率能够延缓竞争对手进入市场；市场潜力大，对价格敏感，降低费率可以扩大公司的市场份额。

④弹性价格策略。弹性价格策略，是指保险商品的费率可以在与客户协商后决定。弹性价格策略主要在销售团体保险产品时采用，大多数销售团体保险产品的公司采用的是弹性价格策略，这主要是由于团体保险产品的销售一般采取竞标的方式，竞争非常激烈，单纯地根据竞争对手的历史情况确定报价很难中标。采取弹性的价格策略，根据客户的需求来确定价格是比较有效的竞争方式。

## 【知识小结】

价格是影响产品需求的重要因素，也是保险公司进行竞争的必要法宝。保险公司要在充分、公平、合理、稳定灵活以及促进防损原则的基础上，进行保险价格的策略选择。

## 【考核】

**思考题**

1. 分析保险费率厘定的原则。

2. 如何进行保险价格策略选择。

**课后训练**

学生分组讨论：保险公司面对同质化的产品和市场，应如何才能走出价格战的泥潭？

## 任务 4 – 3　保险营销渠道策略

保险营销渠道，是指保险商品从保险公司向保户转移过程中所经过的途径，保险营销渠道划分为直接营销渠道和间接营销渠道。

（一）保险营销渠道主要功能

保险营销渠道所执行的功能主要有沟通信息、促进保险公司与客户之间的接触以及保险促销等。换句话说，即是将保险商品由保险公司转移至保户，消除和克服保险公司与保户之间在时间、地点、所有权等方面的各种矛盾。具体而言，保险营销渠道所执行的功能主要有：

1. 沟通信息。这是指收集与传递有关营销环境中各种力量和因素变动的信息，并加以分析、研究和整理，以供参考并达成保险交易。

2. 促销。这是指利用各种可能的渠道，通过生动、活泼的宣传，发布与传播保险产品的各种信息。

3. 接触。这是指主动寻找潜在的保险消费者，并与之保持经常性的联系和沟通。

4. 配合。这是指营销渠道使所提供的保险服务能够最大限度地满足客户需求，包括在数量上与险种上的组合等。

5. 双向选择。保险营销既是保险公司对保险客户的选择过程，同时也是保险客户选择最满意保险公司和最佳保险服务的过程，保险营销渠道的所有成员必须善于并尽最大努力促成这种双向选择的达成。

6. 实际达成，即购买和销售功能。实际达成功能主要是完成保险产品所有权的转移。

7. 资金融通。不论是佣金，还是手续费，资金的取得或周转，都满足了销售工作的各项成本支出。

8. 风险承担。承担保险营销所带来的直接风险，其中主要是责任风险。

上述功能中的前五项主要是为了促成保险交易的达成，后三项功能则是帮助交易得到切实履行。总的来看，不论是哪项功能，都必须有人完成。在保险营销渠道中可以取消某一个环节的中间商，但不能取消任何一项功能，而且谁能以最低的费用支出完成，就应该由谁承担此功能。发达国家的实践证明，保险公司往往愿意借助保险中介达成以上功能，这样，保险公司就可以集中财力发挥好自己的功能，而保险中介则凭借自己的专业知识和经验，常常能比保险公司干得更出色，特别是在寿险营销和财产保险的分散性业务中，中介的作用表现得尤为突出。

（二）保险营销渠道及其利弊分析

按照有无中间商参与的标准，可将保险营销渠道划分为直接营销渠道和间接营销渠道。

1. 直接营销渠道。直接营销渠道，也称"直销制"，是指保险公司利用支付薪金的业务人员对保险消费者直接提供各种保险险种的销售和服务。在保险市场不健全的时期，保险公司大都采用直销制进行保险营销，但随着保险市场的快速发展，保险公司仅仅依靠自己的业务人员和分支机构进行保险营销是远远不够的，同时也是不经济的。无

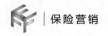 

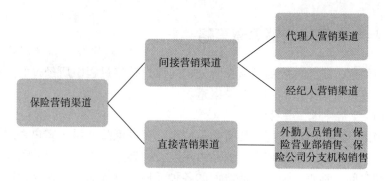

图 4 – 7　保险营销渠道分解

论保险公司的资金实力有多雄厚，都不可能建立一支足以包容整个保险市场的营销队伍，即使可能，庞大的工资支出和业务费用也势必会提高保险经营的成本。因此，在现代保险市场上，保险公司在依靠自身的业务人员进行直接营销的同时，还要广泛地利用保险中介人进行间接营销。

（1）直接营销渠道的主要优势

①直接营销渠道模式下，保险企业可有效控制承保风险，保持业务量的稳定。

②直接营销渠道模式下，保险公司的业务人员因为工作稳定、业务熟悉，所以易于控制保险欺诈行为的发生，不容易发生因不熟悉保险业务而欺骗投保人的道德风险，给保险消费者增加了安全感。

③直接营销渠道模式下，保险公司的业务人员直接代表保险公司开展业务，具有较强的公司特征，从而在客户中树立公司良好的外部形象。

④直接营销渠道模式下，如果保险公司业务人员按额完成或超额完成预期任务，那么维持营销系统的成本就会较低。

⑤直接营销渠道模式下，因为公司职工享有固定的工资和福利，其收入不会因业务超额完成大量增长，同时员工的培训费用也少于代理人员。

（2）直接营销渠道的弊端

①不利于保险企业争取更多的客户。因为有限的业务人员只能提供有限的服务，同时他们预定任务较重，无法与所有客户建立较为密切的关系，不能深层次挖掘客户潜在需求。因此，许多保户的潜在保险需求无法转化为现实的购买能力，致使保险企业失去了很多潜在的客户。

②不利于发挥业务人员的工作积极性。在直销方式下，业务人员的工资相对固定，收入与其业务量没有必然的联系，不能体现多劳多得的奖励制度，当保险营销人员超额完成预定工作任务后，没有业务提成或提成太少，不能激发业务人员工作的热情。

2. 间接营销渠道。间接营销渠道，也称"中介制"，是指保险公司通过保险代理人和保险经纪人等中介机构推销保险商品的方法。保险中介人不能真正代替保险人承担保险责任，只是参与、代办、推销或提供专门技术服务等各种保险活动，从而促成保险商品销售的实现。

（1）保险代理人及保险代理制度。保险代理人是根据保险人的委托，向保险人收取代理手续费，并在保险人授权的范围内代为办理保险业务的单位或者个人。保险代理制度是代理保险公司招揽和经营保险业务的一种制度。

我国对保险代理人采用复合分类法，先按保险代理主体的性质将保险代理人分为单位代理人和个人代理人，然后将单位代理人按不同的行业性质分为专业代理人和兼业代理人，从而形成了专业代理人、兼业代理人和个人代理人。专业代理人是专门从事保险代理业务的保险代理公司，其组织形式为有限责任公司；兼业代理人是受保险人的委托，在从事自身业务的同时，指定专人为保险人代办保险业务的单位；个人代理人是根据保险人的委托，向保险人收取代理手续费，并在保险人授权的范围内代为办理保险业务的个人。

保险代理制度的优势：

①有利于保险企业降低保险成本，提高经济效益。保险企业由于资金限制，要在短期内迅速解决自身营业机构与人员的合理配置是不现实的。由于保险代理人是按劳取酬，保险企业只须向代理人支付代理手续费，这样就节约了在直销制下必需的各项费用，如员工管理费、宣传费、防灾费和员工福利费等，从而大大降低了保险成本。由此可见，保险代理人的工作提高了保险企业的经营效率。

②有利于提高保险企业的供给能力，促进保险商品销售。保险代理人拓展了保险人在保险市场上的业务空间，弥补了保险企业营业网点少、营销人员不足的状况，从而也就在客观上提高了保险企业的供给能力，方便了保险消费者购买保险。事实证明，我国的保险企业利用保险代理人在争取分散性保险业务方面是十分成功的。

③有利于提高保险企业的服务质量，增强其在市场竞争中的实力。保险企业利用保险代理人分布广泛、人员众多、服务优良等优势，可以弥补自身在保险服务方面的欠缺，全面提高保险企业的服务质量。如保险代理人与客户联系紧密，容易获得投保人的信任，便于提供投保、交付保险费、防灾防损咨询、损失查勘及损失理算等服务。此外，有些保险代理人还具有自身的特长，如具有某个行业的专业技术，或在某个特定范围内具有良好的业务背景，能够提供一些专业性服务。

④有利于保险企业迅速建立和健全更为有效的保险信息网络，提高保险企业的经营水平。随着社会经济的日益发展，各种新的、更为复杂的保险需求不断涌现。保险代理人在营销过程中，由于接触的客户多，信息灵通，这将有助于保险企业全面、迅速地了解整个保险市场的发展趋势，从而使保险在激烈的市场竞争中站稳脚跟，求得发展。

保险代理人的弊端：

①保险公司与保险代理人之间始终存在难以解决的核保与推销之间的冲突。保险代理人的任务是力求推销更多的保险单，以获取更多的代理手续费，而保险人的任务则是在扩展业务的同时更加注意提高承保质量，显然两者的冲突是难免的。保险人是从保险公司的整体情况来决定个别风险的承保与否，而这正是保险代理人无法做到的。因此，保险代理人认为是良好的业务，也有可能被保险公司拒绝承保。

②保险代理人单纯为代理手续费而开展业务的做法，导致保险公司承保质量下降。由于保险代理人的个人收入与保险费挂钩，个别保险代理人为了赚得更多的代理手续费，往往频繁地利用默示代理权限，有时甚至超越代理权限去推销保险单。

③保险代理人滥用代理权，从而损害了保险人的利益。例如，保险代理人擅自变更保险条款，提高或降低保险费率，或者挪用侵占保险费等，都是有损于保险人利益的行

为，尤其是保险代理人出于恶意，与投保人或投保人以外的第三人进行虚假申报，骗取高额保险金，结果不仅造成保险公司自身的经济损失，而且极大地损坏了保险公司的信誉。

④保险代理人的行为缺乏规范化管理，从而造成保险公司代理市场的混乱。例如，对保险代理人缺乏严格的业务培训和资格要求，造成保险代理人业务素质低下；某些兼职代理的主管部门利用其对下属客户的制约关系，强迫客户在指定的保险公司投保；个人代理人队伍庞大，业务素质良莠不齐，管理难度大等。

（2）保险经纪人与保险经纪人制度

保险经纪人是基于投保人的利益，为投保人与保险人订立保险合同提供中介服务，并依法收取佣金的单位。保险经纪制度，是指保险人依靠保险经纪人争取保险业务，推销保险单的一种营销方式。

保险经纪人按险种可分为人寿保险经纪人、非人寿保险经纪人和再保险经纪人三种。人寿保险经纪人是指在人寿保险市场上代理保险客户选择保险人，代为办理投保手续，并从保险人处收取佣金的中介人。非人寿保险经纪人主要为保险人介绍财产保险、责任保险和信用保证保险等非寿险业务。他们比人寿保险市场上的经纪人更活跃，如在海上保险中，保险经纪人的作用十分突出，他们既深谙航海风险，又通晓保险知识，能为保险人寻求最佳保险保障。再保险经纪人是指专门从事再保险业务的特殊保险经纪人。再保险经纪人不仅介绍再保险业务，提供保险信息，而且在再保险合同有效期间继续为再保险公司服务。由于再保险业务具有较强的国际性，事实上，每个国家的许多再保险业务都是通过再保险经纪人促成的，因此，充分利用再保险经纪人就显得十分重要。

保险经纪人的优势：

①保险经纪人能提供专业性服务。保险经纪人一般都具有较高水平的业务素质和保险专业知识，是识别风险和选择险种方面的专家，能为投保人提供最合理、最有效的保险方案以供其选择。在国外，大额保险的投保人往往要通过保险经纪人来投保。

②保险经纪人为投保人的利益着想，但却独立地承担法律责任。在保险市场上，保险经纪人代表投保人或被保险人的利益，为其与保险人协商保险事宜，办理投保手续，充当保险顾问的角色，这对投保人是非常有利的。因此，根据法律规定，保险经纪人应对投保人或被保险人负责，有义务利用自己的知识和技能为其委托人提供最佳的保险。如果因为保险经纪人疏忽致使被保险人利益受到损害，经纪人是要依法承担赔偿法律责任的。

③保险经纪人为投保人提供服务，但并不增加投保人的经济负担，因为保险经纪人的佣金是由保险人支付的。一般来说，保险人从被保险人所缴纳的保险费中按一定比例支付佣金给保险经纪人，作为其推销保险业务的报酬。因此，利用保险经纪人不会给投保人或被保险人增加额外开支。

保险经纪人的弊端：

由于保险经纪人是独立于保险人与投保人之外的中介方，保险人和投保人均与其没有直接的约束关系。因此保险经纪人可能会以中介为名，通过保险欺诈来牟取暴利，从而会扰乱保险市场的正常秩序。

（三）保险营销渠道的选择

1. 影响保险营销渠道选择的因素。保险公司选择哪种营销渠道才能以最小的代价，最有效地把保险商品送达到目标顾客手里，这是一个非常现实的问题。保险公司在选择和评价保险营销渠道时，一般要考虑如下因素：

①商品因素。保险公司生产和销售什么样的保险商品，将直接影响保险公司对营销渠道的选择。商品因素主要包括保险险种、保险商品的服务对象、保险费率等。

②市场情况。市场情况主要应考虑的是保险消费者的服务需求。保险营销渠道的设计者应当充分了解消费者所要求的服务水准以选择最有效率的营销渠道。但是要提供所有的服务是不可能的，也是不切实际的，保险公司和其渠道成员未必有必备的资源和技术来提供所有要求的服务，而且提供较高水准的服务将导致渠道成本增加，对消费者而言意味着价格将提高。保险公司必须在消费者的服务需求、符合需求的成本和可行性，以及消费者对价格的偏好三者之间达到平衡。

③企业自身的条件。由于直销制具有明显的优点，所以保险公司大都有直销的愿望，但是进行直销必须有一定的人力、物力和财力，保险公司对市场是否熟悉、有无营销人才和财力大小决定着完成渠道功能的效率。如果条件不好，完成渠道功能的效率还不如中介商，就不应贸然采用直销。

④中介商的合作意愿。有时候选择什么营销渠道并不是保险公司单方面的问题，还要考虑中介商的态度和意见。中介商态度是否积极、是否乐意合作对渠道效率必然会产生重大影响。例如，有些新险种，保险代理人或保险经纪人对其销路没有把握，不肯轻易接受委托，在这种情况下，保险公司只能自己推销。

⑤环境因素。从微观环境看，企业大多尽量避免采用与竞争对手相同的营销渠道，但也不尽然。从宏观环境看，经济形势有较大的制约作用，如在经济萧条时，保险公司的营销策略重点只能是控制和降低保险商品的营销成本，因此必须尽量减少中间环节，取消非必要的附加费率。此外，政府有关保险营销的种种政策、法规也会限制保险营销渠道选择的范围。

⑥营销成本和效益的评价。这是决定渠道选择的最终因素，保险公司在作出选择之前，对可供选择的若干渠道的费用、风险和利润，最好进行详细的分析、评价和比较，以确保选择的营销方案是最佳方案。

2. 保险营销渠道的选择。是否能够以最小的代价最有效地推销保单，是保险公司在选择营销渠道时需要考虑的最重要的因素。基于此，我们认为，在现代社会经济条件下，对于刚刚成立不久、规模较小的保险公司，由于其自身财力、经营技能以及其他外部条件的种种限制，适宜采用传统的直销制，这样既有利于保险公司稳步成长，又有利于逐步树立良好的企业形象。当然，随着公司规模的不断扩大、市场占有份额的不断增加、营销技能和经验的迅速累积，在条件允许的情况下，可有计划地引进代理制和经纪制，最终形成符合自身情况的具有特色的保险营销渠道组合。而对于规模较大、声誉较高的保险公司，在各种条件都具备的情况下，完全可以自行选择既符合企业自身情况，又符合市场规律的最优保险营销渠道组合。此外，有鉴于财产保险与人身保险在性质和经营技术上的区别，对于财产保险公司，特别是比较集中的企业财产保险而言，宜采用直销制，以便于保险公司减少营销成本，并加强承保控制；而对于分散的家庭财产保险

和人寿保险而言，则宜采用代理制或经纪制，以便于保险公司争取更多的客户，从而不断扩大市场占有份额，增强企业的竞争力。

总之，保险公司无论选择哪种营销渠道，都必须根据自身条件、保险商品特性和保险市场需求情况，对可供选择的各种渠道的费用、风险和利润进行详细的分析、评价和比较，才能选择出最有效的保险营销渠道。

（四）我国保险营销渠道的发展趋势

1. 稳步调整直销渠道。一方面，中国保险市场仍然处于初级发展阶段，广大国内企业的风险管理意识和管理手段还非常落后，企业参保率还很低，在团体寿险和企业财产险营销上有优势的保险直销模式还有广阔空间和很大的必要性。保险公司在直销过程中，有利于提升参保企业的风险管理水平。另一方面，目前国内出现了实业资本与保险资本融合的趋势，即生产性企业投资设立股份制保险公司。在这种情况下，直销制更有优势；保险公司派内勤人员直接为股东公司设计提供风险管理计划，并直接为其提供所需保险再视情况转分保。因此，各保险公司仍需要保持适当的直销渠道，丰富直接营销的内涵，确保对团体寿险和企业财产险的控制权。

2. 加强调整中介人制度。以保险代理人为代表的中介人制度为我国保险业过去十多年的迅速发展作出了巨大贡献，但也随之带来了严重的负面影响——诚信危机。导致这种严重后果的主要原因就是一些公司招收个人代理人时不注意所招人员素质，让一部分低素质的人混进代理人队伍，其保险诈骗、恶意竞争等行为损害了保险业的形象；保险公司重增员轻管理，所招大量代理人专业素质不适应我国保险业发展的需要，误导保险消费者的行为普遍存在；代理人激励机制过于依靠实时物质激励，缺乏长效激励机制，如代理人资质等级晋级制度；保险需求方的保险知识严重缺乏，相对于保险人存在严重的信息不对称。

中介人制度依然是保险市场成熟国家的主要营销渠道之一，我国保险业的发展也依然需要中介人制度。因此，压缩保险个人代理人规模，加强独立保险代理人和保险经纪人建设和管理，实施保险中介人资质等级晋级制度，提升社会公众的保险知识水平，将有助于保险中介人制度的健康发展。

3. 深化发展银行保险。当前银行保险因为银行的强势地位导致代理佣金过高，同时缺乏新型高附加值的银行保险产品，阻碍了银行保险的进一步扩张。法国等欧洲国家银行保险的发展表明我国的银行保险需要升级换代、深化发展。一是推动保险和银行的合作关系走向深入，随着监管和法律上放开混业经营限制，银行与保险公司的产权结合将为银行保险的再次腾飞奠定坚实基础；二是在银行与保险公司加强战略合作的基础上，保险公司通过充分的客户资料共享开发高附加值的银行保险产品，深度挖掘银行客户的保险价值。

4. 积极推动新型营销。对我国保险业来说，以邮寄和电话为主的直复式营销以及刚刚兴起的网上保险，都属于新型营销。国内保险公司在加强与客户关系、提升自身品牌和美誉度、强化产品开发能力和客户服务行为的基础上，应当也能够大力实施直复式营销和网上保险。

对于这些营销渠道，各保险公司必须根据自身目标市场、产品特点来灵活选择，并适时调整和整合所有营销渠道，以降低营销成本、提升营销效率、确保公司营销战略和发展战略的实现。

## 【知识小结】

保险营销渠道划分为直接营销渠道和间接营销渠道，两种营销渠道各有利弊，保险公司应根据自身条件、保险商品特性和保险市场需求情况详细分析、比较优劣，选择最合适的保险营销渠道。

## 【考核】

**思考题**

1. 直接营销渠道的利弊分析。

2. 影响保险营销渠道选择的因素。

**课后训练**

保险公司险种开发部开发了一款少儿保险产品，作为该部门的负责人，谈谈应如何选择合适的保险分销渠道，并就选择的分销渠道制定合理策略。

## 任务4-4　保险商品促销策略

## 【案例分析】

### 经典保险广告词

95519，服务到永久——中国人寿客户服务热线

95518，人保服务送到家——中国人保客户服务热线

中国平安，平安中国——平安保险

让每个家庭拥有平安——平安保险

平时注入一滴水，难时拥有太平洋——太平洋保险

诚信天下，稳健一生，追求卓越——太平洋保险

财务稳健，信守一生——美国友邦

人生无价，泰康有情——泰康人寿

盛世中国，四海太平——太平人寿

天地间，安为贵——天安保险

**思考**：哪家保险公司的广告语最吸引你？谈谈你对保险广告的看法。

（一）认识保险促销

保险促销就是保险公司向消费者传递有关本企业及其产品的各种信息，说服或吸引消费者购买其产品，以扩大销售量。保险企业可根据实际情况及市场、产品等因素选择一种或多种促销手段的组合。

（二）保险促销策略

所谓促销策略，就是指将各种促进保险商品销售的手段有效地进行组合和运用，推

动保险商品价值顺利实现的安排。保险促销活动的形式各有利弊，保险营销管理人员的任务，就是将各种策略进行合理搭配、组合和互补形成促销的合力，把以保险商品使用价值为核心的信息传送到目标市场，说服顾客购买保险商品。保险促销手段有多种，如广告促销、公共关系、人员推销等。

1. 广告促销。广告是通过大众媒介向人们传递保险商品和服务信息，并说明其购买的活动。广告是保险促销组合中的一个重要方面，是寻找保险对象的有效手段。保险广告策略的作用：

（1）传递信息、沟通供求。传递信息、沟通供求是广告的基本功能，也是保险广告策略所发挥的重要作用之一。在保险市场上，保险供给者主要是保险公司，保险需求者是指那些需要购买保险的公众。保险公司通过广告及时传递险种信息，使公众知道产品的特点、性能及可能带来的经济利益等，引起消费者的注意力，使公众根据所收到的信息购买所需要的产品或服务。

（2）激发需求、增加销售。保险公司通过具有真实、新颖、生动、形象的广告宣传，可以吸引人们的注意力，使其对某险种产生浓厚的兴趣，进而激发其需求欲望，诱发其购买行为。在这个世界上，人人都面临着人身和财产方面的风险，为使人们的潜在保险需求转化为现实的保险需求，从初级保险需求过渡到高级保险需求，保险广告发挥着极大的作用。

（3）树立声誉、利于竞争。保险公司通过广告宣传，尤其是有特色的险种宣传，可以大大提高保险公司和险种在市场上的知名度和美誉度，有利于创立保险公司的美好形象和特色险种的品牌形象，从而增强保险公司的竞争力。

## 【保险视野】

### 国外保险广告：为什么买保险

**图4-8　保险广告**

"风险无处不在"。此组保险广告生动形象地展示了在日常生活中，我们认为最安全的情况下也是会发生风险的。

2. 公共关系促销。所谓公共关系，是指某个社会组织以公众利益为出发点，通过有效的管理和双向信息沟通，在公众中树立良好的形象和信誉，以赢得组织内外相关公众的理解、信任、支持与合作，为自身事业的发展创造最佳的社会环境，实现组织的最终目标。公共关系对保险营销能够产生积极的作用。保险公司最需要依靠企业的诚信来树立形象，可综合运用新闻报道、公益活动、书刊资料、视听资料、电话等公关工具来开展。此种方式收效缓慢，但效果持续时间长。运用保险公关促销决策的方法有：

（1）确定保险公关的营销目标。

一是提供保险公司的知名度。保险公司充分利用媒体宣传本保险公司的特色和优势，吸引外界对保险公司的注意，从而扩大保险公司的影响力和知名度。

二是树立良好的信誉。保险是一个讲求信用和信誉的行业，保险公司通过媒体宣传，参与各项社会公益活动，达到在公众心目中建立信任的目标。

三是激励保险销售人员、经纪人和代理人。企业的公共关系涉及两个方面：一方面是外部公关，另一方面是内部公关。内部公关的目的是要激励保险销售人员、经纪人和代理人的工作积极性和热情，使他们端正工作态度，积极为保户服务，使企业的形象保持内外一致。

四是降低促销成本。公共关系活动的成本比直接邮寄和商业广告的花费都要低，且不像商业广告活动那样带有浓厚的商业味，易获得公众的理解和信任。

（2）选择保险公关的信息与手段。保险公司在确定公关的营销目标后，还要筛选实现这一目标的有用信息和选择合适的公关手段。通常，保险公司要将有典型意义和代表性的事件、活动与保险的意义相结合，宣传保险的作用或本企业的信誉。

（3）实施公关方案。首先，要取得新闻机构的支持，因为少了新闻媒体，保险公关的影响范围和力度都会大打折扣。其次，应获得保险公司内部员工的支持，因为一次大型的公关活动需要大量的人力、物力，有了内部员工的支持，就会使公关活动得以顺利开展的。

（4）评估公关效果。由于公共关系经常作为促销方式与其他促销方式混合使用，因此很难衡量公关的效果。当作为唯一的促销方式单独使用时，公关的效果是比较容易评估的。评估的方法一般有以下三种：

一是展露次数，主要是统计公共关系宣传通过媒体展露的次数。一般来说，展露次数越多，宣传效果和促销效果越好。

二是评估注意、理解、态度的变化，这是通过调查分析方法了解人们对某种保险产品或保险公司的注意、理解、态度的变化。

三是保险费收入和利润的变化，主要统计实施公共关系后一定时期内，保险费收入和利润的变化情况，将它们与实施前的状况进行对比，从中推断出公共关系的效果。

3. 人员推销。推销是指保险营销员直接与客户接触洽谈并宣传介绍销售保险商品的活动。人员推销是指采用个人之间面对面接触的形式，通过与客户或潜在客户之间的产品信息沟通交流，以达到说服客户购买产品为目的的一种促销手段。人员促销在保险营销组合中起着不可取代的重要作用，通过推销，保险消费者可以直接获得有关保险公司和保险商品的详细信息，营销人员也可以直接了解潜在客户的购买意图和态度。可见，人员推销帮助保险公司与客户之间架起了一座桥梁，有利于双方的沟通。

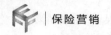 

人员推销的优点：

（1）可以获得更直接的信息。营销人员可以直接面对面地向客户介绍保险条款内容、险种的特性和功能以及保险公司的经营状况等客户想知道的任何信息，并通过当面解答准投保人的疑问而打消他们的种种疑虑，从而激发他们的购买欲望。同时，可以通过与客户的接触直接取得有关信息，以便为核保及承保工作提供第一手资料。因此，从某种意义上讲，营销人员肩负着第一次风险选择的任务。

（2）可以提供人性化、个性化服务。保险这种特殊的服务性商品决定了保险公司的竞争最终体现在服务的竞争上。保险营销人员通过提供咨询、送达保单、代办理赔、代送赔款等人性化的服务帮助投保人排忧解难，传递保险信息。此外，保险公司营销人员还可以通过与客户的有效沟通，能够根据客户的需求和经济实力推荐合适的保险产品或保险产品组合，设计个性化的保险计划书。

（3）可以有效激发购买欲望。保险产品是复杂的金融产品，一般较少有客户会主动花时间去了解、比较保险产品。同时，现有的保险产品的条款太过专业，一般客户难以读懂和理解。保险营销人员要花费一定的时间弄清楚消费者的需求，向其推荐最适合其需求的产品。随着双方的接触与交流，营销人员逐步获得客户的信任，并且根据客户的具体情况做出促销动作。在经过这样的过程之后，客户会较容易地作出购买保险产品的决定。所以，人员销售在唤起购买欲望和激发购买行动上往往比其他促销工具更为有效。

（4）可以进行有亲和力的沟通。保险人员可以通过自己真诚的微笑、亲切的话语、优雅的举止，表现出对投保人的关心与关怀，从而减少广告或其他促销方式给人们造成的距离感，增强促销的效果。

（5）可以建立公司与客户之间的联系通道。保险公司的营销人员通过长期频繁地与客户交往，为客户提供服务，与客户建立了深厚的感情，这样就为公司建立了与客户之间的联络通道。

## 【案例分析】

### 保险销售人员不断改善自己赢得客户欢迎

有一位保险销售人员，在他最初从事这一行业时，每天出去拜访客户，推销各式各样的保险，尽管他很努力，却总是失败。

就这样过了一个多月，他开始反思，自己为什么会一直失败呢，为什么客户都不愿意听自己讲解产品呢……最后他得出结论，自己的保险是没有问题的，那肯定就是自己的一些缺点或销售方式出问题了，导致客户不能接受自己，从而更不能接受自己推销的保险。

为此，这位销售人员在每天失败后，都对今天的推销进行自我反思，找出自己的缺点，并逐一改正。为了避免自己不够客观，他还定期邀请自己的同事和朋友聚会，一起来批评自己，指出自己的缺点，以使自己更快地改正。

第一次聚会时，他把自己的苦恼说给大家听，并讲述了一些自己失败的推销经历。朋友和同事就给他提出了很多意见，如专业性不够强，对于许多保险不够了解，不能从容应对客户的质疑，交流中不够自信，也不够理智，易冲动，做事犹豫不决，不够果断等。

这位保险销售人员听了大家这么多的意见后，顿时觉得自己怎么会有这么多缺点，怪不得客户不愿意接受自己。他把朋友和同事的意见记在了笔记本上，每天提醒自己一定要改掉这些缺点。

后来，他有了自己的第一单生意、第二单生意……

但他依旧坚持着自己的意见聚会，不断改善自己，使越来越多的客户喜欢自己，甚至有人特意找他买保险。现在，他已经成为公司的销售经理，每当有新员工入职时，他都会把自己当年的经历讲给大家听。

分析：从保险销售人员的故事中，我们可以看到销售人员自身甚至比产品更重要。因此，把自己打造成客户喜欢的样子就显得尤为重要。客户喜欢的销售人员各不相同，但是他们肯定都希望销售人员是一个热情、真诚、尊重自己，并且专业的销售人员。销售人员一定要善于反省、提高自己，使自己成为受客户欢迎的销售人员。

4. 营业推广。营业推广是指企业采取各种特殊手段来刺激、鼓励、推动分销渠道销售产品、让公众购买某种产品的促销活动。营业推广的唯一目的就是要刺激销售。保险公司的营业推广分为两类：促销对象是分销渠道成员（例如保险代理人）的营业推广被称为同业推广；促销对象是消费者的营业推广被称为消费者推广。

营业推广被保险公司广泛运用，因为它的促销效果明显。但是营业推广的促销效果通常是短期的，如果不分对象、条件和环境，滥用这种促销手段，会给企业造成不利的影响。所以，在促销组合中，企业常将营业推广所采用的激励手段与广告宣传或与人们推销手段结合使用，以收到更好的促销效果。营业推广实施时有如下策略：

（1）特制广告。特制广告在保险业内俗称保险宣传品，是指利用印有公司名称、标志、地址、电话号码或产品销售信息的日常生活用品来宣传公司或其产品的一种促销方式。与其他大多数促销方式不同的是，特制广告不一定是购买保险才赠送，而往往作为拜访客户时增进感情的一种手段。例如，保险代理人可能会首先通过电话向客户介绍一种养老保险并进行约访，然后在送有关保险宣传资料的同时，会附上一本印有公司名称的挂历，这样便可以很快拉近与客户之间的距离。因为保险公司是大批量制作特制广告物品，所以通常制作成本会很低。

（2）赞助活动。赞助活动是指保险公司对一些社会影响力较大的团体或社会公益活动投入资金，除去获得活动冠名和现场广告发布等回报之外，往往还可以得到一些活动入场券，以此送给客户作为购买保险的一种奖励。赞助活动促销，重要的是要选择好赞助活动项目，该活动项目要能够对保险目标客户产生吸引力，这样的促销效果才好。

（3）赠送保险。在一般产品的营业推广活动中，赠品是指免费或低价提供的物品，作为购买另一个商品的奖励。赠送的保险一般是保险期间较短、保险费不高的险种，如家财险、意外险和一些附加险种。赠送客户的保险虽然保险费不高，但最好是能够与客户自购的保险产品组合配套，赠送附加住院医疗保险，就可以使客户无论是大病还是一般的住院治疗都能得到保险公司的经济补偿，赠送保险是保险代理人常用的促销手段。

（4）整合营销。整合营销就是从客户的角度思考，通过研究他们的需求以及他们愿

为此付出的成本，来进行多角度、全面的广告策略、媒体利用，主动引导客户消费，使企业与客户双方利益最大化。对于保险公司来说，整合营销就是将自身拥有的资源充分的整合，将营销过程清晰化、系统化。

首先，将客户群整合。保险公司对客户群定义越精准，了解越多，就越能有效地接触到客户并向他们传递信息。

其次，将客户需求整合。保险公司要获得长足发展，必须要赢得客户信任，保障客户的切身利益。

最后，将客户价值进行整合。随着保险业务持续高速增长，客户需求复杂程度加大，整合资源、简化系统，从客户角度出发，能实现客户体验最大化的价值。保险市场上，许多成功的产品可以复制，但却很难复制产品背后的根本力量。保险公司应该尽量发挥与产业链相关的协同效应，对客户数据进行分类、挖掘和整合，发现最有价值的客户，综合评估客户的全部风险，并为其提供全面的金融解决方案和质量更高的服务。

（5）产品说明会。产品说明会是指通常由保险公司组织、由保险代理人发出邀请，把客户或准客户集中到一个场所，由公司的专业人员就保险知识、公司情况和保险产品进行专业说明，并辅以其他促销手段，从而实现异议处理，乃至促成签单的一种推广活动。其是近年来被保险公司广泛采用并且取得良好促销效果的营业推广形式。

产品说明会促销优势：

第一，可以消除客户对业务员的不信任感，提高促销成功率。产品说明会可以集合公司的力量，通过专业化的运作，展示公司的实力和专业化，增进公司和客户的信任度，通过专业人员的专业讲解，弥补业务员专业知识的不足，解答客户疑虑，提高促成率。

第二，节省时间成本，提高销售效能。在这种销售形式下，业务员只负责寻找准客户和邀请准客户参加说明会及对说明会会后的跟进动作，而对于销售环节中难度最大的说明和促成，由公司在一个较短的时间里面对几十位甚至更多客户统一进行，效果更好，从而节省了业务员的时间。业务员可以将节省的时间用来拜访更多的客户，提高拜访量。

第三，产品说明会过程中，一般会对应邀参会的客户赠送特制广告物品，另外对现场签单的客户往往也有礼品赠送，因此推广效果明显。

产品说明会运作要领：

一是做好内容规划。针对说明会的目的和客户的层次准备相关的内容。一般可分为理念宣导（如风险的理念、理财的理念），产品的说明（产品的优势等）和公司介绍（加强客户对公司的信赖）等内容。

二是做好会场准备。会场的选择主要考虑来宾交通是否方便和参会人数，做好会场布置，如张贴欢迎标语等。

三是做好物品准备。除了准备教学设备、音响设备之外，还要准备宣传资料（公司介绍资料、产品资料）及鼓励签单用的小奖品等。

四是做好对业务员的发动与组织工作。利用早会或组织特别早会进行专题发动工作，首先从主观上引起业务员的充分重视。要在营销团队中营造说明会的专业性与权威性，让业务员知道通过说明会可以帮助他解决哪些实际问题，让他们觉得能够请自己的客户参加说明会，无论对客户还是自己都是一种荣誉，值得自豪。

产品说明会对扩大销售虽然有一定的促销作用，但是过于频繁地组织产品说明会会造成代理人的依赖心理,降低自我展业能力,同时说明会过于集中,参会的客户往往不是目标客户,会造成促销效果不好,对代理人的心态也会是一种打击。

## 【实训活动】

### 小型产品说明会操作流程

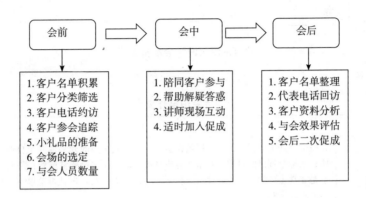

**图4-9　说明会流程图**

（一）会前

1. 客户分类

表4-5　　　　　　　　　　　　　　　　客户分类表

| 客户分类 | 经济条件 | 保险意识 | 影响力 |
| --- | --- | --- | --- |
| A级 | 好 | 强 | 广 |
| B级 | 好 | 一般 | 广 |
| C级 | 一般 | 强 | 一般 |

2. 客户电话约访

大姐,您好!我是××保险公司业务代表××,我们公司今日在本小区对新老客户进行回访,同时想了解一下大家的需求。随着中国经济的大发展,人们的生活品质也会不断提高,我们将针对关于咱们老百姓养老、理财及健康等切身利益的信息做一些通报,并且征集大家的需求来整理我们的服务内容,进一步提高我们的服务品质。到时将会对参会人员发送礼品,我会在活动前再次电话联系您的,好吗?

3. 客户参会追踪（倒计时参会追踪表）

表4-6　　　　　　　　　　　　　　　　客户参会追踪表

| 业务员姓名 | 项目 | 五天 | 四天 | 三天 | 二天 | 一天 | 产品说明会当天 |
| --- | --- | --- | --- | --- | --- | --- | --- |
| | 客户姓名 | | | | | | |
| | 电话约访情况 | | | | | | |
| | 推荐险种 | | | | | | |
| | 预计保费 | | | | | | |

4. 会前准备

图 4 - 10　说明会准备事项

（二）会中

表 4 - 7　　　　　　　　　　　　　　　　　说明会会中操作要点

| 项目 | 操作点 |
|---|---|
| 陪同客户参与 | 在联谊会开始前，营销员要提前在会场门外等候客户的到来，并亲自迎接、招呼客户就座；在整个宣讲的过程中要坐在客户身边，以免让客户感觉尴尬；陪同时的心态和表情也是非常重要的，要始终保持一颗平常心，此次会上客户是否签单不是目的，重点是会后的跟进追踪 |
| 帮助答疑解惑 | 针对讲师的讲授客户有不明白的地方，营销员要及时针对问题作出解答，帮助客户打消疑虑 |
| 讲师现场互动 | 讲师的互动在整个讲授过程中能起到点睛作用，不管与会人员多少，讲师都要照顾到每一个客户的心情，在讲授的同时要不断加入封闭式提问，以便了解客户对内容的掌握，适时对客户做出肢体性语言，进行动作交流，给客户留下真诚合作的美好印象 |
| 适时加入促成 | 讲师授课结束时有统一的促成签单程序，但在讲授的过程中，针对客户提出的问题，分析客户心理，对症下药，以假定的口吻试探客户是否都接受此项计划，并进行适时促成 |

（三）会后

表 4 - 8　　　　　　　　　　　　　　　　　说明会会后操作要点

| 项目 | 操作点 |
|---|---|
| 客户名单整理 | 做好客户资料整理（已签单、未签单、未到场）；做好数据登记（保费、件数、签单率） |
| 代表电话回访 | 营销员之间可以相互交叉进行对对方的客户做电话回访，此电话的目的是借助公司的形象和服务体系，来了解客户对此次联谊会的认同程度，并记录客户的状况，以便对客户进行资料分析 |
| 客户资料分析 | 已签单：整理资料，登记到客户档案中，以便后续追踪使用；未签单：根据营销员本人对客户基本信息的收集和联谊会留下的资料，以及回访电话中收集的信息，请部经理、主管、组训、新人讲师等协助分析客户资料，并确定客户的购买度；依次做出二次促成名单的敲定 |
| 与会效果评估 | 对到场客户来源进行分析，了解营销员的拜访状态；对授课内容和讲师授课方式进行分析、改进；对整个联谊会的操作流程和细节做分析评定，并进行反馈和研讨，以便再次改进后使其操作更加完美 |
| 会后二次促成 | 次日要对联谊会进行总结（业绩点评），大力渲染此次操作的成功之处，让营销员进行典范分享，以此渲染气氛，给后来者更多的信心；会后一周内对所有客户进行回访（代表回访措施）、跟踪、进行活动管理；每天的早会、专属会中要对营销员进行电话约访、拒绝处理、促成的话术训练和通关 |

（四）整个过程必须不断地贯穿客户管理

通过产品说明会，可以达到：

展示公司实力，树立公司形象；

拓展沟通渠道，促进彼此信任；

扩大宣传力度，提升客户观念；

加大促成力度，提高个人业绩；

累积客户资源，养成良好习惯；

提升保单质量，完善客户服务。

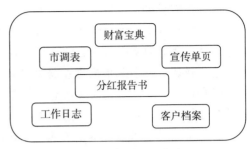

图 4 - 11 客户管理内容

## 【知识小结】

保险促销就是保险公司向消费者传递有关本企业及其产品的各种信息，说服或吸引消费者。保险公司可以通过广告促销、公共关系促销、人员推销、营业推广等手段，把保险商品的信息传送到目标市场，说服顾客购买保险商品。

## 【考核】

**思考题**

1. 简述保险促销的含义和作用。

2. 保险营业推广有哪些形式，应该如何选择。

**课后训练**

学生分组，讨论下列问题：

（1）谈谈第一次接触到保险产品或保险公司时的情景及自己的感受。

（2）回顾自己接触保险以来，认为哪种促销方式能够让客户对保险留下深刻的印象。

讨论完毕后，要求每组推荐一名同学，将本组讨论结果进行评述。各组评述之后由教师总结点评。

# 项目拓展

## 【知识链接】

### 250 定律：不得罪任何一个顾客

美国著名推销员乔·吉拉德在商战中总结出了"250 定律"。他认为每一位顾客的身后，大体上有 250 名亲朋好友。如果你赢得一位顾客的好感，就意味着赢得了 250 个人的好感，反之，如果你得罪了一位顾客，也就意味着得罪了 250 位顾客。由此，我们可以得到启示，必须认真对待每一位顾客，因为每一位顾客的身后都有一个相对稳定、数量不小的顾客群体。

1. 把自己当商品。乔·吉拉德曾说："推销的要点是，你不是在推销商品，而是在推销你自己。"

在销售过程中，有三个重要因素：销售者、购买者和产品。销售者是购买者和产品

的桥梁，没有桥梁，再好的产品也不会有人购买。因此，销售者就显得尤为重要。

在销售过程中，作为销售者大概都会有产品不是最重要的、怎样销售才是最重要的感觉。这是因为购买者只有先接受了销售者，才会接受销售者的产品。

销售强调的一个基本原则：推销产品之前，首先要推销你自己。所谓的推销自己，并非把自己卖出去，而是让购买者相信你，喜欢你，并且愿意接受你的推销，简而言之就是要让你的客户对你产生好感。

2. 让顾客为你寻找顾客。根据"250定律"，每个人身后大概都有250个亲朋好友，那么你只要能抓住一位客户，也就间接地接触到他背后的250个人，从而使他们也成为你的客户。

乔·吉拉德认为销售需要巧借别人的帮助来赢得更多的客户，他有一句名言就是"买过我汽车的顾客都会帮我推销"。

为了让顾客帮助自己寻找顾客，乔·吉拉德还制订了"猎犬计划"——如果顾客介绍别人来买车，并且成交，每辆车会得到25美元的酬劳。

每次在生意成交之后，乔·吉拉德总是把一叠名片和"猎犬计划"的说明书交给顾客。此外，如果乔·吉拉德发现顾客是一位领导人物，那么乔·吉拉德会更加努力地促成交易，并设法让其成为"猎犬计划"中的一员。

实施"猎犬计划"的关键是诚信和坚持，一定要付给顾客25美元。乔·吉拉德有自己的原则：宁可错付50人，也不要漏掉一个该付的人。处理付给顾客的25美元酬劳，乔·吉拉德每年还会给顾客寄一封附有"猎犬计划"的信件，提醒顾客乔·吉拉德的承诺仍然有效。

后来，乔·吉拉德生意的三分之一客户都是由老顾客介绍而来的。

分析：乔·吉拉德用他的"猎犬计划"挖掘了顾客身后的250个人，让人由衷地敬佩。他用25美元的酬劳，让顾客为自己寻找顾客。除此方法外，还有一种方法是让顾客自愿为自己推荐顾客，即产品的好口碑效应。

我们都有过这种经历和感受，一旦买到物美价廉的产品，便会不遗余力地推荐给亲朋好友去购买；反之，如果买到上当受骗的东西，也会向亲朋好友抱怨，并告诫他们千万不要去买，这就是口碑效应。

产品有了好口碑，顾客自己都会找上门。这也是商家注重口碑的原因，产品的口碑好，甚至不用宣传也会在消费者中口口相传，从而获得更多的顾客。

3. 真正的销售始于售后。乔·吉拉德有一句名言"我相信推销活动真正的开始在成交之后，而不是之前"。

销售是一个连续的过程，成交不仅不是本次推销活动的结束，而且还是下次推销活动的开始。推销员在成交之后继续关心顾客，既能赢得老顾客，又能吸引新顾客。

现在市场上功能相似、质量相近的产品越来越多，售后服务也已经成为增加产品附加值的一种竞争手段。对于消费者来说，良好的售后服务可以让他们放心地购买产品，即使这类产品的价格高于同类产品，为了能免去购买后的一些麻烦，得到更多的保障，消费者仍然愿意购买售后服务好的产品。

售后服务作为产品形象和企业形象在产品售出后的延伸，越来越成为企业的竞争力。如果消费者能得到良好的售后服务，就会增加对产品、企业的信任和好感，变成产品的回头客，这种好感还会延伸到消费者对品牌名下的其他产品。此外，良好的售后服务也会提升品牌的口碑，从而吸引更多的顾客。

## 【专业词汇中英对照】

核心产品　core product　形式产品　form product　延伸产品　augmented product
保险费率　premium rate　营销渠道　marketing channel　广告促销　advertising promotion
公共关系　public relations(PR)　人员推销　personal selling　营业推广　sales promotion

## 项目测试题

### 【实训活动】

实训题目：模拟产品说明会。

学生分组，每个小组成员分别担任筹划、礼仪、讲师、主持和后勤等工作，工作分工如下：

筹划：产品说明会会前、会中、会后的流程制定，督促本组成员按时完成相关任务并进行会后评估。

礼仪：迎宾、签到、颁奖等。

讲师：产品 PPT 制作和讲解演示。

主持：主持产品说明会。

后勤：会场布置、播放会场音乐、设备管理、礼品购买。

教师可以指定某个具体产品，也可以由每个小组自由选择，针对产品说明会的整体气氛和各个成员完成任务的效果给出点评。

实战训练：

1. 项目任务：为模拟保险公司制定产品策略、价格策略、渠道策略和促销策略。

2. 步骤及要求：

（1）明确组内分工；

（2）了解产品策略、价格策略、渠道策略和促销策略制定的程序和方法；

（3）小组内讨论分析的基础上进行调研、策划、整合思路；

（4）归纳总结；

（5）每个团队提交一份模拟保险公司产品策略、价格策略、渠道策略和促销策略分析报告（2000 字以上）。

3. 评价：

（1）小组长评价组员；

（2）小组间互评；

（3）教师评价和打分。

# 项目5
# 建立保险客户关系

## 【学习目标】

了解准客户开拓的方法和技能；明确保险营销员开拓和建立客户关系的流程；掌握开拓准客户并进行评估管理的基本技能；能依照拜访计划对准客户进行初步接触。具备约访客户的话术；具备处理客户异议的能力。

## 【项目导入】

## 【知识结构图】

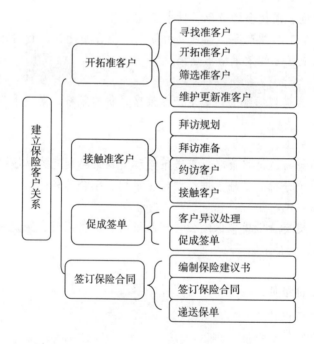

## 【导入案例】

小李是已经经过某保险公司比较系统的培训、刚上岗的保险销售员，在销售主任的指导下罗列了100个客户名单，经过评分和一系列的信息资料分析后，选取其中一部分客户名单作为第一次拜访对象。小李打电话给自己的好朋友小白进行电话约访。小李告诉小白，自己现在现在保险公司上班了，如果小白有保险需求时就找她。意犹未尽的小李在电话里就开始推销起保险来，她在电话里谈保险的功能、利益等，表现出非常希望小白能买保险的意愿。电话打了半个小时，可最后小白找借口拒绝了与小李见面，这使小李心理上感觉很受挫折。吸取教训后，小李决定剩下的几个客户不进行电话约访而直接拜访。小李非常勤奋地从上午开始拜访，一直到傍晚，总共拜访了8个客户，最后却只与一个客户坐下来面谈。

　　思考：1. 小李电话约访为什么失败了？为什么小李拜访成功率那么低？
　　　　　2. 保险销售流程包括哪些环节？

## 任务5-1　开拓准客户

【案例分析】

### 随时随地寻找客户

　　有一天，原一平到一家百货公司买东西。任何人在买东西的时候心里总会有预算，然后在这个预算之内货比三家，寻找物美价廉的东西。忽然间，原一平听到旁边有人问女售货员：

　　"这个多少钱？"

　　说来真巧，问话的人要买的东西与原一平要买的东西一模一样。

　　女售货员很有礼貌地回答："这个要7万日元。"

　　"好，我要了，你给我包起来"。

　　想来真气人，购买同一样东西，别人可以眼也不眨一下就买了下来，而原一平却得为了价钱而左右思量。原一平有条敏感的神经，他顿时对这个人产生了极大的好奇心，决心追踪这位爽快的"大方先生"。

　　"大方先生"继续在百货公司里悠闲地逛了一圈，他看了看手表后，打算离开。那是一只名贵的手表。

　　"追上去"。原一平对自己说。

　　那位先生走出百货公司门口，穿过行人如织的马路，走进了一幢办公大楼。大楼的管理员殷勤地向他鞠躬。果然不错，是个大人物，原一平缓缓地吐了一口气。眼看他走进了电梯，原一平问管理员：

　　"你好，请问刚刚走进电梯的那位先生是……"

　　"你是什么人？"

　　"是这样的，刚才在百货公司我掉了钱包，他好心地捡起给我，却不肯告诉我大名，我想写封信给他表示感谢，所以冒昧地向你请教"。

　　"哦，原来如此，他是某某公司的总经理"。

　　原一平第二天就来拜访这位总经理，经过几次沟通，总经理不但为自己和家人买了

份保险，同时把原一平推销介绍给公司的员工。

公司员工见原一平是总经理介绍的，都纷纷买了保险。

"永远不要停下搜寻客户的脚步，客户资源是取之不尽、用之不竭的。只要你善于开发，每一个人都可能成为你的客户"。一个优秀的销售人员要懂得随时随地寻找潜在客户。销售没有限制地点，只要有机会，都可以找到你要找的准客户。

**思考：** 保险营销人员开拓准客户需要具备哪些素养？

## 【工作任务】

小张作为一名刚毕业的大学生，为了更好锻炼自己，选择从事保险销售工作，他认为，做销售工作虽然会很辛苦，但是能接触到更多的人，帮助自己更快地成长，经过岗前培训，顺利入职。当他信心满满想开展工作时，却发现在这个城市除了同学没有其他资源可以利用，而同学也都是刚刚毕业，经济状况并不好。从小张目前的情况出发，如何开拓准客户？

**图5-1 开拓客户的步骤**

（一）寻找准客户

在茫茫人海中，销售员要随时随地寻找自己需要的人，把潜在客户变成自己的准客户，这样才能在销售中无往不利。寻找潜在客户是销售的第一步，如果不知道谁是潜在客户，那么营销员的销售工作便没有了方向。签单拿单有两难——找客户难，成交更难！然而找不到准客户，成交就会难上加难。所以，签单拿单的第一步就是寻找到准客户。没有准客户，一切都是空谈。事实上，很多时候，销售失败并不是因为营销人员谈判不成功，而是因为他没有找准客户。那么如何从人海中找到并迅速判断出自己需要的人呢？作为一名营销人员，在茫茫人海中找到客户是需要一定的技巧的。

1. 准客户。准客户是指既有购买所推销的商品或服务的欲望，又有支付能力的个人或组织。

寻找潜在客户，营销业务员首先必须根据自己所推销的产品特征，提出一些可能成为潜在客户的基本条件，再根据潜在客户的基本条件，通过各种可能的线索和渠道，拟出一份准客户的名单，采取科学适当的方法进行客户资格审查，确定入选的合格准客户，并作出客户分类，建立客户档案，妥善保管。

2. 准客户的类型。在营销活动中，一般可将准客户分为以下三种类型：

（1）新开发的准客户。营销人员必须经常不断地寻找新的准客户。一般来讲，开发的准客户数量越多，完成营销任务的概率就越大。根据公式（掌握的准客户数量/推销区域内的客户数量×100%），就可以知道自己所掌握的潜在客户数量在营销区所占的比例。营销人员手上的准客户不论是属于哪种类型的企业、组织和个人，都有可能成为自己的新客户，所以平时要在这些新开发的准客户身上多下工夫。

（2）现有客户。无论哪一种类型的企业，一般均有数百甚至上千现有小客户，营销人员应该时常关注并联络这些客户。利用这些既有的老客户，可实现企业一半以上产品的销售目标。对保险行业来说，在这些老客户中，有一些客户由于业务量小而被保险公司业务员忽视了，故营销人员应该多拜访这些客户，调查客户过去购买的保险产品、客户对已买保险产品及售后服务的满意状况、新的成交机会等。一旦发现问题，就要设法解决，尽量捕捉新产品销售的机会。一般来说，现有客户是新产品最好的潜在客户。

（3）中止往来的老客户。以往的客户由于种种原因没有继续购买本企业产品，但仍是营销人员重要的潜在顾客。事实上，许多老客户都在期待营销人员的再度拜访，营销人员必须鼓起勇气再次拜访他们，并从中探究他们不再购买本公司产品的真正原因，制定满足他们需求的对策。

3. 合格的准客户需要具备的条件。准客户至少应该具备以下三个条件，即准客户应该是——一个"人"（MAN）。

（1）M——钱（MONEY）。这是最为重要的一点。营销人员在寻求准客户时要考察客户的经济实力，能够负担起保险营销人员所销售或建议的险种的保费支出。如果潜在客户经济条件有限，无力支付保费，终究也无法成为营销人员的客户。如果只是暂时由于资金周转等因素而不具备短期经济条件，可将其列入长期的客户开发名单加以关注。

（2）A——权利（AUTHORITY）。准客户是否拥有投保决策权是一个很重要的条件。很多推销员最后未能成交的原因就是找错了人，找了一个没有购买决定权的人，浪费了很多时间。因此，保险营销人员必须注意观察谁拥有最终的决策权。

（3）N——需求（NEED）。当你推销的对象，处理购买能力和决定权之外还要看他有没有真实的需求。保险营销员必须明确客户的需求，不论是自身利益的需求、家庭利益的需求，还是企业的需求，客户必须要有相应的保险需求，保险需求可能是显性的，也可能是隐性的，保险营销人员要促使准客户对自身的保险需求产生认同感，只有这样才可能促成其购买行为。

合格的准保户至少需要具备以上三个条件，除此之外，还需要具备责任感、易于接近、有投资理财欲望、符合投保资格等。

（二）开拓准客户

客户订单是否接连不断，关系着公司运营的成败，同样，销售人员能否有绵延不绝的准客户来源，严重影响其个人业绩的好坏。所以，选择合适的方法至关重要，恰当地选择推销方向，减少推销的盲目性，可以达到事半功倍的效果。开拓准客户是保险营销人员走向成功的起点，是提高业绩的第一步。开拓准客户的方法如图 5 - 2 所示。

1. 缘故法。缘故法就是选择自己的亲朋好友作为客户，包括：亲戚、邻居、同学、校友、老师、以前的同事、保户等。缘故法营销的技巧就是充分利用人际关系来推销自己的保险产品，这类客户往往容易接近，容易营销，所以新伙伴在刚刚加入保险公司时，采用这

**图 5 - 2　开拓准客户的方法**

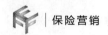

种"缘故法"的营销技巧十分有效，极易成功，以此来增强加入公司的坚强信心，也是打开保险之门的第一把"金钥匙"，尤其在寿险营销中运用广泛。但是面对缘故法开拓的客户，不能进行强迫推销，且要设计一份最合适的保单，并坚持提供最专业的服务。

2. 转介绍法。转介绍法是请现有保户介绍他认为有可能购买产品的潜在保户，且介绍内容一般为提供名单及简单情况，介绍方法有口头介绍、电话介绍和名片介绍等。转介绍也是营销中被大家认为最省时省力、成本最低却最有效的一种快速建立潜在客户信任的营销方法。但是在运用转介绍法时，前提必须是这个老客户对企业、对个人都非常地认可和信任，并认可该公司的产品。

3. 陌生拜访法。陌生拜访法即直接向不认识的人介绍和推销保险，是最基本的寻找和发现准客户的方法。但是运用此方法时必须以专业形象出现在准客户的面前，要准备一个吸引人的开场白，并能正确对待拒绝。

4. 个人观察法。通过与人聊天、打电话、吃饭、旅游等，根据对周围环境的直接观察和判断去发现准客户。在个人观察时，要扩大视野，跳出原有的推销范围。

5. 查阅资料法。可以通过工商日志名录、报刊杂志、企业广告和公告等各种信息资料来寻找准客户。但是在整理查阅的资料时，一定要注意信息的准确性。

6. 咨询调查法。利用事先印刷的并带有保险公司标志的调查表在街头、厂矿、办公楼、居民区等进行随机调查。进行调查时，要具有专业性、调查对象要保证层次丰富、咨询问题要全面。

7. 互联网。可以通过建立个人网站，或利用公众聊天室、群发邮件等方式进行，并要及时回复有咨询意向的人士，同时从专业的角度为其解答问题。

8. 产品说明会（或新产品推介会、客户答谢会）。可以借助公司新产品推出或新信息发布会，邀请准客户参加，通过专业讲师讲授，动员到场客户购买。此种方式的运用，可以激发客户购买欲望，但要注意不能过于频繁地邀请同一客户。

（三）筛选准客户

名单收集好之后，要按准客户的轮廓和要求筛选出可能购买的客户，记录在准客户卡上，并罗列出将要约访的名单，做好约访计划。一般说来，客户可分为明显的购买意图并且具备购买能力、一定程度的购买可能、对是否会购买尚有疑问这三类。挑选出重点推销对象，会使销售活动效果明显增强。

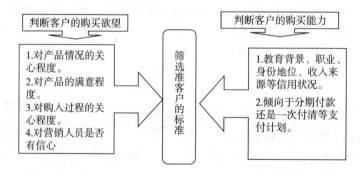

**图 5－3　筛选准客户的标准**

方法一：利用个人的观察筛选准客户

想象一下你生活中典型的一天。早上出门，你可能会向邻居打声招呼，或在一天中的某个时间遇到你认识的人并进行亲切的闲聊，机会就是你与所遇到的每一个人寒暄致意：

——"嗨，你好吗？生意好吗？家人好吗？"（分析准客户有何需求？）

——"你现在是在上白班还是夜班？"（什么时候可以接近或拜访准客户？）

——"新的工作进行的如何？"（准客户财务状况如何？）

方法二：四点评分法

表 5 – 1                    四点评分法

| 问题 | 答案 |
| --- | --- |
| 1. 你认为所说的这个人年收入足以负担此保险费吗？（你的营业部经理客户协助你得出适合你的地区经济情况的是收入数字） | 是否 |
| 2. 准客户有家眷吗？（配偶、子女、受抚养亲属） | 是否 |
| 3. 你知道准客户的情况最近有（即将有）变化，显示有人寿保险的需求吗？（结婚、升迁等） | 是否 |
| 4. 你对准客户很熟悉而几乎能以任何理由接近他/她吗？ | 是否 |

将你的每个客户依照四点评分法做评分。评分结果得到"四点"表示比三点、两点或一点的客户更有可能购买保险，应该尽早拜访。不过要记住，初步的评分并非表示你应该放弃评分低于四点甚至无点的准客户。今天是小买主明天也许就是四点准客户。也许是你还缺少评定这样的准客户所需要的资料，当你对他们了解得更多时，可能性就变得高了。四点评分法只是提供你决定"最热门"准客户的方法，利于立即采取行动，而不应该取代你自己的有效判断。

**（四）维护更新准客户**

准客户资料要不断增加和更新，不断扩大准客户的数量和提高准客户的质量才能适应不断变化的市场需求。

技巧一：建立准客户资料卡，丰富自己的客户资料数据库。准客户资料是保险营销人员制订拜访计划的重要依据。因为不同准客户的收入、年龄、职业、教育背景、兴趣爱好、性格特点等均不同，所以营销员应采取不同的营销策略。熟悉客户资料，对保险营销的成功至关重要。所以，营销人员应针对每一位准客户制作一张准客户资料卡，并将它们归档整理。

表 5 – 2              准客户资料卡（个人）        （正面）

| 编号 | | 建卡日期 | | 备注 |
| --- | --- | --- | --- | --- |
| 姓名 | | 住址 | | |
| 性别 | | 电话 | | |
| 出生日期 | | 单位 | | |
| 籍贯 | | 月收入 | | |
| 学历 | | 职务 | | |
| 毕业院校 | | 性格 | | |
| 健康状况 | | 爱好 | | |

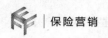 

续表

| 访问记录 | |
|---|---|
| 初访记录 | 再访记录 |
| 日期 | 日期 |
| 地点 | 地点 |
| 内容 | 内容 |

**表 5 – 3**　　　　　　　　**准客户资料卡（个人）**　　　　（背面）

编号：　　　　　家庭表：　　　　　　建卡日期：　　　　　类别：

| 姓名 | 出生日期 | 关系 | 月收入 | 联系电话 | 备注 |
|---|---|---|---|---|---|
|  |  |  |  |  |  |
|  |  |  |  |  |  |
|  |  |  |  |  |  |

**表 5 – 4**　　　　　　　　**准客户资料卡（组织）**　　　　（正面）

编号：　　　　　　页次：

| 组织名称 | | | | 备注 | |
|---|---|---|---|---|---|
| 客户地址 | | | | | |
| 联系方式 | | | | | |
| 负责人信息 | | | | | |
| 主要经营项目 | | | | | |
| 主要联络人 | | | | | |
| 估计资本额 | | | | | |
| 估计营业额 | | | | | |
| 年度 | 年 | 年 | 年 | 年 | 年 | 年 |
| 营业额 | | | | | | |

**表 5 – 5**　　　　　　　　**准客户资料卡（组织）**　　　　（背面）

购买保险情况

| 初访记录 |
|---|
| 再访记录 |

資料来源：邓华丽. 保险营销［M］. 北京：中国人民大学出版社，2012.

　　此外，还可以学会借助 CRM 软件来辅助建立自己的客户资料数据库，通过资料卡来记录客户的每一个细节，因为这些细节是维护客户很好的参考。在欧美，99% 的业务员会通过 CRM 工具，来建立和管理客户数据，无论在电脑上还是手机上，用文字、图片抑或文档，都可以详细地记录客户资料和联系情况。

　　技巧二：做好客户分类。客户分类方式最常用的有两种：一是根据销售漏斗区分出来的客户状态分类，比如：潜在客户、目标客户、准客户、成交客户、忠诚客户。二是根据客户价值区分，比如：交易额度小、次数少的普通客户，按照价值贡献依此类推，之上再设立白银客户、黄金客户、钻石客户，而那些价值贡献低，服务输出过高的客户，则可以判定为垃圾客户。对于这种客户需要减少资源配比和时间投入，必要的话甚至可以清除。

分类的目的是为了梳理出贡献度高的客户。客户价值的高低直接决定了我们要在他们身上所花费的时间和投入的各种有形无形成本，详细的分组能让你用有限的时间来创造无限的价值。比如对潜在客户可以适当并且有规律地隔一段时间电话问候，意向客户要上门拜访、并带上公司的小礼品，关键时机的宴请等，已成交客户定时发送节假日祝福等。这样有区别地维护客户，才能达到最好的效果。

技巧三：善于分配时间。客户维护中一个非常重要的技巧就是要善于分配时间，每人每天固定时间那么多，为什么有人行之有效而有人却碌碌无为？关键就在于时间的运用。时间的分配可以参照二八理论，比如 20% 的时间用来维护老客户，80% 的时间用来找寻和维护新客户；抓住 20% 最有价值的客户，能给企业带来 80% 的利润；花 20% 的时间用来跟进潜在客户，80% 的时间用来跟进意向客户；同客户面谈时，20% 的时间聊产品及服务，80% 的时间聊家常或时事。好的时间分配，能让你在开拓客户时游刃有余。

技巧四：定时总结分析。很多人认为销售就是每天在做同样的事情，一般这样想的人都无法有大的进步。想要做出业绩，一定要养成定时总结分析的好习惯，比如总结客户为什么会流失？最近成交的客户是否有共同点？客户维护过程中有哪些没做到位的地方？特别是对于失败的客户维护，要多问几个为什么。维护过程中的定时总结，避免重复错误，找到成功捷径，自身综合素质也能得到质的飞跃。

技巧五：做好售后维护。良好的客户售后维护，除了会让客户感受到"增值"外，还能促进你们之间的关系，让客户感觉你是朋友而不是业务员，才能有更高的认同感及忠诚度。维护已成交客户时，业务员或者客服应随时了解客户对产品及售后的评价，询问有无新的需求，以便发现新商机来促成转介绍或者二次成交。

技巧六：细节决定成败。客户维护过程中一定要追求双赢，为客户着想比较容易赢得客户的认同。尊重客户、心怀感谢、信守原则、适当地让步等细节，让你脱离"进攻者"的角色。在沟通过程中注重细节，你会得到意想不到的效果。

技巧七：不要停止联系。定期长久的问候和祝福才能让客户感觉到你是真正关心他，而不是做做样子。在不骚扰到客户的前提下，尽量多联系已成交客户，一般在下面三种情况下，需要维护客户，比如，节假日，可通过短信或电话及时问候客户；客户生日时送上祝福，可能的情况下还可以预备好生日礼物；产品有变动，或者有新的市场活动时，要及时通知客户。

## 【知识链接】

### 如何通过电话拜访找到关键负责人

在营销领域，一些经验丰富的营销人员懂得通过各种途径获取决策者的信息。例如，如果营销人员手里没有客户的名称，那么可以通过总机人员、秘书或者其他相关部门人员间接地打听到决策者的信息。

营销员："您好，请问张主任在不在？"

对方："张主任，哪个张主任？"

营销员："办公室张主任啊，请问他在吗？"

对方："这里是财务部，不是办公室。"

营销员："不好意思，可能总机转错了，请问办公室电话是多少？"

对方："你打××××吧。"

营销员："谢谢您，那麻烦问一下，您知道办公室张主任今天来了吗？"

客户："办公室没有张主任啊，办公室主任是马××。"

营销员："可能我搞错了，谢谢您，祝你工作愉快，再见。"

## 【知识小结】

开拓准客户是一个系统性的工作，需要借助各种方法找寻准客户、开拓准客户，同时要建立客户数据库，通过不断筛选准客户、维护更新准客户资料，实现最终的准客户开拓。

## 【考核】

### 思考题

1. 合格的准客户需要具备哪些条件？

2. 陌生拜访的注意事项有哪些？

### 课后训练

有一天，工作极不顺利，到了黄昏时刻依然一无所获，原一平像一只斗败的公鸡走回家去，在回家途中，要经过一个坟场。在坟场的入口处，原一平看到几位穿着丧服的人走出来，原一平突然心血来潮，想到坟场里去走走，看看有什么收获。

这时正是夕阳西下，斜斜的阳光有点"夕阳无限好，只是近黄昏"的味道。原一平走到一座新坟前，墓碑上还燃烧着几支香，插着几束鲜花。说不定就是刚才在门口遇到的那批人祭拜时用的。

原一平恭谨地朝着墓碑行礼致敬，然后很自然地望着墓碑上的字——某某之墓。

那一瞬间，原一平像发现新大陆似的，所有沮丧一扫而光，取而代之的是一股跃跃欲试的工作热忱。

他赶在天黑之前，走到管理这片墓地的寺庙。

"请问有人在吗？"

"来啦，来啦！有何贵干？"

"有一座某某的坟墓，你知道吗？"

"当然知道，他生前可是一位名人呀！"

"你说得对极了，在他生前，我们有来往，只是不知道他的家眷目前住在哪里呢？"

"你稍等一下，我帮你查。"

"谢谢你，麻烦你了。"

"有了，有了，就在这里。"

原一平记下了某某家的地址。

走出寺庙，原一平又恢复了旺盛的斗志。

优秀的业务员会及时把握机会，绝不让机会白白溜走。

任务：分析原一平能成功开拓准客户的原因。

学生分组讨论，每组推选一名学生回答问题，教师总结。

## 任务 5 - 2　接触准客户

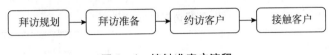

**图 5 - 4　接触准客户流程**

**(一) 拜访规划**

"凡事预则立，不预则废"，保险销售的第一个步骤是计划，这是拜访流程中非常关键的一步。盲目的销售拜访是不能保证取得销售结果的，只有经过周密的规划，才能获得拜访的成功。拜访规划能够有效减少拜访的盲目性，提高拜访效率，使拜访达到我们期望的结果。

拜访规划需要做五项工作：第一项是客户分析，分析客户的购买动机、预测客户可能的需求，并明确我们的特点和优势。第二项是拜访目标，拜访目标描述了我们期望实现的结果，我们需要设计结果目标和支持结果目标实现的过程目标。第三项是问题设计，问题设计帮助我们确认要了解的信息和如何引导客户思考。第四项是沟通策略，沟通策略进一步细化我们实现目标的手段，预测实现目标的障碍，并给出实现目标后的具体结果，也就是客户承诺。最后是预测意外情况，并做好应对准备。

设立目标会使拜访规划更有方向性，具体的计划需要贯穿整个拜访规划的始终，设立目标之后，就要根据自己的各项工作制订工作计划。计划可以分为日计划、周计划、月计划、年计划。

1. 日计划。日计划的主要工具是确定要拜访的客户及拜访的内容，因此，日工作计划更严格地说应该是拜访的准备。应该在前一天对要拜访的客户做一些资料上的充分而翔实的准备，从自己的资料库尽量把能找到的与目标客户有关的资料都找出来，包括客户的姓名、年龄、职业、教育水平、家庭地址、单位地址等，还要有针对性地对某一个访问或会谈的客户设计好相关问题，同时安排好行程。

**表 5 - 6　　每日拜访工作计划表**

| 时间\内容 | 一类内容 | 二类内容 | 三类内容 | 备注 |
|---|---|---|---|---|
| 早晨 | 早训练<br>自我激励 | 仪容仪表检查 | | |
| 上午 | 重点拜访的准客户（姓名、地址、电话、时间等信息情况） | 重点复访的准客户 | | |
| 下午 | 其次拜访的准客户（姓名、地址、电话、时间等信息情况） | 其次复访的准客户 | 私事或其他 | |
| 晚上 | 总结经验<br>制订次日计划 | 和同事交流心得 | 放松自己 | |

资料来源：邓华丽. 保险营销 [M]. 北京：中国人民大学出版社，2012.

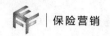
2. 周计划。周工作计划一般是应该什么时间去拜访，如何去拜访的工作。每周工作日 5 天，如何分配工作时间和外勤工作次数。一般来说，保险营销人员至少应该保证每周工作 40 个小时，30 次访问，发展 5 个较有希望的准客户，有 1 - 2 个促成签单。

表 5 - 7　　　　　　　　　　　　　　一周拜访工作计划表

| 项目　　　时间 | 周一 | 周二 | 周三 | 周四 | 周五 |
|---|---|---|---|---|---|
| 陌生拜访数 | | | | | |
| 原保户拜访数 | | | | | |
| 复访数 | | | | | |
| 发掘准保户数 | | | | | |
| 完成金额 | | | | | |
| 佣金收入 | | | | | |
| 备注 | | | | | |

资料来源：邓华丽. 保险营销［M］. 北京：中国人民大学出版社，2012.

3. 月计划。月工作计划很大程度上取决于对上月工作的总结和分析，因此，月工作计划更应侧重于对当月的计划执行情况进行总结和分析，把当月的拜访量、拜访人群、成交数、成交险种、成交保额和保费、签单客户人群等做一个分类统计，从中找出较易拜访和签单的人群、容易推销的险种、容易推销的保额幅度等，用于指导自己未来的工作。

表 5 - 8　　　　　　　　　　　　　　月拜访工作计划表

| 内容　　　时段 | 上旬 | 中旬 | 下旬 | 备注 |
|---|---|---|---|---|
| 预定拜访人数 | | | | |
| 预定签约人数 | | | | |
| 预定成交金额 | | | | |
| 成交的险种 | | | | |

资料来源：邓华丽. 保险营销［M］. 北京：中国人民大学出版社，2012.

4. 年计划：年计划的完成，依赖每月工作计划及其完成的程度。因此，只要我们有了每月工作计划，并彻底地执行工作计划，便不难完成年度总计划目标。并且每个季度要进行及时总结，年底才能对自己一年的营销成果了如指掌，以便制订下一年的每月、每周、每日的拜访工作计划。

表 5 - 9　　　　　　　　　　　　　　年工作计划总结表

| 内容　　　时段 | 第一季度 | 第二季度 | 第三季度 | 第四季度 |
|---|---|---|---|---|
| 拜访人数 | | | | |
| 签约人数 | | | | |
| 成交金额 | | | | |
| 成交的险种 | | | | |

（二）拜访准备

1. 提前与客户约好拜访时间——预约准备。拜访客户前，一定要提前与客户约好拜访时间，如果没有与客户约好拜访时间，就直接登门拜访，那是对客户的一种不尊重和非常鲁莽的一种行为，并使得客户对拜访者没有信任感，从而有可能导致商业合作就此中断。

拜访客户的时间也很有讲究。一般来说，上午 9 点到 9 点半、下午 2 点到 3 点之间是非常适合拜访客户的时间。在这个时间段拜访客户，一方面客户正好处于上班时期，双方精力都很充沛，精神状态也不错；另一方面，双方都有充足的时间来进行深入的沟通和交流，如果谈到兴致浓时，双方还可以约好一起吃午餐或晚餐，继续深入沟通。其他时间段拜访客户，则需要看拜访对象是谁，预计拜访时间要多长，然后才能做好相应的安排。比如说，如果客户时间方便，我们可以在上午 10 点半到 11 点或者是下午 3 点半到 4 点半之间去拜访客户，然后谈论一个多小时，就可以直接约好一起出去吃饭。原则上，不赞同上午或下午刚上班时间就去拜访客户，因为这种时候，往往是客户处理杂事、安排工作的时候，客户会非常忙，其重心和关注度也不在这次合作上。

2. 打造良好的第一印象——形象准备。"人不可貌相"是用来告诫人的话，而"第一印象的好坏 90% 取决于仪表"。也就是说，服装不能造就完人，但是初次见面给人的第一印象，90% 产生于外在形象。礼节、仪表、谈吐、举止是人与人相处的好坏印象的来源，营销人员必须多在这方面下工夫。

成功的拜访形象可以在成功之路上助你一臂之力。登门拜访顾客尤其是第一次拜访顾客，相互之间难免存在一点儿戒心，不容易放松心情，因此营销人员要特别重视留给别人的第一印象。为了显示对客户的尊重，营销人员就要选择合适的服装，通过良好的个人形象向顾客展示品牌形象和企业形象。

## 【知识链接】

### 保险推销大王自述营销秘诀之注意礼节

［日］齐藤竹之助

1. 初次见面时的印象来自服装。营销人员经常与素不相识的人接触，保持服装整洁是必要的。装束大方、整洁、漂亮的服装自然而然地会让自己的心情很舒畅，同时内心也会充满自信感。穿服装要讲究 T、P、O，即根据时间、地点、场合来选择相应的服装，这是很有必要的。

所谓美观大方的修饰，并非是指一定要穿当前流行的最新式的上等西装，而是指那种讲究选择与其人格、体形相称的服装修饰的态度。对于推销员来说，服装是很重要的销售工具。

美国人就是这样，随时根据 T、P、O 来变换服装。这样做只能让人说一个字——美。服装的式样得体，甚至能使人感到体格之优美。

2. 与人见面之前应注意的事情。头发的修整也非常重要。有人这样说过："十岁时每月理一次发；二十岁时每月两次；三十岁时每月三次；四十岁时每月四次。随着年龄的增长，理发的次数也要增多，理发是很重要的。"这就是说，越接近人生之成熟期，

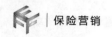 

越要注意自己的修饰。对于推销员来说，也是如此。头发的样式既是宣传塔，又是广告。

总之，年轻的推销员们，应该身穿既不过分华丽也不十分潇洒的服装。看到你那气宇轩昂的英姿，任何人都会产生好感，不由自主地就想说："请进！"

3. 提前了解客户的相关信息——洽谈资料的准备。"知己知彼，百战不殆"。作为营销员，除了要把公司和产品介绍熟记于心外，还要努力搜集顾客资料，并把所得到的信息加以整理，装入大脑。例如对方的性格、教育背景、生活水准、兴趣爱好、社交范围、习惯爱好、他好朋友的姓名等都要了解。还要了解对方目前得意或苦恼的事情，如乔迁新居、结婚、喜得贵子、子女考大学，或者工作紧张、经济紧张、充满压力、失眠、身体欠佳等。总之，了解得越多，就越容易确定一种最佳的方式来与顾客谈话。

新人最常见的失误就是"满腔热血、头脑发昏"地拜访客户，对客户的相关信息一无所知，自认为自己有激情和感觉，就能赢得客户的信任和尊重，达成合作的意愿。事实上，这是一种幻想。

4. 提前准备好拜访资料——常规用品的准备。"工欲善其事，必先利其器"。营销前的准备、计划工作，绝不可轻视，有备而来才能胜券在握。一位优秀的营销人员除了具备锲而不舍的精神之外，一套完整的销售工具也是绝对不可缺少的战斗武器。平时对与公司产品有关的资料、说明书、广告等，均必须努力研讨、熟记，同时要搜集竞争对手的广告、宣传资料、说明书等，加以研究、分析，以便真正做到知己知彼。此外，拜访者必须提前准备好相关的拜访资料：产品说明书、企业宣传资料、个人名片、笔记本电脑（演示 PPT 和软件操作所用，需配备无线网卡）、计算器、笔和笔记本（公司统一发放，软皮笔记本，显得大气和规范化，用于记录客户提出的问题和建议）、价格表、小礼品，只有准备齐全，才能到客户那里从容应对，赢得客户的信任。如果有必要，还需要带上公司的合同文本、产品报价单等。其中，包括公司提供的产品类型、单价、总价、优惠价、付款方式、合作细则、服务约定、特殊要求，等等。调查表明，销售人员在拜访顾客时，利用销售工具，可以降低 50% 的劳动成本，提高 10% 的成功率，提高 100% 的销售质量。

## 【知识链接】

### 保险推销大王自述营销秘诀之推销员的礼节

[日] 齐藤竹之助

1. 拜访礼节。对于通过拜访别人进行商务活动的人来说，注意礼节是非常重要的。首先，在进行推销访问时，如果对方有电话，一定要预先将访问日期、时间等通过电话进行联系，初次见面时尤其应该如此。对约定好的时间一定要严格遵守。遵守时间是一项要点，坚持比约定时间提前五分钟到达对方门口。这样经过两三次拜访之后，对方也就注意遵守时间了。另外，在拜访顾客时，要不断留神观察对方的表情。从对方接电话时的语调上，或是根据对方工作的紧张状况等判断出对方似乎很忙时，应立刻适当地表达"看到您工作很忙，今天就不打搅了。"再说："改日再登门拜访"，最后告辞。其次是行动。那种办事拖拖拉拉的态度是坚决要不得的，无论遇到什么问题，都应干脆利落地处理。"真行啊!"要使对方翘起拇指,对你的做法表示钦佩,这是很重要的。再没有比办事缓慢、踌躇的推销员更不能得到人们的信赖的了,而且平时要注意经常面带笑容,以明快爽朗的表情与人进行接触。有位经验丰富的老推销员,每天都对照镜子观察自己的表情,努力使自己做到在任何场合脸上都保持有笑容。

2. 名片是最方便、最常用的销售工具。对于推销员和企业家来说,名片是非常必要的工具。名片甚至被认为能显示使用者的品格。掏出洁白的名片来,"我是这个人物","我是××生命保险公司的,名叫××"。这样开始寒暄,会使人感到心情舒畅。应该说,名片是进行以身推销的首要工具。所以,我们在印制名片时,切不要吝啬小气,应选用上等、洁白的硬纸,简明扼要、一目了然地印上公司名称、姓名、电话等。对我们推销员来说,特别需要把电话号码印刷得大一些。名片上的电话号码,一般都是在左下方,采用小字印刷。上年纪的人往往难以辨认。要为顾客着想,考虑到顾客万一有事会给我们打电话,就应该将电话号码采用大号铅字印刷,看上去一目了然。我认为,如果营销员掏出如此精心印制的名片,那么会受到顾客的热情接待。此外,整理从别人那儿得到的名片,对推销员来说,也是一项很重要的工作。存放名片时可以使用市场上出售的名片整理簿、整理箱,但关键还是在于整理的方法。仅仅是把名片插放到整理簿、整理箱里是起不到什么作用的。必须做到在你遇到问题,需要调查、了解对方,或是忘记对方的姓名、工作单位的时候,能够抬手可取才行。

3. 准时赴约——时间准备。如提前与顾客预约好时间应准时到达,到得过早会给顾客增加一定的压力,到得过晚会给顾客传达"我不尊重你"的信息,同时也无法让顾客产生信任感,最好是提前5~7分钟到达,做好进门前的准备。迟到是没有任何借口的,假使无法避免迟到的发生,你必须在约定时间之前打通电话表示歉意,提前出门是避免迟到的唯一方法。

## 【知识拓展】

### 拜访客户的时间选择

**一、选择"黄道吉日"**

销售人员在要拜访客户时,要用心琢磨什么时候见面比较合适,因为一个好的开始就是成功的一半。有人说爱情最终变为婚姻,是因为在合适的地点、合适的时间,遇到了合适的人。销售也是如此,你要在合适的地点、合适的时间、找到对你的产品感兴趣的人。

**二、切忌客户下班或要关门时去拜访**

客户下班或要关门时,意味着他们回家休息的时候到了。这时,他们不可能好好坐下来与你详谈;如果你影响他们下班或关门,他们还会在心里对你产生反感。确实,作为销售人员,你平时或许可以像牛皮糖一样缠住客户,但在下班的时候你就不能脸皮太厚,老黏着人家不放。对方脾气再好,在这种情况下也会用三言两语把你打发掉的。

**三、避免休息日和节假日后第一天拜访客户**

如果客户周末休息,销售人员就不应该周一去拜访。不只是周一,比如元旦、春

节、五一和国庆节放假结束后的第一天上班，也不适合上门推销。因为大家都要处理一些内部事务，而且会议比较多。即使你业务紧急，也要尽量避开上午，最多也就是上午电话预约，下午过去。月末各公司都比较忙乱，除了催收货款，一般也不要拜访客户。

**四、拜访客户要选择合适的时间段**

我国一般有午休的习惯，拜访时间最好不要安排在午休时间。一般来说，下午4点、5点或晚上7点、8点也是不错的拜访时间。拜访时应尽量避免对方的用餐时间，但是，如果你想请一些关键人物吃饭，建立比较密切的关系那就另当别论了。

由于拜访的目的在于彼此作充分的沟通，因此，选择最佳的拜访时间就显得十分重要。只有愚笨的销售人员才会以自我为主，只顾自己方便，率性而为，置目标客户于不顾。聪明的销售人员总会选择最佳的拜访时间。

4. 交谈话术——开场白准备。开场的作用是宣布洽谈开始和引起客户注意，当客户见到陌生的销售员时，他首先会考察这个销售员和他代表的公司，以便确定自己是否有必要花时间和这个销售员交流，因此，见客户之前先想想开场白、要问的问题、该说的话以及可能的回答。在开始时，用简洁、凝练的语言向客户揭示自己和公司的价值非常重要。在实际工作中要做到各种方式的综合应用——要针对不同的人、在不同的场合灵活运用各种开场方式，并可以根据自己的需要创新。

5. 灵活变通——心态准备。我们不可能与拜访的每一位客户达成交易，营销人员应当努力去拜访更多的客户来提高成交的百分比。在拜访客户时，我们应当信奉的一个原则是"即使跌倒也要抓一把沙"。意思是，销售代表不能空手而归，即使你拜访的客户暂时没有需求，不能成交，也要想办法让他帮你介绍一位新客户。

此外，在与客户沟通时，要经常留意客户喜欢的话题和他的爱好，客户喜欢的就多聊些，留意客户的一举一动，才能投其所好，谈话的结果不重要，过程的气氛很重要，如果交流过程中感觉到客户比较排斥保险，那就和客户谈业务之外的事情，聊客户感兴趣的话题更好。

**（三）约访客户**

1. 电话约访。美国现代管理学之父德鲁克说："一个人必须知道该说什么，必须知道什么时候说，必须知道对谁说，必须知道怎么说。"

（1）打电话的原则。打电话大有讲究。不懂得拨打电话的礼仪，电话所传递的信息就可能产生障碍，成功也许就功亏一篑。因此，要做到先声夺人。但被称为"无形造访的不速之客"的电话，可能会打搅别人的工作和生活。所以，拨打电话要掌握以下礼仪原则。

①例时打电话。通话的最佳时间是双方预先约定的时间，也可以是对方方便的时间。拨打电话谈公事时，要在对方上班十分钟后或下班十分钟前拨打，在这种情况下，对方可以较从容地应答。一般除有事必须立即通话外，不要在他人休息时间打电话，尤其是节假日时间。假如有急事，无论如何也要在这个时间打电话，一定要先用抱歉语。

②通话时间宁短勿长。通话的时间原则是"以短为佳，宁短勿长"，一般最好在三分钟之内，所以在打电话之前，要做一下准备，将所要讲的问题与顺序整理一下，这样打起电话来就不会啰啰唆唆或者丢三落四了，才能用尽可能短的时间达到预期目的，而

不浪费对方的时间。

③内容要简明扼要。首先，需要事先对通话内容进行充分准备，这样通话时就能根据腹稿或文字稿进行通话，不会再有因为现说现想而缺少条理、丢三落四的情况。这种方法简单易行，一旦养成习惯后也能成为自觉行为，它不仅利己利人，而且能获得对方的好感。其次，通话过程最忌讳发话人吞吞吐吐、东拉西扯，发话人在通话中务必要切合实际，在问候对方后，应开宗明义、直言主体。

④语言要礼貌。通话时，要使用电话基本文明用语。通话之初，在对方接通电话后，要向受话人恭敬地问一句："您好！"，然后再言其他；问候之后，接下来须自报家门，以便对方明确来者何人；在终止通话前，预备放下话筒时，应先向对方道一声"再见"或其他谦辞。

⑤行为要文明。在电话里说话和平时说话没有什么不同，虽然打电话双方只能听到声音，看不见形象，但是双方都能感觉到对方的态度。所以要做到以下两点：一是打电话时，要面带笑容，语气要温和、缓慢，口齿要清楚，语言要简洁；二是注意自己的姿势，如果你打电话的时候，弯着腰躺在椅子上，对方听你的声音就是懒散的、无精打采的，若坐姿端正，所发出的声音也会亲切悦耳，充满活力。

**【知识拓展】**

### 电话约访的技巧

约访客户话术和技巧不得当的话很容易被客户拒绝，因此电话销售人员都注意掌握这些电话约访话术和技巧，减少碰壁的概率，提高成功的概率。

电话约访在推销中用得相当多，在电话约访中，客户也有一些疑惑点，一般来说，会有以下几个疑惑点：一般人对于一个陌生的电话通常都存有戒心，他的第一个疑问必然是，"你是谁？"，所以我们必须先表明我们的身份，否则一般人为避免不必要的干扰可能敷衍你两句就挂上电话。当然，有人会说："如果我告诉他，他会更容易拒绝我。"事实上确实如此，所以我们可以表明我是你的好朋友×××介绍来的。有这样一个熟悉的人做中介对方自然就会比较放心。同样地，对方心里也会问："你怎么知道我的？"，我们也可以用以上的方法处理。

有的人又会说："其实我只是从一些资料上得到的电话，那又该怎么办呢？"。这时，我们可以这样讲："我是你们董事长的好朋友，是他特别推荐你，要我打电话给你的"。这时，你也许会想：如果以后人家发现我不是董事长的好朋友，那岂不让我难堪。其实，你没有必要那么紧张，我们打电话的目的无非是为了获得一次面谈的机会。如果你和对方见面后，交谈甚欢，那对方也不会去追究你曾经说过的话了。

怕花太多的时间。大部分的业务员有个毛病，一到客户那里就说个没完，高谈阔论舍不得走。因此，在电话约访中我们要主动告诉客户，"我们都受过专业训练，只要花十分钟，就能将我们的事业作一个完整的说明，您放心，我不会耽误您太多的时间，只要十分钟就可以了"，主动消除客户心中的疑惑，说完再引导到我们的话题。

（2）电话约访的要点。一般来说，利用电话做初步交涉或者是取得预约的要领，和

正式拜访时在初步交涉这一阶段要注意的事项相去不远。重点不外乎以下几点：

①先取得对方信任。诚信本为立身处世之本，不论在哪一行业都是这样，尤其是在行销这一行业。要想将商品推销出去，最基本的条件就是先取得对方的信任。如果是面对面接触的话，客户至少还能凭对行销人员的印象来判断，但是在电话中根本没有一个实体可作判断的依据，只能凭声音来猜测，因此，首先要注意的是说话的语气要客气、语言应简洁明了，不要让对方有着受压迫的感觉。

②说话速度不宜太快。一般人在讲电话时说话速度会比面对面交谈快很多，可是对方并不是你的亲朋好友，并不熟悉你的语调和用词。如果你说话速度太快，往往会使对方听不清楚你所讲的内容，也容易给对方留下强迫接受你的观点的感觉。

③强调"不强迫……"一般利用电话做初步交涉主要目的在于取得预约拜访的机会，应当再三强调"只是向您介绍一下保险的意义和功用，绝不强迫您……"以低姿态达到会面的目的。

④多问问题，尽量让客户说话。在面对面接触时，你可以从客户的表情动作看出客户是否在专心倾听，但在电话交谈中，由于没有判断的依据，你无法推测对方的内心想法。因此，要多问问题，尽量让客户发表意见，才能知道客户的真实想法。

⑤由行销人员决定拜访的日期、时间。原则上，拜访的日期、时间应该由你主动提出并确定。因为如果你问对方"您什么时候有时间？"，如果他对保险不感兴趣，就极有可能会回答你"啊，真不巧，这段时间我都很忙"。如此一来，又得从头开始来说服他，不如主动建议"下礼拜二或礼拜五方便吗？"，万一他都没有时间，你应把日期往前提，因为往后拖延的话，你的说服力会大大减弱。另外，对方也可能发生其他变故。

（3）电话约访的拒绝处理。在电话约访的过程中，会碰到对方回绝你的情况，这时你要如何去应对，才能既不伤及对方的面子，又能把话题继续下去呢？其实，你只要按以下的方法去讲，就会很容易达到面谈的目的。

①要肯定对方的回绝。示例：是的，介绍人林小姐特别告诉我，说您是保险界的前辈。不过，我们所要谈的不是做保险，而是经营一项事业，是非常特别的；很多人到我们公司来之前，想法都和您一样，但听过我们的说明以后，他们发现这是一个新生的事业，不晓得黄小姐您是星期三还是星期四晚上方便呢？

②一定要提到推荐人。示例：是的，王大哥他特别跟我提过，说您事业有成，平时都非常忙，把时间安排得紧凑，所以为了不耽误您的事情，叮嘱我在与您见面之前，一定要打电话给您。您放心，我不会占用您太多时间，只要您给我二十分钟，我会给您一个有前景的事业，您看是星期三还是星期四方便呢？

③赞美对方。示例：是的，介绍人王大哥他也说过，如果要您做保险，您是打死都不肯做的，但是您这个人易于接受新鲜事物，而且您的学习力也非常强，特别是您的社交范围很广，就算这份事业不适合您，但是您喜欢帮助别人，他说只要找您，就没有办不成的事，不知道李小姐是星期三还是星期四方便呢？

④抛出一个选择问句，让对方作出抉择。示例：是的，黄先生，是这样的，正因为您的时间很宝贵，所以如果让我先跟您讲一下，再把资料留给您的话，可以节省您更多的时间。您放心，我不会超过二十分钟的，不晓得黄先生您是星期三晚上还是星期四晚上方便呢？

## 【保险视野】

### 电话约访

当客户以没有时间拒绝约访时，应先向客户讲明你的约访目的，并表示你并不会占用客户太多时间，询问客户何时方便拜访。

潜在客户："不好意思，我没有时间。"

营销人员："我知道李总是一个大忙人，正因为这个原因，我才预先打电话给您，想跟您约个方便的时间，我是希望用 15~20 分钟的时间，把我们公司最新的财务管理计划介绍给您，您听完后，再决定这个计划是否可以帮到您，到时再考虑是否需要购买。"

潜在客户："好吧。"

营销人员："好，那李总您定个时间，看看是周一或周二的哪个时间您会比较方便呢？"

潜在客户："那就周二下午吧！"

2. 网络约访

（1）电子邮件约访。保险营销人员应选择准客户喜欢的方式与其联系，这样双方沟通起来会更加容易。实践中，发封电子邮件比打电话更方便，但是需要注意所发送的电子邮件应具有较大价值，因为一般客户不会拒绝收到有价值的信息。保险营销人员在进行电子邮件约访时，需注意随时收集潜在客户的电子邮箱地址，并将收集的地址登记在客户资料卡上。保险营销人员需熟悉准客户的所有资料，根据实际情况准备一份有吸引力的信件发送给准客户。富有吸引力的主题能促使准客户打开邮件，提高约访成功率。

（2）微信、QQ 等网络约访。随着网络在人们生活中越来越普及，诸如微信、QQ 等模式已经是人们生活、办公不可或缺的一部分。就保险营销特点而言，微信、QQ 等模式是一个维系老客户的重要渠道，是很好的客户关系维护渠道，在营销人员进行月访客户时，可以有选择地来使用，能达到事半功倍的效果。微信不仅支持文字、图片、表情符号的传达，还支持语音发送，可以有效地把产品信息、图片、视频等资料快速传递给对方，进行文字、图片、视频的全方位交流、互动。且网络约访可以随时随地进行，不受空间、时间限制。值得注意的是，利用微信、QQ 约访客户时，应多推送一些有效的信息服务，少发甚至不发令客户反感的垃圾信息。

（四）接触客户

1. 陌生拜访

第一步：拜访前的准备

"你只有一分钟展示给人们你是谁，另一分钟让他们喜欢你。"

——英国形象设计师罗伯特·庞德

图 5-5　陌生拜访的七个步骤

有效的拜访客户，是营销迈向成功的第一步。与客户第一次面对面的沟通，只有在充分的准备下才能取得拜访成功。评定营销员成败的关键是看其每个月开发出来多少个有效新客户，销售业绩得到了多少提升。那么，如何成功进行上门拜访呢？

（1）积极向上的心态。保险营销人员要树立自信心，以积极向上、冷静豁达的心态迎接营销工作中各类困难。对于保险营销人员来说，被拒绝是常有的事，所以，调整好心态必不可少，可以通过自我鼓励来充满信心，要时刻告诫自己做保险是帮助别人解决问题的，相信自己一定会取得成功，如果失败也是为下次的成功做准备，既然选择了保险行业，就要终身投入、做好打持久战的准备。

（2）恰当的神态表情。人们在社交活动中，除了外表印象之外，最关注的是对方的神态表情。神态包括人的眼神、笑容及面部肌肉的运动。一个注视、一个微笑、一下轻微的扬眉甚至嘴角的轻微抽搐，可能会使别人产生不同的心理感受。所以，对在敏感而又变幻莫测的商海驰骋的商务人士来说，如何塑造神态表情是十分重要的。

- 微笑是营销人员最起码应有的表情，自始至终要保持热情与礼貌的态度。
- 面对客户应表现出热情、亲切、真诚、友好，做到精神振奋，情绪饱满，不卑不亢。
- 与客人交谈时应正视对方的眼睛，表示尊重，不可左顾右盼。

（3）整洁的仪容仪表。仪容仪表是一个人的广告，它给人的印象既是初步的，又是难忘的。仪容仪表也是谈判的技术手段之一，用于动员对方向自己靠拢，它直接影响客户洽谈的情绪，也会影响成交结果。

整洁的仪容和恰当的仪表不仅对客户而且对营销员自己都会带来良好的感觉。恰当的衣着是仪表的关键，营销员拜访不同的客户，着装也应有区别。但应该遵守的基本准则有：

- 保持仪容仪表干净整洁，自然舒适。
- 公司有统一着装要求的，应符合公司规定，但应注意服饰的清洁，不能有任何的污垢，工号牌要佩戴工整。
- 注意仪表的协调，追求"恰到好处的协调和适中"。合适的穿着打扮不在奇、新、贵，而在于是否与年龄、体型和气质相协调。
- 尽量与项目档次、定位相符，了解客户、贴近客户，尤其是面向特定客户群的项目。如面向白领的项目，应体现高雅气质；面向新贵一族的，则可略显新潮，但不可太过。
- 避免过于突出，不穿奇装异服。因为服装首先是一种社会符号，选择整洁、雅致、和谐、恰如其分的服装可以表现人的自尊和责任心，而失度的、奇异的服装会使人失去自尊和社会责任感，并给消费者造成不良的视觉感受和心理反应。
- 最好使用品质优良的名片夹，能落落大方地取出名片；准备商谈时会用到的各项文具，要能随手即可取得；避免用一张随意的纸记录信息。

第二步：确定进门

- 敲门：进门之前就先按门铃或敲门，然后站立门口等候。敲门以三下为宜，声音有节奏但不要过重。
- 话术："××经理在吗？""我是××公司的小×！"主动、热情、亲切的话语是顺利打开客户家门的"金钥匙"。
- 态度：进门之前一定要显示自己的态度——诚实大方，同时避免傲慢、慌乱、卑屈、冷漠、随便等不良态度。

● 注意：严谨的生活作风能代表公司与个人的整体水准，千万不要让换鞋、雨伞等小细节影响大事情。

第三步：有效开场

拜访过程中会遇到形形色色的客户群，每一个客户的认知观和受教育程度是不同的，但有一件事要强调——"没有不接受产品和服务的客户，只有不接受推销产品和服务的营销人员的客户，客户都是有需求的，只是选择哪一种品牌的产品或服务的区别而已。"

（1）赞美：人人都喜欢听好话被奉承，这叫"标签效应"。善用赞美是最好的销售武器，赞美的主旨是真诚，赞美的大敌是虚假。

## 【知识拓展】

### 以"赞美"对方开始访谈

每一个人，包括我们的准客户，都渴望别人真诚的赞美。

有人说："赞美是畅销全球的通行证。"

因此，懂得赞美的人，肯定是会推销自己的人。

原一平有一次去拜访一家商店的老板。

"先生，你好！"

"你是谁呀！"

"我是明治保险公司的原一平，今天我刚到贵地，有几件事想请教你这位远近出名的老板。"

"什么？远近出名的老板？"

"是啊，根据我调查的结果，大家都说这个问题最好请教你。"

"哦！大家都在说我啊！真不敢当，到底什么问题呢！"

"实不相瞒，是……"

"站着谈不方便，请进来吧！"

……

就这样轻而易举地过了第一关，也取得准客户的信任和好感。

赞美几乎是百试不爽，没有人会因此而拒绝你的。

## 【知识链接】

### 赞美你正在使用对方公司所制造的商品

"我从上大学时，就开始用贵公司制造的收音机。那台收音机的品质极佳，我已经用了 4 年，还完好如新，没发生过故障，真不愧是贵公司生产的，就是有品质保证。"

不仅要说出你对对方公司的商品感兴趣，还必须具体地说出你实际使用后，该商品的特征与性能，这样你评价的重点才有价值。

经这么一说，对方会立即对你产生好感，并亲近你，这样谈话的气氛就会相当融洽。

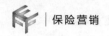 

这并不是肤浅的恭维，而是诚恳地关心对方，是给人好印象的第一步。

（2）话术：营销人员是靠嘴巴来赚钱的，凡是优秀的销售人员都拥有一副伶牙俐齿，但"客户不开口，神仙难下手"。我们的目的是让客户主动讲话和我们进行有效沟通，因此寻找话题，有效的开场尤为重要！

• 仪表、服装："阿姨这件衣服料子真好，您是在哪里买的？"客户回答："在××买的"。营销员就要立刻有反应，客户在这个地方买衣服，一定是有钱的人。

• 乡土、老家："听您口音是湖北人吧！我也是……"营销员不断以这种提问建立关系。

• 气候、季节："这几天热得出奇，去年……"。

• 家庭、子女："我听说您家女儿是……"营销员了解客户家庭。

• 饮食、习惯："我发现一家口味不错的餐厅，下次咱们一起尝一尝。"

• 住宅、摆设、邻居："我觉得这里布置得特别有品位，您是搞这个专业的吗？"了解客户以前的工作性质并能确定是不是目标客户。

• 兴趣、爱好："您把公司管理的这样好，真想和您学一学。"营销员可以用这种提问技巧推销公司的企业文化，加深客户对企业的信任。

## 【知识链接】

### 说话技巧

推销员的首要任务是提高说话技巧。原一平之所以会成为推销之神，他把成功归功于他高超的说话技巧。他认为说话有八个诀窍：

一、语调要低沉明朗。明朗、低沉和愉快的语调最吸引人，所以语调偏高的人，应设法练习变为低调，才能说出迷人的感性声音。

二、发音清晰，段落分明发音要标准，字句之间要层次分明。改正咬字不标准的缺点，最好的方法就是大声朗诵，久而久之就会有效果。

三、说话的语速要时快时慢，恰如其分。遇到感性的场面，当然语速可以加快，如果碰上理性的场面，则相应语速要放慢。

四、懂得在某些时候停顿。不要太长，也不要太短，停顿有时会引起对方的好奇和逼对方早下决定。

五、音量的大小要适中。音量太大，会造成太大的压迫感，使人反感；音量太小，则显得你信心不足，说服力不强。

六、配合脸部表情。每一个字、每一句话都有它的意义。懂得在什么时候，配上恰当的面部表情。

七、措辞高雅，发音要正确。学习正确的发音方法，多加练习。

八、愉快的笑声。说话是推销员每天要做的工作，说话技巧的好与坏，将会直接影响你的推销生涯。

第四步：倾听推介

倾听也许是所有沟通技巧中最容易被忽视的部分，一位优秀的营销人员应该多听少讲。

（1）仔细的倾听能够进一步了解客户的基本情况以及消费心理、需求，可以洞查出真正异议的原因。以聊天的方式，寻求与客户的共鸣点，说话掌握与客户同频率的原则，让客户感到一种"错觉"，你与他是同类型人，增进好感，以产生共振的效果，借机多了解客户的家庭背景及时补进客户的个性化档案。

（2）把有奖问答的答案讲给客户听，叮嘱其在会上积极参与、拿奖，对典型客户可以事前确定一些题目，届时安排其在会上回答并巧妙引出发言。告知对方，机会难得突出其荣誉感，暗示其带现金或银行卡来参会。

（3）耐心、详细地为每一个客户介绍一些公司情况、产品优势、现场优惠政策，选择合适的切入点投其所好，反应要灵活，保持声音甜美，抓住内容的精髓引导客户的购买欲望。

（4）对迟疑的新客户，不可过分强调产品，应以促进其对健康知识的了解为侧重点。

（5）对一些仍未下决心的客户，千万不可勉强，说明火候未到，可以先冷却一会儿，然后沟通或当作一般客户回访以便下次再邀请。

第五步：克服异议

（1）克服心理上的异议：现代人必须学会如何面对心理上的异议，了解心理上异议存在的根源所在。

（2）化异议为动力：客户的拒绝是应该的反应，并不是不接受产品和服务，而是有短暂的犹豫。

（3）不要让客户说出异议：善于利用客户的感情，控制交谈气氛，客户就会随着你的所想，不要让拒绝说出口。

（4）转换话题：遇到异议时避免一味穷追不舍以致让客户产生厌烦，可用转换话题的方式暂时避开紧张空间。

（5）适当运用肢体语言：不经意碰触客户也会吸引客户的注意，同时也会起到催眠的作用，可以很好地克服异议。

（6）逐一击破：客户为两人以上团体时，你可以用各个击破的方法来克服异议。

（7）同一立场：与客户站在同一立场上，千万不可以与客户辩驳，否则你无论输赢，都会使交易失败。

（8）树立专家形象：学生对教师很少有质疑，病人对医生很少有质疑，客户是不会拒绝专家的。

第六步：确定达成

为什么销售同样产品的业务代表，业绩却有天壤之别？为什么排名前 20 名的营销人员总能完成 80% 的销售？答案很简单：他们用了百战百胜的成交技巧，但达成是最终目标不是最后一个步骤。

• 抓住成交时机：有时通过举止、言谈可以表露出客户的成交信号，抓住这些信号就抓住了成交的契机。

• 成交达成方式：

（1）邀请式成交："您为什么不试试呢?"

（2）选择式成交："您决定一个人去还是老两口一起去？"

（3）二级式成交："您感觉这种活动是不是很有意思？""那您就用我们的服务试试吧！"

（4）预测式成交："阿姨肯定和您的感觉一样！"

（5）授权式成交："好！我现在就给您填上两个名字！"

（6）紧逼式成交："您的糖尿病都这样严重了还不去会场咨询！"

第七步——致谢告辞

你会感谢客户吗？对于我们营销人员来说："我们每个人都要怀有感恩的心"。世界上只有客户最重要，没有客户你什么也没有了，即使有再好的销售技巧也没用。

- 时间：初次拜访时间不宜过长，一般控制在 20～30 分钟。
- 观察：根据当时情况细心观察，如发现客户有频繁看表、经常喝水等动作时应及时致谢告辞。
- 简明：古语有画蛇添足之说，就是提醒我们在说清楚事情之后，不要再进行过多修饰。
- 真诚：虚假的东西不会长久，做个真诚的人！用真诚的赞美让客户永远记住你！

## 【知识拓展】

### 拜访的十分钟法则

开始十分钟：我们与从未见过面的顾客之间是没有沟通过的，但"见面三分情"！因此开始的十分钟很关键，这十分钟主要是以消除陌生感而进行的一种沟通。

重点十分钟：熟悉了解顾客需求后自然过渡到谈话重点，为了避免顾客戒心千万不要画蛇添足超过十分钟。这十分钟主要是通过情感沟通了解顾客是否是我们的目标顾客。

离开十分钟：为了避免顾客反复导致拜访失败，我们最好在重点交谈后十分钟内离开。给顾客留下悬念，使其对活动产生兴趣。

## 【知识拓展】

### 怎样拜访客户才是最好的

步骤/方法

一、打招呼

在客户（他）未开口之前，以亲切的音调向客户（他）打招呼问候。如："王经理，早上好！"

二、自我介绍

禀明公司名称及自己姓名并将名片双手递上，在与（他）交换名片后，对客户抽空见自己表达谢意。如："这是我的名片，谢谢您能抽出时间让我拜会您！"

三、破冰

营造一个好的气氛，以拉近彼此之间的距离，缓和客户对陌生人来访的紧张情绪。

如："王经理，我是您部门的张工介绍来的，听他说，您是一个很随和的领导"。

四、巧妙运用询问术，让客户说

1. 设计好问题漏斗。通过询问客户来达到探寻客户需求的真正目的，这是营销人员最基本的销售技巧，在询问客户时，问题面要采用由宽到窄的方式逐渐进行深度探寻。如："王经理，您能不能介绍一下贵公司今年总体的商品销售趋势和情况？"、"贵公司在哪些方面有重点需求？"、"贵公司对××产品的需求情况，您能介绍一下吗？"

2. 结合运用扩大询问法和限定询问法。采用扩大询问法，可以让客户自由地发挥，让他多说，让我们知道更多的东西，而采用限定询问法，则让客户始终不远离会谈的主题，限定客户回答问题的方向，在询问客户时，营销人员经常会犯的毛病就是"封闭话题"。如："王经理，贵公司的产品需求计划是如何报审的呢？"这就是一个扩大式的询问法；如："王经理，像我们提交的一些供货计划，是需要通过您的审批后才能在下面的部门去落实吗？"这是一个典型的限定询问法；而营销人员千万不要采用封闭话题式的询问法，来代替客户作答，以造成对话的中止，如："王经理，你们每个月销售××产品大概是六万元，对吧？"

3. 对客户谈到的要点进行总结并确认。根据会谈过程中你所记下的重点对客户所谈到的内容进行简单总结，确保清楚完整，并得到客户的一致同意。如："王经理，今天我跟您约定的时间已经到了，今天很高兴从您这里听到了这么多宝贵的信息，真的很感谢您！"

五、结束拜访时，约定下次拜访内容和时间

在结束初次拜访时，营销人员应该再次确认一下本次来访的主要目的是否达到，然后向客户叙述下次拜访的目的、约定下次拜访的时间。如："王经理，今天很感谢您用这么长的时间给我提供了这么多宝贵的信息，根据您今天所谈到的内容，我回去将好好地做一个供货计划方案，然后再来向您汇报，您看我下周二上午将方案带过来让您审阅，您看可以吗？"

## 【知识拓展】

### 拜访过程中的礼仪

1. 具备较强的时间观念。拜访他人可以早到却不能迟到，这是一般的常识，也是拜访活动中最基本的礼仪之一。早些到可以借富余的时间整理拜访时需要用到的资料，并正点出现在约定好的地点。而迟到则是失礼的表现，不但是对被拜访者的不敬，也是对工作不负责任的表现，被拜访者会对你产生看法。如果因故不能如期赴约，必须提前通知对方，以便被拜访者重新安排工作。通知时一定要说明失约的原因，态度诚恳地请对方原谅，必要时还需约定下次拜访的日期、时间。

2. 先通报后进入。到达约会地点后，如果没有直接见到被拜访对象，拜访者不得擅自闯入，必须经过通报后再进入。一般情况下，前往大型企业拜访，首先要向负责接待人员交代自己的基本情况，待对方安排好以后，再与被拜访者见面。

3. 举止大方，温文尔雅。见面后，打招呼是必不可少的。如果双方是初次见面，拜访者必须主动向对方致意，简单地做自我介绍，然后热情大方地与被拜访者行握手之

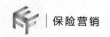

礼。如果双方已经不是初次见面了，主动问好致意也是必需的，这样可显示出你的诚意。说到握手不得不强调一点，如果对方是长者、职位高者或女性，自己绝对不能先将手伸出去，这样有抬高自己之嫌，同样可视为对他人的不敬。

4. 开门见山，切忌啰唆。谈话切忌啰唆，简单的寒暄是必要的，但时间不宜过长。因为，被拜访者可能有很多重要的工作等待处理，没有很多时间接见来访者，这就要求，谈话要开门见山，简单的寒暄后直接进入正题。当对方发表自己的意见时，打断对方讲话是不礼貌的行为。应该仔细倾听，将不清楚的问题记录下来，待对方讲完以后再请求就不清楚问题给予解释。如果双方意见产生分歧，一定不能急躁，要时刻保持沉着冷静，避免破坏拜访气氛，影响拜访效果。

5. 把握拜访时间。在商务拜访过程中，时间为第一要素，拜访时间不宜拖得太长，否则会影响对方其他工作的安排。如果双方在拜访前已经设定了拜访时间，则必须把握好已规定的时间，如果没有对时间问题做具体要求，那么就要在最短的时间里讲清所有问题，然后起身离开，以免耽误被拜访者处理其他事务。

## 【案例分析】

### 陌生拜访案例

日本推销之神原一平有一次乘计程车去办事，车子在十字路口被红灯拦住停了下来，紧接着过来一辆黑色轿车也停了下来，正好与原一平坐的车子并排，原一平转头看那部豪华的轿车，看见车后座上坐着一位头发斑白但颇有气派的绅士，他正闭目养神。红灯转绿，那部黑色车子开出去，原一平记下了车牌号码。当天，原一平办完事之后，就打电话到监理所查询到那辆车是 F 公司的自用轿车，原一平又打电话给 F 公路公司，得知是 M 常务董事长的车子，原一平又问清了 M 常务董事长什么时间下班，随后展开了对 M 常务董事长的第二回合调查行动，包括 M 常务董事长出生的地方、兴趣、爱好、公司的规模、营业项目、经营状况，以及住宅附近的地图。后来他登门拜访了那位 M 常务董事长，并成功签下了一份大额保单。

**解析：**陌生拜访对于许多做销售的人来说是一个棘手的障碍，许多人都会觉得无从下手，但是你又必须得逾越他。没有谁的人脉资源是无限的，你原有的人脉资源总有用完的一天。原一平处处留心他可能要开拓的客户，时时关注客户，用心了解客户，用一颗持之以恒的心，终成大单。

2. 再次拜访。初次拜访仅是完成行销的基础工作，如果短期内没有获得再访的机会，不但客户的保险观念无法继续强化，甚至客户会对上次面谈的内容淡忘，我们之前付出的努力都将付之东流。

（1）难以再访的原因

①客户的直观感受不佳。如：着装不得体，仪表随意；表情生硬，缺少笑容；体味强烈，客户感觉不舒服；语气生硬、没有热情；语速不当，与客户性格不符。

②言行失礼，让客户感觉不受尊重。如：拜访时间不佳；说错客户姓名与职务；直呼客户姓名，没有用敬称；忽视在场的客户亲友；不尊重客户的信仰；不察言观色，与

客户争执；客户有急事，还坚持面谈；面谈时间过长，用餐时间、休息时间还不愿结束；草率结束面谈，没有致谢。

③客户认为谈话无价值。如：对客户提出的问题答非所问；对公司商品或专业问题不熟悉；谈话内容以强势要求购买保险为主；不关心客户目前的状况与最重要的需求；没有发现客户的爱好与兴趣，或未进行积极回应；不能提供专业的展示资料，口头又无法陈述明了。

以上三方面的原因，营销人员在面谈中要时时注意，切记不可给客户留下不良印象，否则难以获得下次拜访的通行证。

（2）再访客户的技巧。营销人员可以通过适当的技巧提升再次拜访客户的概率。

①行销工具法

其一，留下较为简易的资料，约定下次送更为全面的资料。就算客户在我们拜访中就要求留下详细的资料，也只给客户较简易的资料，并在拜访结束时说明下次拜访会带来更全面的资料。

"张先生，您要的资料我下次专程送来，因为其他客户索取太踊跃，公司在加急印刷，印好我马上送来。现在的这份资料虽然简单，但也值得一读。"（结束拜访时，直接导入下次约访）

其二，留下重要的资料，约定次取回。告知资料的重要性，通常为内部资料；如果客户还在犹豫不决是否留下，不妨"放下就走"，客户就算不看也不敢把资料丢弃，但约定取回的时间不能超过一周。

"张先生，这个资料留给您，这是请专家为已购买保险的客户设计的，每份都有编号，这份资料是我的客户的，因为他是我的朋友，我会向他解释一下：迟几天再送过去。"（留下资料时）

"李先生，在上周给您送的建议书中附有一份投保单，公司要求定期核销，明天我必须取回，我是上午还是下午去取？"（借口约见拒绝见面的客户）

其三，寻找对客户工作、生活有利的资料提供给客户参考。

根据客户的需求，寻找客户感兴趣的资料，通常为非保险类的资料。

赠送开服装店的客户关于店面布置的资料（最好是自己在外地旅游时精心拍摄的照片）。

赠送怀孕或刚生小孩的家庭关于科学育儿方面的资料。

赠送有高考孩子的家庭关于合理安排考生饮食的资料。

……

②特别拜访法

其一，找一个自己有研究且客户精通的问题去请教。在初访时，要了解客户的专长，同时自己对请教的问题也要有一定了解，避免所提问题过于外行，通常这种情况的拜访要赠送小礼品表示感谢。

"李先生，我知道您对玉石很有研究，我前些时间买了一块玉石，请您帮忙看一下。您方便的时间是周三还是周四？"（电话约访或面谈结束时）

"李先生，我和您一样喜欢喝茶，并且研究茶。我一个朋友是卖茶叶的，前几天他给了我几种样品，让我品品好坏，再决定是否进货。请您也帮忙给一个建议。您方便的

时间是周三还是周四？到时，我把样品带来拜访您。"（电话约访或面谈结束时）

其二，运用调查表，请客户协助填写。新人伙伴要备有不同的调查表，调查表以选择题为主，由新人伙伴进行提问与填写。

"李先生，公司每月会根据我的拜访记录，随机抽选 5 名客户给我们的服务质量进行评价，您就是其中的一位。您方便的时间是周三还是周四？我会把调查表送给您，麻烦您了。"（电话约访）

"李先生，上次送给您的资料，您看了吗？公司将这份资料的推广任务交给我了，为了让资料对客户更有价值，我要征求 5 位见解独到客户的建议，作为资料推广的参考。您方便的时间是周三还是周四？我登门请您帮忙填写调查表，麻烦您了。"（电话约访）

其三，渠道总监一同拜访。新人伙伴与渠道总监一同拜访，告知主管的职位与专长，能给客户带来的价值，让客户感到重视，但一定要排除客户的顾虑（是不是一定要我买保险）。

"李先生，我向我的经理汇报了我和您面谈的情况，他认为我在解释产品时并没有把所有的优点谈到，希望亲自解释一下。同时，经理还特别交代我要向您说明，他绝不会在您没有同意的情况下要求您投保，他这次的拜访是想和您认识一下。我的经理是我们公司的商品研究专家，他有许多客户也和您一样在××行业工作。您方便的时间是周三还是周四？"（电话约访）

③名片法

其一，故意忘记向客户索取名片。客户通常不愿意将名片留给行销人员，这常常是我们最好的再访借口。通过电话讨要名片时，一定要说明对方对我们的重要性。

"张先生，我上次忘记向您讨教一张名片。在与您交谈中，我发现您有很多方面值得我学习。无论您是否向我购买保险，您都比其他客户还有更大的价值，就是从您身上能学到更多为人处世的技巧。我接触过的人，我都留下他们的名片，精心珍藏，更何况是您。我是周三还是周四去取您的名片方便呢？"（电话约访）

其二，印制不同样式的名片，借口更换名片。新人伙伴可定期更新名片，以此借口拜访客户。

"张先生，好久不见了，最近一切都好吧？我最近晋升了，给客户提供的服务范围扩大了，在我的新名片上有介绍，我要专程送一张给您，您看是周三方便还是周四？"（以晋升职级更换名片为理由）

"张先生，上周我给您的名片上没有我家的电话，为了方便朋友联系我，我特意重印了一盒名片。我要专程送一张给您，您看是周三还是周四方便？"（以更新名片内容为理由）

④直接拜访法

其一，逢年过节、特别日子登门。逢年过节、特别日子（如客户生日、乔迁之日），客户心情好，对于登门祝贺的不速之客不会介意。此时，拜访客户一定要携带礼物，礼物大小由自己拿捏。

其二，借口"路过此地，特别登门拜访"。拜访时说，找朋友，或拜访客户，或是刚在附近成交一笔保单，切不可说：找不到朋友或客户，才有时间拜访他；一定要强调是"特别登门拜访"而不是"顺道拜访"。

其三，不找借口，直接拜访。与其费尽心思为自己拜访找理由，不如直接行动。可能会因为比较唐突一些，容易碰壁，但却是训练自己成长与锻炼胆量的机会。"戏法人人会，知识巧妙不同"，行销技巧的领域可以说是变化无穷，没有一定的模式或规定；只要用心，任何人都能创造出许多独具创意的技巧。借助借口进行再访约见，一个客户通常只有一次有效，一定要珍惜机会，建立客户对我们的好印象。

适当运用技巧，并不是虚伪矫情的行为，而是商业社会进步使然，新一代的行销人员，要有新的理念与技巧，才能在竞争激烈的市场中取胜。

## 【保险视野】

### 原一平的成功拜访技巧（一）

失败是成功之母。面对拜访不利，有两种心理，一是立刻放弃，二是等待时机，而原一平的做法是，只要有一点点成功的可能，就永不放弃。

有一次，原一平打算拜访某公司总经理，这位总经理日理万机，是个不折不扣的"工作狂人"，非但不易接近，连见他一面都很困难。

经过再三考虑，原一平采用直冲式拜访。

"你好，我是原一平，我想拜访总经理，麻烦你替我通传一下，只要几分钟就可以了。"

秘书是位训练有素的人，进去一会儿后又出来。

"很抱歉，我们总经理不在，你以后有时间再来吧！"

原一平问旁边的警卫："警卫先生，车库里那部轿车好漂亮啊，请问，是你们总经理的座驾吗？"

"是啊！"

原一平守在车库铁门旁，竟不知不觉睡着了，正在此时，有人推开铁门，原一平翻了一个大筋斗，回过神时，那部豪华轿车已载着总经理扬长而去。第二天，原一平又来到该公司。秘书还是说总经理不在。

原一平知道硬撞不行，决定采取"守株待兔"的方法。他静静地站在该公司的大门边，等待这位总经理的出现。

1 个小时，2 个小时，10 个小时过去了，原一平还在守候着。

功夫不负有心人，原一平终于等到总经理的豪华轿车出现，原一平一个箭步冲上去，一手抓着车窗，另一手拿着名片。

"总经理您好，请原谅我鲁莽的行为，不过，我已经拜访您好几次了，每次您的秘书都不让我进去，在万不得已的情况下，我才用这种方式来拜见您，请您多多包涵。"

总经理叫司机停车，打开车门请原一平上去。

结果，总经理不但接受了访问，还向原一平投了保。

## 【知识小结】

只有经过周密的规划，才能获得拜访的成功。拜访前的预约、自我形象管理、客户

资料、拜访计划、心态等方面的准备都是下一步约访的关键因素，而电话约访、陌生拜访前的准备活动更是成功接触准客户的关键所在，关系到保险营销人员在营销过程中的成与败。

## 【考核】

**思考题**

1. 拜访准客户前要做哪些准备工作？
2. 约访准客户有哪些方式？分别要注意什么问题？

**课后训练**

日本石油公司的社长是位非常难缠的人物，第一生命保险公司派出多位大人物前往洽谈，全都无功而返。

最后，第一生命公司决定派柴田和子前往洽谈。

谁知道柴田和子一到石油公司，社长就召集所有的干部，宣称"柴田和子是全日本顶尖的行销人物，我们今天将请教她是如何成为全日本第一"。结果，各种问题如排山倒海般涌来，看来，柴田和子也铩羽而归。

柴田和子向社长请求说："社长，今天的说明会是下午一点开始，其实，我本来不必提前一天来这里住一晚上，由于想见社长一面，所以我昨天就来了，我来贵公司的目的，并不是为了发表讲话，相信敝公司专务也已经向社长说明我的来意，因此先请社长容我加以说明。"

获得社长的首肯后，柴田和子取出预先做好的保险建议书，并当场取得同意，那是一张两亿日元的保单。

"什么时候可以体检呢？"

"这个得问我太太才知道，我的工作议程由她安排。"

"您太太也是石油公司的？""那么让您太太也一块儿投保吧，夫人1亿日元的保险，保费只要250万日元左右。"

"她也投保？那得问她本人。"

事情进行得十分顺利，柴田马上与社长太太通了电话："由于夫人也是公司成员之一，因此，我认为您也应该为退休金预作准备，我是特地从东京来的，希望您能加入保险，这也是一种储蓄。"

"那……我先生怎么说？"

"社长说只要夫人你同意，他就没问题。"

"好吧，拜托你了。"

**思考**：用陌生拜访的方式开拓客户时，保险营销员需要注意什么问题？谈谈柴田和子在与准客户接触时的技巧及给你的启迪。

## 任务 5-3　促成签单

拜访开始之后，就进入了销售流程的核心环节，在这个环节中，我们首先要了解客户情况，然后根据客户的情况进行针对性交流，努力去实现拜访目标。在交流的过程中，客户可能会提出异议，所以，处理异议是拜访流程的一个重要环节，促成签单之前先要处理客户异议。

（一）客户异议处理

处理异议主要是为了消除客户的误会和疑虑、帮助客户分析利弊及消除客户的购买障碍，消除了异议之后，就可以向客户要求承诺，以使拜访能产生结果。

1. 客户异议的含义。异议是顾客对你、你的产品、价格、服务、质量等方面提出的质疑或不同见解。客户异议又叫推销障碍，是指客户针对营销人员及其在营销中的各种活动所做出的一种反应，是客户对推销品、营销人员、营销方式和交易条件发出的怀疑、抱怨，提出的否定或反对意见。在实际营销过程中，营销人员会经常遇到客户以各种理由作为拒绝购买产品的借口，这就是客户异议。

客户异议是营销过程中的必然现象。客户异议是成交的机会，客户提出异议，说明其认真听取了产品介绍，而且他对所介绍的产品有兴趣，所以才会根据自己的要求提出了异议。所以，营销人员千万不能与客户争论彼此对或错，这样做的结果最终只能是从理论上赢了客户，但在实际上却失去了与客户间沟通的融洽，从而也相应地输掉了订单。因此，永远不要与客户争论谁对谁错，没有人会在生气的状态下还愿意掏钱买东西。

2. 异议处理的一般原则。在销售过程中，客户异议是不可避免的，而处理得当的异议会促进成交，处理不当则会失去客户。处理客户异议需遵循以下原则：

（1）避免争论，谨慎回答。在处理客户异议时，营销人员难免会因与客户意见不一而陷入争论，这种争论不但容易发生，而且会带来糟糕的后果，有时你会突然发现自己在不知不觉中和客户争论起来。营销人员必须牢记的是，不管客户怎样激烈地反驳你，不管他的话语怎样与你针锋相对，即使他想和你吵架，你也不要与他争吵。宁可在争论时输给客户，也要把产品推销出去。

另外，对于客户提出的异议，销售人员必须谨慎回答。一般而言，营销人员应以坦白直率的态度，将有关事实、数据、资料或证明，以口述或书面方式送交客户。回答客户异议时，措辞必须恰当，语调必须温和，并在和谐友好的气氛下进行，以解决问题。

（2）尊重客户，适时处理客户异议。营销人员在处理客户异议时，一定不要忽视或轻视客户异议，以免引起客户的不满或怀疑而使交易谈判无法继续下去。营销人员更不能赤裸裸地直接反驳客户，如果粗鲁地表示反对，甚至指责其愚昧无知，会使客户受到伤害，双方的关系将永远无法弥补。因此，营销人员应尊重客户和客户的异议，并选择适当的时机答复客户。

（3）设法破解客户的秘密异议。一般来说，购买异议有公开异议和秘密异议之分。公开异议是指客户用各种方式直接向销售人员提出的各类购买异议，秘密异议则是隐藏在客户内心深处的相关购买异议。由于某些特定的原因，客户对营销产品和营销行为的反对意见不愿外露，不愿轻易向营销人员表达出来，这实际上加大了营销人员处理客户异议的难度。

在实际营销过程中，有的客户一方面明确提出种种无关异议或借口，另一方面又隐藏真实的异议，声东击西，妨碍成交。对于客户的秘密异议，营销人员的首要工作就是设法破解，通过各种手段把这些秘密异议转化为公开异议，并在此基础上，找出异议的

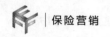
真实根源，运用适当的技巧，妥善处理客户的异议。

（4）将心比心对待客户。将心比心原则就是要求营销人员多站在客户的立场上想问题，多替客户想一想。当客户提出异议时，可以想象假如自己是客户，提出这些异议时，自己的真实想法会是什么样的，千万不要从内心将自己和客户对立起来，认为客户提出异议就是想和自己作对。其实，在营销过程中，你买我卖本是互惠互利的事情，没有什么尖锐的矛盾。

（5）绝不轻易放弃。绝不轻易放弃是客户异议处理的一条关键原则。任何一个营销人员都可能经常觉得自己的工作困难重重，客户总是提出许多不购买的理由，有的还好对付一些，而有的似乎根本就无从下手。那么，这些没法下手的客户是否就应该及早放弃呢？答案当然是"不"。为什么要放弃呢？遇到客户异议时，绝不能轻易放弃，你一定要相信自己，相信客户一定会购买你的产品，而且还要相信客户会从产品中得到好处。假如直到营销的最后阶段，对方仍旧拒绝你，很可能并不是因为对方不想要那个产品，而是你在某个营销阶段处理得不够理想。

（6）明智撤退，保留后路。营销人员应该明白，有些客户异议是不能轻而易举地解决的，但面谈时所采取的方法对于双方将来的关系会产生很大的影响。如果感觉到一时无法成交，营销人员就应设法敲开今后重新洽谈的大门，以期再有机会去解决这些分歧。因此，营销人员要时时做好遭遇挫折的心理准备，学会在适当的时候做"理智的撤退"，以给自己保留后路。

## 【知识链接】

### 说服个人投保

客户说："我最讨厌保险了，不吉利。"

营销员说，"您说的很对，保险很让人讨厌，像厕所一样，臭烘烘的。"

客户一听，饶有兴致地问："怎么会像厕所，我还是第一次听到。"

营销员接着说："保险一开口，就是生、老、病、死、伤、残的，多讨厌，就像厕所一样让人讨厌。"

客户："对对。"

营销员继续说："你没事的时候是不会去厕所逛的，不过，内急的时候你就知道厕所的好处了。保险就是在你最需要的时候才真正显现它的优势，所以，保险像厕所。"

客户："是。"

营销员："内急的时候，你需要厕所，那么财务紧急的时候你需要钱吗？"

客户："当然。"

营销员："那么，我可不可以和你谈谈保险这个厕所是如何解决财务内急的？"

……

### 说服公司老板为企业核心员工投保

有些公司一夜之间就会面临倒闭的危机，原因只是由于企业的灵魂人物突然去世。

班·费德文一天去拜访一家公司的老板，他以这样的问题开始："您平时一定会休假吧——那种长达几星期的假?"

"会呀。"

"您不在期间,公司都还好吧?"

"还好呀。"

"所以您可以连休一个月的假?"

"可以啊。"

"那连续休一年行不行呢?"

这时客户有些犹豫了。班·费德文乘胜追击:"琼斯先生,世界上没有一个人可以跟上帝签订合约或向他讨价还价,终有一天您会永远离开这里,不再回来。试想,如果真到了那一天,以您在公司的重要性,难道不会影响公司对外的信心吗?您一定很清楚信心对企业的永久经营有多重要,而且这么多人依赖这家公司维生。"

### 如何处理"我对保险没有兴趣"问题

当客户表明其对保险没有兴趣而拒绝你的约访时,你首先应对客户的说辞表示理解,并告诉他,你并不是要强迫他购买,只是想让他先了解一下而已。

潜在客户:"你是保险业务员?"

营销人员:"对,我是某某保险公司的业务员。"

潜在客户:"哈哈,那你就不用浪费时间了,我对保险不感兴趣。"

营销人员:"我可以理解王小姐的想法。老实讲,我们的许多客户在未了解保险之前,也是没有兴趣,但购买并非是有没有兴趣的问题,而是看有没有这方面的需要,除了这个原因之外,您还有其他原因吗?"

潜在客户:"没有了。"

营销人员:"我非常理解您,换个角度来说,如果我跟您说的保险有点不一样,而且确实是对您有益的,我想您会感兴趣的。我希望用15~20分钟的时间,把我们公司最新的财务管理计划解释给您听,您听完之后如果感兴趣,我可以再为您做进一步的建议和分析;若是不感兴趣,多了解一些财务及金融方面的知识应该不是件坏事。王小姐,相信您会同意多了解各方面的知识对自己有帮助吧?"

潜在客户:"那倒是。"

营销人员:"那不知道王小姐是星期二还是星期三有时间呢?"

潜在客户:"我星期三没有时间,星期二吧。"

资料来源:张清源.提问式行销——中国式保险行销技巧和话术 [M].北京:中国致公出版社,2011.

3. 客户异议的类型

(1)支付异议。支付异议是指客户担心支付能力有限或者保费金额超过预期而引起的异议,比较常见的说法有:"我负担不起""我有贷款要还,没有多余的钱""我快要结婚了,准备婚礼需要很多钱""我这几个月已经没有预算了""我不想投保这么贵的保险""我担心以后续保有困难"等。

(2)产品异议。产品异议是指客户对保险产品缺乏信心或了解而造成的异议,比较常见的说法有:"保险比不上股票和基金""买保险不如存银行安全""这种保险保费不

能返本，我不要""某公司的保费要比你们的便宜""这份保险计划我不喜欢""一定要通过体检才能投保吗"、"保险的分红有没有保底收益"等。

（3）需求异议。需求异议是指客户对自身保险需求缺乏深入了解而产生的异议，比较常见的说法有："我不需要保险""我有社会保险足够了""我存的钱够多了，没必要买保险""我年轻体壮，保险对我没什么用""我单身汉一个，没负担，不需要保险""我家长辈没买保险不也过得很好嘛""孩子有保险就行，大人无所谓""我有个孝顺的儿子，不需要养老险""我都这么大年纪了，还买保险做什么"等。

（4）信用异议。信用异议是指客户对保险营销人员、保险公司和保险行业缺乏信任而引发的异议。比如"你设计这么多的险种是为了赚佣金吧""你离职了我的保单谁来负责""你们公司倒闭了我的保费怎么办""你能返给我多少折扣""我朋友说保险十赔九不足，买了没用""我朋友也是做保险的，我看还是找熟人买比较好""你们公司才成立没多久吧"等。

（5）拖延异议。拖延异议是指客户不想立刻做投保决定而产生的异议。如"不急，我再考虑考虑""等几天我再给你答复吧""我要和家人商量商量""我要比较比较""等我同事老李买了，我再买""等我还完房贷再买吧""年终发奖金了再买"等。

4. 处理顾客异议的方法。处理客户异议是一门艺术，保险营销人员必须要掌握这门艺术，并且要根据不同客户的表现采取有针对性的方法消除客户的疑虑。客户性格差异，提出异议的表现形式也各异。下面是几种常见的客户异议的表现形式及应对方法。

（1）转折处理法。转折处理法，是营销工作的常用方法，即营销业务员根据有关事实和理由来间接否定客户的意见。运用这种方法应首先承认客户的看法有一定道理，也就是向客户作出一定让步，然后再讲出自己的看法。然而，此法一旦使用不当，可能会使客户提出更多的意见。在使用过程中要尽量少地使用"但是"一词，而实际交谈中却包含着"但是"的意见，这样效果会更好。只要灵活掌握这种方法，就会保持良好的洽谈气氛，为自己的谈话留有余地。

（2）转化处理法。转化处理法是利用客户的反对意见自身来处理。客户的反对意见是有双重属性的，它既是交易的障碍，同时又是一次交易机会。营销业务员要是能利用其积极因素去抵消其消极因素，未尝不是一件好事。这种方法是直接利用客户的反对意见，转化为肯定意见，但应用这种技巧时一定要讲究礼仪，而不能伤害客户的感情。此法一般不适用于与成交有关的或敏感性的反对意见。

（3）以优补劣法。以优补劣法又叫补偿法，如果客户的反对意见的确切中了产品或公司所提供的服务中的缺陷，千万不可以回避或直接否定，明智的方法是肯定有关缺点，然后淡化处理，利用产品的优点来补偿甚至抵消这些缺点。这样有利于使客户的心理达到一定程度的平衡，有利于使客户作出购买决策。

（4）委婉处理法。营销业务员在没有考虑好如何答复客户的反对意见时，不妨先用委婉的语气把对方的反对意见重复一遍，或用自己的话复述一遍，这样可以削弱对方的气势。有时转换一种说法会使问题容易回答得多。但只能减弱而不能改变客户的看法，否则客户会认为你歪曲他的意见而产生不满。营销业务员可以在复述之后问一下："你认为这种说法确切吗？"然后再继续下文，以求得客户的认可。比如客户抱怨"价格比去年高多了，怎么涨幅这么高。"营销业务员可以这样说："是啊，价格比起前一年确实高了一些。"然后再等客户的下文。

（5）合并意见法。合并意见法，是将顾客的几种意见汇总成一个意见，或者把顾客的反对意见集中在一个时间讨论。总之，是要起到削弱反对意见对顾客所产生的影响。但要注意不要在一个反对意见上纠缠不清，因为人们的思维有连带性，往往会由一个意见派生出许多反对意见。摆脱的办法，是在回答了顾客的反对意见后马上把话题转移开。

（6）反驳法。反驳法是指营销业务员根据事实直接否定客户异议的处理方法。理论上讲，这种方法应该尽量避免。直接反驳对方容易使气氛僵化而不友好，使客户产生敌对心理，不利于客户接纳营销业务员的意见，但如果客户的反对意见是产生于对产品的误解，而你手头上的资料可以帮助你说明问题时，你不妨直言不讳，但要注意态度一定要友好而温和，最好是引经据典，这样才有说服力，同时又可以让客户感到你的信心，从而增强客户对产品的信心。反驳法也有不足之处，这种方法容易增加顾客的心理压力，弄不好会伤害客户的自尊心和自信心，不利于推销成交。

（7）冷处理法。对于客户一些不影响成交的反对意见，营销业务员最好不要反驳，采用不理睬的方法是最佳的。千万不能客户一有反对意见，就反驳或以其他方法处理，那样就会给客户造成你总在挑他毛病的印象。当客户抱怨你的公司或同行时，对于这类无关成交的问题，都不予理睬，转而谈你要说的问题。客户说："啊，你原来是××公司的营销员，你们公司交通也不方便呀！"尽管事实未必如此，也不要争辩。你可以说："先生，请您看看产品……"

国外的营销专家认为，在实际营销过程中 80% 的反对意见都应该采用冷处理法。但这种方法也存在不足，不理睬顾客的反对意见，会引起某些客户的注意，使客户产生反感。且有些反对意见与客户购买关系重大，营销业务员把握不准，不予理睬，有碍成交，甚至失去营销机会。因此，利用这种方法时必须谨慎。

表 5 – 10　　　　　　　　常见的客户异议表现形式及应对方法

| 表现形式 | 特点 | 应对方法 |
|---|---|---|
| 东拉西扯 | 常常漫无边际地和保险营销人员说一些与产品和保险销售无关的事情 | 直截了当，一针见血 |
| 虚伪掩饰 | 好像想购买保险产品，但又拒绝保险营销人员的营销活动，遮遮掩掩，似乎在和保险营销人员捉迷藏 | 打消顾虑，以心换心 |
| 冷若冰霜 | 从与保险营销人员沟通开始就显得相当冷漠，对产品不闻不问 | 展现真诚，以情动人 |
| 金口难开 | 任由保险营销人员怎么说就是不肯吐出一言半句 | 穷追不舍，追问到底 |
| 谎话连篇 | 不说出真正拒绝的理由，而是以某种借口作掩饰 | 拿出调查表，让其填写 |

（二）促成签单

1. 促成的含义。所谓"促成"，就是每次营销的最后阶段，直截了当地说就是"缔

结契约"，也就是让客户表示"我买了"，说起来很简单，但事实上很少会有客户主动购买。一般来说，客户都是处于被动地位，营销人员必须主动对客户说"买了吧！""OK？""决定了吗？""请在合约上签名！"等，而"主动"就是促成应有的基本态度，如果营销人员不主动提出、使出浑身解数去说服客户的话，营销永远都停留在商谈阶段，签不了约，所以说营销中的临门一脚很重要。

2. 成交的最佳时机。什么时候应该开口促成？能否促成也有所谓的时机呢？答案是肯定的。比如有时候客户自己觉得产品不错，心里想买下，但是营销人员却仍在滔滔不绝诉说产品优点，这个时候客户可能又会兴起另一个念头"再看看其他的产品再决定吧"。

以营销的立场来说，如何判断何时才是促成的时机非常重要。当客户想"就买下了吧"，这个时候就是促成的时机了。任何人在做决定时，心理上一定会有所变化，要掌握最佳时机，就得先看出这种变化。一般客户心理产生变化，也会反映在行为举止或言语上。例如：

- 不时望着营销人员，不时看着产品简介；
- 翻来覆去地翻看产品介绍或设计书；
- 沉默不语；
- 眼神不定，喃喃自语，若有所思；
- 不时地叹息；
- 皱着眉头，宛如困惑难以决定的表情；
- 不停自言自语"怎么办"或与小孩、身旁的人商量；
- 询问价格以及付款方式；
- 不断地问"没问题吧！"（主要针对售后服务方面的事项）。

总而言之，当客户的表情、态度与先前不同，或者是说话口气改变时，就是进行促成的最佳时机。感觉到时机来临时，千万不要犹豫，立即进入促成阶段。因为时机稍纵即逝，一般客户想购买的情绪大多只维持 30 秒，因此，不论当时正在进行商品说明或做拒绝处理，一旦觉察出客户有意购买，大可直接将话题一转带入促成阶段，例如"主要原因是……依您看，月缴 3000 元好不好？"像这样突然转变话题或许会令客户大吃一惊，不过要是判断正确顺着客户的"买兴"，绝大部分都可以顺利促成。

3. 保险促成签单的方法

（1）风险分析法。此方法旨在通过举例或提示，运用一个可能发生的改变作为手段，让准客户感受到购买保险的必要性和急迫性。例如："您每天辛苦的工作为了什么？是为至爱的家庭提供最好的一切。但假如您的收入突然中断，家里的账单由谁偿还？您是一家之主，扮演非常重要的角色，您有没有考虑过，当风险发生时，谁最先承受痛苦，是别人还是您的家人？您有没有为家人生活好而设计方案？如果残疾使您的收入丧失，沦为施舍，您忍心让您的家人受苦吗？购买保险，虽然不能抵御风险，却能充分保障那些要继续生活下去的人。您爱您的家人，但爱若没有任何保障，就好像一张空头支票，保险可以保障您一切的承诺。"

（2）利益驱动法。它以准客户利益为说明点，打破当前准客户心理的平衡，让准客户产生购买的意识和行为。这种利益可以是金钱上的节约或者回报，也可以是购买保险产品之后所获得的无形的利益。对于前者如节约保费、资产保全，对于后者如购买产品后如何有助于达成个人、家庭或事业的目标等。例如："如果我们现在申请，您便能以较低的费率拥有保险的好处，但若下个月，您会因为年龄的增长而使费率提高。""这张保单的利益：一是协助您及您的家庭有计划地储蓄，如果万一有事发生，它就是您整个家庭的保障。在不幸事故发生时，银行只能归还您所有储蓄的款额，但我们却付给你所需要的几倍于储蓄的款额。所以这项保单当需要时，可以立刻为您的家庭创造一笔准备金，这笔准备金就会替您代劳照顾好家庭、您的至爱。二是这份保单会给您的家庭安全感，使您的家庭无论在什么情况下都享有继续生存下去的能力和权利，让您全无后顾之忧。三是使您感觉美好，人寿保险是您向至爱的人表达真情的最佳情书，今天就寄给您的至爱一封'情书'，去让您实现您的承诺，增进至亲的安全感。以上三点不正是您向往的最大心愿吗？"

（3）推定承诺法。即假定准客户已经同意购买，主动帮助准客户完成购买的动作，但这种动作通常会让准保户做一些次要重点的选择，而不是要求他马上签字或拿出现金。例如："您是先保健康险还是养老险？""您看受益人是填妻子还是小孩？""您的身份证号码是……""您的身体状况怎样，最近一年内有没有住过院？"这种方法只要会谈氛围较好，随时都可应用，"二择一"的技巧通常是此种方法的常用提问方式。

（4）以退为进法。此类方法非常适合那些不断争辩且又迟迟不签保单的准客户。当面对准客户使尽浑身解数还不能奏效时，可以转而求教："先生，虽然我知道我们的产品绝对适合您，但我的能力太差了，说服不了您。不过，在我告辞之前，请您指点出我的不足，给我一个改进的机会好吗？"谦卑的话语往往能够缓和气氛，也可能带来意外的保单。

促成的方法还有很多，如激将法、水落石出法等，不一而足，但万变不离其宗——促成其实就是沟通，它本身不是销售流程的结束，而是过程。所以面对准客户进行促成时，既要把握好促成的时机，又要有良好的心态准备，既能放得出，又可收得回，做到知己知彼，百战不殆。

4. 促成的话术

（1）默许法。默许法是指假定准客户已经认同购买了，直接让其签单。例如，拿出投保单，询问准客户的必要信息，询问准客户时，最好从简单的、容易回答的问题开始，准客户不打断，并回答问题，推销就算成功了。如果客户说"我还没决定要买"，就重新再做说服。

（2）二择一法。提供给客户几种选择方案，任其自选一种。这种方法用来帮助那些没有决定力的客户进行交易。客户只要回答询问，不管他的选择如何，总能达成交易。换句话说，不论他如何选择，购买已成定局。这种方法是让客户做出决定与选择。您可以说："请问每年的红利通知书是寄到您府上还是您的单位呢？""红利的领取您是打算累积生息还是交清增额呢？""您的交费期选择 20 年还是 30 年？"

（3）化整为零法。将准客户每年承担的保费平均到每月、每天，让准客户感觉很轻松，您可以说："每天少抽一包烟，50 万元的身价永相伴，算起来真是很划算。""其实您只需要每天存入您的账户 20 元，您就可以获得 50 万元的保障。"

（4）激将法。好胜是人的本性，掌握人性的弱点，激发准客户的购买意愿，从而促

使客户确定签单的决心。例如，"您的朋友张先生已经购买了，以您目前的能力，相信不会有什么问题吧？而且，像您这么顾家的人，相信也不会为一笔小钱而放弃对家庭的责任吧？"使用本方法时应注意所引用的故事或推销是否可以促使他下决心购买。

（5）举例法。运用保险事故、生活中实例或有关的新闻报道，让客户体会到不买保险的危险和损失。例如，"其实我们每个人都不知道自己的明天会怎样，许多被诊断为癌症晚期的患者都不相信自己得癌，如果有一天……人生能算得出利息吗？能算得出风险吗？昨天还活生生的人，今天就已经远离我们了，他的孩子、妻子，由谁去照管呢？"

此外，促成的动作与话术是同步的。在灵活运用保险促成话术的同时，配合有效的动作才能更好地促成签单。促成签单可以配合如图5-6所示动作。

促成的动作
| 适时取出投保书 |
| --- |
| 请客户出示身份证 |
| 引导客户签名 |
| 写便条（写上保费数字）或签发收据签名 |
| 请客户确定受益人签名 |

图5-6 促成签单的动作

## 【知识链接】

### 戴维·考珀的第一笔保险交易

进入保险业后，戴维·考珀并非很快就取得了成功，相反，一路上他也曾挣扎过，犯过不少错误，但在这个行业最初的几个月里他明白了一个道理——怎样去生存，而他所使用的生存策略即"创造性生存"。

纽约人寿保险面试第一关是写下100个人的名单，100个很容易接近并能把保险卖给他们的名单。戴维·考珀第二天带着名单来到纽约人寿，被录用了，随后，他参加了为期6天的培训课程，而这次培训则要求他对所列出的100个人尝试保险销售。他联络了名单上所有的人，除了部分已经有了代理人外，另外一些是根本不愿意买保险。后来，他开始搜索电话号码簿，而得到的回答大都没什么两样，如：

"我不需要什么保险，不要再打电话了。"

"我已经有代理人了，谢谢！"

"卖保险的！滚开！"

"不，谢谢！"

"我爸爸不在家。"

这种糟糕的情形一直延续了快3个月，他没有卖出一份保单。只有在最后的两天时间里做成一笔保单销售，才能避免公司的解聘，这也意味着他要在两天内完成两个多月都不曾完成的任务。

最后一天下午的5点，虽然已经接近最后时刻了，他还是没有做成一笔保险销售。在回家的街上，恰巧他看到一个人在卡车后面放置梯子，他快步赶上前。这是个穿着破旧牛仔衣，破旧靴子，看起来很疲惫的中年男子，一个修理屋顶的屋面工人，看见戴维·考珀迎向他表现出很惊讶。戴维·考珀和他随意打了个招呼，今天怎么样，他回答，感觉累极了。戴维·考珀问，做屋顶这样的工作是否必须要有良好的身体状况，如果有一天他突然从屋顶摔落下来怎么办，屋面工人耸耸肩说去医院。戴维·考珀继续问，那谁来照顾你的妻子和孩子。屋面工人沉默了一下说不知道。戴维·考珀为他提出现在有一个特别为屋面工设计的计划，在出现意外的情况下，他的妻子和孩子会得到充分的照顾，而且他还会得到应得的工钱。

第二天，戴维·考珀带着第一笔保险销售，走进了纽约人寿。

## 【知识拓展】

### 保险促成的话术实例

营销业务员：您看我给您做的这份计划，可以说是融合了养老、医疗、大病保障于一身的，您感觉怎么样呢？

客户：我感觉还行吧，挺不错的。

营销业务员：那您看您的身份证号码是多少？

客户：哎哟，现在就签单子吗？我还没有考虑好呢？我再考虑考虑吧。

营销业务员：王先生，可以说考虑一下是应该的，为自己的家庭买一份保险是一件很重要的事情。那我能问一下，您说的要考虑考虑是要考虑10万的保额呢，还是考虑20万的保额呢？

客户：那你这个20万要交多少钱啊？

营销业务员：20万的话要交一万五！

客户：一万五啊，挺多的啊。

营销业务员：王先生，是这样的，可以说要是一下拿出一万五来确实感觉有点高，但是一年一万五的话，平均到每天也就是40多元，以您现在的生活品质来说，一天40元也就相当您一天2包烟的钱，对吧？

客户：这倒是。

营销业务员：一天我们投入2包烟的钱，就可以为我们的家庭购买一份这么好的保障计划，同时在我们年老的时候呢也有一笔丰厚的养老金，您认为是不是非常划算呢？

客户：你说的倒是挺有道理的！

营销业务员：那您看我们的受益人是写您太太呢，还是写您的孩子呢？

客户：你看这样吧，我觉得这也是一笔大的家庭支出了。我觉得还是要和我的太太商量一下。

营销业务员：王先生，能看出来，您是一位非常细心，而且是非常注重您太太感受的老公，对吧？

客户：我们互相尊重。

营销业务员：那您太太肯定因为有您而感到非常幸福！

营销业务员：但是，王先生我想请教您一下，如果在您的日常生活中，比如在寒冷的晚上，如果您看到您的太太睡着了，但是你发现您太太的被子掉在了地上，那您是先把她叫醒给她盖上呢？还是会轻轻地给她盖上啊？

客户：那肯定是轻轻地为她盖上啊。

营销业务员：王先生您真的是一位非常细心的人，也是懂得如何爱您妻子的一位老公。我相信啊，其实我们的保险也是一样的。虽然说这份保障计划，被保险人是您本

人，但是我相信，您之所以要考虑这样的一份计划，是您想为您的太太和孩子，也为他们送去一份保障，对吗？因为您就是您的家庭中最好的保险，对吧？

客户：这样子啊。

营销业务员：所以说王先生，我感觉您的太太知道以后，也会为您有这样一个明智的决定，为家庭有这样的一份周全的打算而感到非常开心的。

客户：……

营销业务员：那您看，您要是没有什么问题的话在这里签一下字。

客户：这样吧，等我太太回来之后，我再和她商量一下，我看看她的意思。

营销业务员：您放心，当您签完字以后，等到我把保单送到公司，保单生效以后，在10天以内可以随时进行调整保单的内容。比如您夫人感觉20万的保额不够的话，我们可以随时调整，这个都是没有问题的。

客户：行，是在这里签字吧。

营销业务员：非常恭喜您有这样一份保障，也为您做了这样一份明智的决定您的夫人也会感到非常骄傲，我会马上把保单送达公司，让它尽快生效。同时也恭喜您和您的夫人……您夫人回来之后有什么问题可以随时和我联系，我的名片您还是留着吧？

营销业务员：那好，那就先这样……

## 【知识小结】

在营销的过程中，客户一般会提出异议，处理异议是保险营销的一个重要环节，促成签单之前先要处理客户异议。处理客户异议时需要尊重客户，避免与客户争论，将心比心对待客户，设法破解客户的秘密异议，在此基础上，利用促成话术来最终促成签单。

## 【考核】

**思考题**

1. 简述异议处理的一般原则。
2. 如何通过促成的动作分析客户的心理。

**课后训练**

保险五金

买保险不是投资

买保险不是消费

买保险不能简单等同于理财

保险是陪伴你的五金：

当你不用的时候，是持续增长的储蓄金

当您急用的时候，是流动资金和高额风险的保障金

当孩子长大的时候，是教育、创业、婚嫁的储备金

当你年迈的时候，是安享晚年的高额养老金

当你不在的时候，是规避税债的高额遗产金

**思考：**如何向准客户解释"买保险不是投资""买保险不是消费""买保险不能简单等同于理财"？

## 任务 5-4 签订保险合同

（一）编制保险建议书

1. 为什么要撰写保险建议书？保险产品是一种特殊的劳务商品，保险合同是射幸合同，只有当合同约定的保险责任发生后，保险人才履行赔偿或给付保险金的义务。对于客户而言，其所购买的是未来的保障，看到的是一纸承诺，很难在一开始就对保险产生信任感。

再加上保险合同是附合合同，实务中，通常是由保险公司事先拟订，由客户来作出是否同意的意思表示。由于客户缺乏保险专业知识，其在作出意思表示时，并不能真正了解保险合同是否切实符合其风险保障的需求、是否能有效规避风险等问题。因此，客户需要专业的意见来弥补这种不足。

保险建议书从项目现状和客户现实及潜在需求的角度出发，分析保险市场，设计保险方案，提出操作流程，以书面形式、通俗易懂的语言向客户提供专业的保险建议，从而协助客户完善风险管理体系。

一份优秀的保险建议书不仅是保险业务人员专业性的体现，而且是加强客户信任度的重要手段。

2. 从何角度撰写保险建议书？明确了保险建议书的撰写目的之后，我们首先应尽量搜集项目信息及客户需求，方可做到有的放矢。实践中，真实有效的项目风险信息的获得是建立在与客户充分交流、沟通的基础上的，进而站在客户的角度思考"风险管理与保险"问题，提供切实的风险管理策略，使客户充分认识到"未来保障"获得的必要性与合理性。

站在客户的立场去思考问题，易引起客户的共鸣。但是在撰写保险建议书时完全站在客户的角度去想问题，很可能限制保险方案的合理性和市场接受程度。因此我们建议，应在充分考虑客户需求的基础上，利用对保险市场的了解及本身的专业知识，提供合理化建议。这需要我们多角度思考问题，即首先要考虑客户需求、然后考虑保险市场、最后考虑技术可行性。

3. 保险建议书包括哪些内容？保险建议书的内容，并没有固定的格式，其核心可概括为"从风险的角度谈保险、从保险的角度谈风险管理"。保险建议书的这种理念，就是要引导客户"运用保险手段管理风险、把保险作为风险管理的重要手段之一"，即认识到保险的必要性，又能够认识到保险的非充分性，此为保险建议书的精髓所在。

（1）项目风险特征分析及合理转移。风险特征分析是整个保险方案保持有效性的基础，其重要性不言而喻。

保险建议书部分的项目风险分析，不同于风险评估报告，因其主要是为"保险的必要性"提供论据，所以并不要求对所有风险进行罗列，只强调重点风险及危害，点到为止即可。不同类型的项目，不同环境下的同类项目，及客户关注的角度不同，其风险分析的侧重点也不同。项目风险特征分析，仅仅是提出问题，而客户更关心的或许是"如

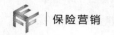 

何管理风险"的对策，因此，在分析风险的基础上，需要就如何进行风险管理提供合理的建议，其中包括保险手段等。

（2）保险专业建议。保险是项目风险管理的一种重要且有效的手段，能够弥补其他风险管理手段的不足，尤其是在巨灾风险的保障等方面具有独特的优势。但因保险的专业性和特殊性等特点，使广大客户在保险实务中处于不利的地位，那么，可以通过下面几个方面帮助客户了解保险、熟知操作流程：

①保险策略。保险策略就是要解决如何克服困难、发挥优势来获得实惠、有效的保险保障。通常我们撰写保险策略时需要考虑诸如保险市场、投保方式、险种选择、采购技巧、承保公司选择等问题，综合解决客户在保险购买时"买什么、向谁买、如何买"的问题。

②保险方案。保险方案是经纪人在保险策略的指导下为客户量身定做的保险产品，也是保险建议书的灵魂所在。一份优秀的保险方案既要符合保险策略，又要有所创新，这就要求我们建议书中保险方案的内容和形式应各有侧重，形成自己公司的专业特色。总之，保险方案在市场可以接受的程度下，一定要切实符合项目风险及客户需求，这样才能真正体现经纪人的专业优势，促进保险方案的不断创新和进步。

③保险经纪服务。保险作为一种风险管理的重要手段，需要持续管理才可充分发挥其保障作用。作为客户的保险顾问，经纪人的价值不仅仅体现在保险采购安排上，也充分体现在经纪人期内保险管理上的经济、实用、有效。

4. 如何包装保险建议书？内容和形式的统一，是一份优秀建议书的客观需要。保险建议书的内容通常要求简练但不简单、丰富但不冗杂，能够体现出专业特色，又能通俗易懂。

封面封底的设计要大方、清晰、醒目。封面清楚标明项目名称或客户名称、建议书类型、提交人名称、日期等，另可依据项目情况增添类似项目插图、客户和提交人的Logo 等；封底上可标明提交人的详细信息，如公司名称、地址、邮编、电话、传真、网址等。

扉页设计往往是我们忽视的细节。以往的建议书都是直奔主题，不妨尝试在扉页设计上先有一段问候，感谢客户给我们提供了机会，亲切的问候使客户如见其面，徒增亲切之感。同时通常建议书都比较厚，寄望客户通篇阅读几乎是不可能的，最好能在扉页中增加一个建议书概要，简单介绍建议书的框架及内容，突出建议书表达的中心思想，最好能够提出客户最感兴趣的问题，引导客户去阅读建议书。

保险建议书冗长是我们常犯的毛病，故建议书中部分内容如需加重笔墨说明、或是增加参考材料等可用附件的方式予以补充，以保证建议书的简约和缜密。比如客户想要了解具体的条款内容，可在正文的保险专业建议部分简要介绍条款主题，并将具体条款内容作为附件；又如保险策略部分在提及承保公司的选择时，我们可在正文中分析保险公司特色，并将各家保险公司的简介作为附件，以便客户翻阅。

（二）签订保险合同

1. 保险合同的含义。《保险法》第十条规定："保险合同是投保人与保险人约定保险权利义务关系的协议。"保险合同的当事人是投保人和保险人；保险合同的内容是保险双方的权利义务关系。保险合同属于民商合同的一种，其设立、变更或终止时具有保险内容的民事法律关系。因此，保险合同不仅适用保险法，也适用合同法和民法通则等。保险合同虽属民事法律关系范畴，但它的客体不是保险标的本身，而是投保人或者被保险人对保险标的具有的法律上承认的利益，即保险利益。保险合同不仅受保险法的调整，还应当受民法和合同法的调整，所以，保险合同的成立一定要符合民事法律行为的要件和合同的成立要件。

2. 合同主体。保险合同的主体分为保险合同当事人、保险合同关系人和保险合同辅助人三类。

（1）合同当事人。保险人：保险人也称承保人，是指经营保险业务，与投保人订立保险合同，收取保费，组织保险基金，并在保险事故发生或者保险合同届满后，对被保险人赔偿损失或给付保险金的保险公司。保险人具有以下特征：①保险人仅指从事保险业务的保险公司，其资格的取得只能是符合法律的严格规定；②保险人有权收取保险费；③保险人有履行承担保险责任或给付保险金的义务。

投保人：投保人也称"要保人"，是指与保险人订立保险合同，并按照合同约定负有支付保险费义务的人。在人身保险合同中，投保人对被保险人必须具有保险利益；在财产保险合同中，投保人对保险标的要具有保险利益。投保人必须具备以下两个条件：①具备民事权利能力和民事行为能力；②承担支付保险费的义务。

（2）合同关系人。被保险人：被保险人俗称"保户"，是指受保险合同保障并享有保险金请求权的人。被保险人具有以下特征：①被保险人是保险事故发生时遭受损失的人。在人身保险中，被保险人是其生命或健康因危险事故的发生而遭受直接损失的人；在财产保险中，被保险人必须是财产的所有人或其他权利人；②被保险人是享有保险金请求权的人；③被保险人的资格一般不受限制，被保险人可以是投保人自己，也可以是投保人以外的第三人；④被保险人也可以是无民事行为能力人，但是在人身保险中，只有父母才可以为无民事行为能力人投保以被保险人死亡为给付保险金条件的保险。

受益人：受益人是指在人身保险合同中有被保险人或者投保人指定的享有保险金请求权的人，投保人、被保险人或者第三人都可以成为受益人。受益人具有以下特征：①受益人享有保险金请求权；②受益人由被保险人或者投保人指定；③受益人的资格一般没有资格限制，受益人无须受民事行为能力或保险利益的限制；但是若投保者为与其由劳动关系的人投保人身保险时，不得指定被保险人及其近亲属以外的人为受益人。

（3）合同辅助人。保险代理人：保险代理人即保险人的代理人，指依保险代理合同或授权书向保险人收取报酬、并在规定范围内，以保险人名义独立经营保险业务的人。保险代理是一种特殊的代理制度，表现在：保险代理人与保险人在法律上视为一人；保险代理人所知道的事情，都假定为保险人所知的；保险代理必须采用书面形式。保险代理人既可以是单位也可以是个人，但须经国家主管机关核准是否具有代理人资格。

保险经纪人：保险经纪人是基于投保人的利益，为投保人和保险人订立合同提供中介服务，收取劳务报酬的人。

保险公估人：保险公估人是指接受保险当事人委托，专门从事保险标的之评估、勘

验、鉴定、估损理算等业务的单位。

3. 合同客体

（1）保险利益是保险合同的客体。客体是指在民事法律关系中主体享受权利和履行义务时共同指向的对象。客体在一般合同中称为标的，即物、行为、智力成果等。保险合同虽属民事法律关系范畴，但它的客体不是保险标的本身，而是投保人或者被保险人对保险标的具有的法律上承认的利益，即保险利益。

（2）保险标的是保险利益的载体。保险标的是投保人申请投保的财产及其有关利益或者个人的寿命和身体，是确定保险合同关系和保险责任的依据。在不同的保险合同中，保险人对保险标的的范围都有明确规定，即哪些可以承保，哪些不予承保，哪些在一定条件下可以特约承保等。

4. 合同成立

（1）合同成立的含义。按照合同法的理论，所谓合同的成立，是指合同因符合一定的要件而客观存在，其具体表现就是将要约人单方面的意思表示转化为双方一致的意思表示。

判断合同是否成立，不仅是一个理论问题，也具有实际意义。首先，判断合同是否成立，是为了判断合同是否存在，如果合同根本就不存在，它的履行、变更、转让、解除等一系列问题也就不存在了；其次，判断合同是否成立，也是为了认定合同的效力，如果合同根本就不存在，则谈不上合同有效、无效的问题，即保险合同的成立是保险合同生效的前提条件。

（2）合同成立的要件。判断合同是否成立，不仅是一个理论问题，也具有实际意义。首先，判断合同是否成立，是为了判断合同是否存在，如果合同根本就不存在，它的履行、变更、转让、解除等一系列问题也就不存在了；其次，判断合同是否成立，也是为了认定合同的效力，如果合同根本就不存在，则谈不上合同有效、无效的问题，即保险合同的成立是保险合同生效的前提条件。

（3）合同成立的要件。保险合同是一项民事行为，而且是一项合同行为，因而，保险合同不仅受保险法的调整，还应当受民法和合同法的调整，所以，保险合同的成立一定要符合民事法律行为的要件和合同的成立要件。

我国《合同法》第十三条规定："当事人订立合同，采取要约、承诺方式。"我国《保险法》第十三条规定："投保人提出保险要求，经保险人同意承保，保险合同成立。保险人应当及时向投保人签发保险单或者其他保险凭证。"依照这一规定，保险合同的一般成立要件有三：其一，投保人提出保险要求；其二，保险人同意承保；其三，保险人与投保人就合同的条款达成协议。这三个要件，实质上仍是合同法所规定的要约和承诺过程。因此，保险合同原则上应当在当事人通过要约和承诺的方式达成意思一致时即告成立。

（三）递送保单

1. 递送保单的重要性。保险销售不是签约为终点，而是以保单送达开始。就客户的购买心理而言，也只有在客户拿到保单，并进行初步研读后，购买行为才真正实现。因此，保险营销人员应在公司签单盖章后，尽快将保单送到客户手中。有的保险营销员在与客户熟悉以后，会有一种错觉，认为保险合同既已生效，这类事情无关紧要，殊不知，恰恰因为这种无关紧要的"不及时服务"，可能会使客户退保。

2. 递送保单的四大机会

（1）能够确保转介绍的机会。在给客户递送保单时，保险营销员应向客户索取转介绍名单，这时客户的心情很放松，对保险营销员也开始信任，成功的概率会很高。保险营销员不失时机地向客户开口要名单，就是又一次成功销售的开始。

（2）再次确认需求重点的机会。即便保险销售已结束，客户还在犹豫"这个真的那么必要吗？"早期解除合同的大多数人，就是因为这些原因反悔。因此，保单送达时，再次确认需求是非常重要，也是提高持续率的契机。

（3）追加销售的机会。追加销售的最佳时期是保单送达的时候，保单送达时，通过和客户进一步交谈，了解客户其他需求。

（4）证明信任的机会。有效的保单送达是简洁明了的说明，是展现代理人保险知识面的一个好时机。

3. 递送保单的步骤

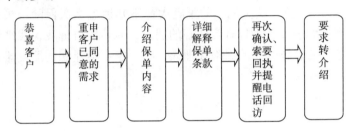

**图5-7 递送保单的步骤**

步骤1：恭喜客户。

目的：拉近与客户距离，打消客户疑虑，建立轻松良好的关系。

话术：张先生（女士），首先恭喜您获得了一份全面的保障，成为世界500强企业的客户之一。我今天来是将您投保的××计划的保单送给您……

步骤2：重申客户已同意的需求。

目的：提醒客户的需求，避免现场纠纷。

话术：张先生（女士），您看，根据您目前的现状及您提出的保险需求，我们专门为您量身订制了这样一款××综合保障计划，对您未来的大病/医疗/养老进行全面的呵护……

步骤3：介绍保单内容。

目的：介绍保单的构成，引导客户认真阅读保单。

话术：张先生（女士），这是您的保险单，里面包括投保书、条款、发票及回执、利益表和客户指南，接下来我会利用15~20分钟时间为您详细介绍保单条款内容，这项内容包含到您的切身利益，您一定要认真听哦！如果我讲解得清楚，请您在回执处进行签名，其余部分较简单，您可以直接阅读保单，如有问题可以与我或者公司客户电话×××××××进行联系。

步骤4：详细解释保单条款。

目的：遵照《保险法》的规定，有针对性地就条款进行说明，避免未来纠纷。

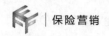
话术：您好，作为您的代理人，我有必要就您的这份计划进行详细的说明。首先看一下您与我们公司订立的合同。第一部分是……第二部分是这份保单所提供的保障，第三部分是如何申请领取保险金，第四部分是保险费的缴纳。此外，这是一份非常人性化的保险，公司规定客户在签收保单之日次日起的 10 天内可申请全额退保，这 10 天称为犹豫期。

步骤 5：再次确认了解程度、索要回执并提醒电话回访。

目的：再次确认，索要回执，提醒电话回访。

话术：张先生（女士），不知道对于这款保障计划您还有什么不清楚的地方？您看这是您购买这份计划的发票，同时请您在下面回执处进行签名，以便保证您的利益。同时我们公司是一家非常专业的公司，为了保证客户的利益，在未来的 10 天内公司有专人会就保单内容对您进行电话回访，请您反馈。

步骤 6：要求转介绍。

目的：获得源源不断的转介绍名单。

话术：张先生（女士），其实现在的家庭大都不知道怎么买保险、买多少保险，我相信您身边一定有像您一样优秀且有责任心的朋友，麻烦您告诉我，我来帮他们做一下保险理财分析。您放心，作为您的保险代理人，我一定不会让您的朋友难堪，让您没有面子……

## 【知识阅读】

### 递送保单的误区

- 让别人代送保单
- 只送保单，没有相关材料
- 没有再次向客户说明和强化保单利益
- 递送完保单马上就走，没有要求推荐客户
- 客户一次拒绝，就放弃要求客户推荐
- 递送完毕后，再不与客户联络

## 【知识小结】

由于保险合同的射幸性，客户在签订保险合同之前，很难对保险直接产生信任感，所以需要营销人员通过保险建议书给客户以专业的指导，增强客户的信任度。在签订保险合同之后，还要进行有效的递送保单，争取追加销售的机会。

## 【考核】

**思考题**

1. 保险建议书包括哪些主要内容。
2. 简述递送保单的步骤。

**课后训练**

课堂演练：学生分组，每两人为一组进行专业化递送保单的演练。完成后进行角色

互换。时间：15 分钟。

# 💡 项目拓展

## 【知识链接】

### 保险推销大王自述营销秘诀之选择顾客

〔日〕齐藤竹之助

1. 顾客是无限的。所谓顾客，是指可能会购买商品的人。推销员就是以寻找顾客、推销商品作为目标而进行一切活动的。

第一，利用熟悉的"关系"。一般所说的"关系"，有母校（小学、中学、高中、大学时期）的老师及同学关系；工作单位的同事关系；同乡关系以及街坊邻居关系；孩子在学校的关系；爱人以及自己的亲戚、朋友关系等。这些人都可以认为是你的潜在顾客。

第二，要利用这些关系再进一步向横的方向发展。如果你们之间的关系很密切，可以请他给你介绍其他人，而且和这些新结识的朋友们形成亲密的友好关系。然后又可以请这些新朋友再替你做介绍。这样一来，"关系"就可以无限地发展下去。

第三，到顾客聚集的地区去试探、寻找。在人烟稠密的地区进行推销，成交额会不断上升。

第四，报刊杂志是寻找顾客的重要线索。特别是地方性的报刊、专业性质的报刊杂志，为我们提供了大量线索。每逢看到有关涉及老主顾或朋友的报道，在以后访问其人时，一定要谈自己对那篇报道的感想，叙述自己的见解，同时表示祝贺。

第五，随着经济的发展，社会的变迁，新的顾客会应运而生。由于新技术的产生以及不断进行的技术革新，新的企业将会不断建立，新产品将不断涌现。与此相应，人们的思想也在不断地发展变化。随着生活水平的提高，有些人将成为你的新主顾。

2. 寻找"关系"，从无到有。你可以利用一切机会来发展顾客，但需要注意的是，尽管说要有效地利用关系，但若是不论什么事情都硬与自己的推销相联系，则会恰得其反，收不到效果。搞销售，要在进行商谈之前首先与对方的关系融洽起来，使对方了解自己，这是十分重要的。然后就要耐心地培育、发展自己与顾客之间的友好关系。

还有一个问题需要特别注意。即美国的生命保险推销员 E. 拉铁摩尔所强调的"今日的小人物就是明日的大人物"之观点。对于推销员来说，没有交际之必要或是交际必要性不大的顾客是不存在的。比如说，你是一家规模不大的汽车公司的推销员，在访问某人家庭时，对方这样说道："因为已经有一台车，所以没有必要再买了。但是我的车子有点毛病，能否帮忙修理一下？"此时，你如果懂技术的话，可以亲自动手修理。如果不懂技术，可以立刻给公司打电话，安排技工来修理。你的这番好意，以后肯定会得到好的回报。不久，他或许会成为你的顾客，或许会替你介绍新主顾。所以，从事推销工作，应该仔细琢磨"今日的小人物就是明日的大人物"这句话的内在含义，并应用到推销之中去。

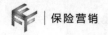 

## 【专业词汇中英对照】

准客户　prospect　　陌生拜访　cold calling　　促成签单　to sign the bill
保险建议书　insurance proposal　　保险合同　insurance contract
递送保单　delivery of the policy

# 📖 项目测试题

## 【职业技能训练】

学生分组，5 人一组，一男一女两位同学扮演夫妻，一名学生扮演保险营销员，两名学生作为观察员，进行陌生拜访。情景模拟后，观察员要进行点评，最后教师进行总结点评。

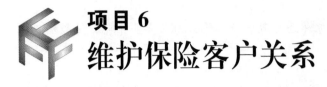

# 项目 6
# 维护保险客户关系

## 【学习目标】

了解处理客户抱怨和投诉的意义和基本原则；明确保险售后服务的基本理论；掌握客户关系管理（CRM）实施的主要步骤；能运用客户关系管理（CRM）系统巩固和维护客户关系；学会做一名合格的倾听者；具备为客户提供合理售后服务的技能。

## 【项目导入】

## 【知识结构图】

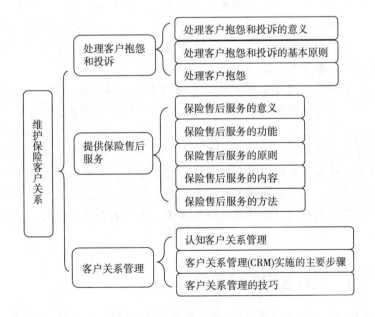

## 【导入案例】

### 用专业服务传递保险理念

葛咏萍，现任人保财险山东省潍坊市分公司营业二部销售部经理，2002 年 6 月加入

151

人保财险潍坊市分公司从事销售工作。十多年来，她以公司为家，依法展业，把保险当事业，为公司业务的发展作出了贡献。曾先后被省市公司授予"展业能手""销售精英""保险明星"等称号。

毅然辞职专做保险。刚开始葛咏萍还是兼职做保险，2007年下半年，她毅然辞去单位工作，成为一名专职的保险营销员。经过几年的不懈努力，葛咏萍的业绩一年一个台阶，超额完成公司下达的保费任务。

服务理念牢记心中。为了赢得客户，拓展业务，葛咏萍时刻不忘服务好客户的"三字经"，即受理咨询电话，突出"优"字；受理报案电话，突出"快"字；受理异地承保本地出险报案，突出"协"字。同时还努力做到"四个一样"，即承保理赔一样热情、新老客户一样接待、大小客户一样周到、分内分外一样服务，这些使得葛咏萍提高了客户服务水平，赢得了客户好评。

在日常展业中，为了扩大业务规模，葛咏萍不是靠着面子硬拉客户，而是始终秉承"以客户为中心"的经营理念，以优质服务发展新老客户。在一次展业中，葛咏萍的一位客户开始对她不大信任，在她那里投保了3年，每年投保前这位客户都会去其他公司咨询，为缴纳保费的多少和葛咏萍争论。每当这时，葛咏萍都会通过精确的计算和耐心的解释，向客户一一说明。特别是出险后，葛咏萍帮这位客户及时周到理赔，使这位客户深深信服。之后，客户在他的朋友圈里广泛宣传，为葛咏萍介绍了不少客户。

协助理赔赢得信赖。葛咏萍认为：对保户的服务不仅体现在承保前，更体现在理赔上。这些年来，葛咏萍始终保持24小时电话畅通，当客户出险后，不管自己有多忙，都及时赶到。某年春节期间，一位湖北的客户凌晨两点在南京出险，客户的求救电话让她在酣睡中惊醒。得知客户事故消息后，葛咏萍耐心地帮客户报案、交代有关保险事宜，使客户感到出险时始终有知心人为他出主意、想办法，解除了客户当时紧张烦躁的心理。这件事之后，客户对她越加信赖。

当然，服务客户不仅需要耐心和智慧，更需要吃亏和奉献精神。去年盛夏的一天，葛咏萍一位从事物流生意的客户要提前续保，由于做物流时间紧，货车又需要上锁和照相，当时客户所在地离公司几十公里，还要经过闹市区，那天正恰逢葛咏萍身体不适，但她还是带病开车去见客户。为了展业废寝忘食的事例，在她身上不胜枚举。

葛咏萍认为，保险销售其实销售的是一种服务理念，未来希望用自己专业的服务把这种理念带给更多人，将保险的功用和意义传播给更多人，让更多人从中受益。

**思考：** 售后服务质量的好坏对保险公司有哪些方面的影响？保险公司应如何开展保险售后服务？

## 任务6-1  处理客户抱怨和投诉

"嫌货人才是真正的买货人"是台湾地区的一句俚语，意思是说，嫌产品不好的人才是真正的内行，才是愿意购买你产品的人。在销售中，如果客户没有真正的购买意向，是不会愿意浪费大量时间提出那么多的异议的。因此，遇到挑剔的客户，营销人员不能消极地认为这是销售障碍，相反，要视客户的异议为成交的机会，不怕客户嫌，不怕比较，跟客户诚恳地讲解产品的优势，成功签下订单。

与顾客之间的关系走下坡路的一个信号就是顾客不抱怨了。这是哈佛大学的李维特教授的名言。在过去的观念中，客户一旦抱怨，经营者就会认为他们是在找麻烦、添乱，而且只认识到抱怨给经营者带来的一些负面影响。但实际上这种观念是偏颇的，因为，客户抱怨虽然意味着品牌的产品或服务没达到他们的期望、满足其需求；同时也表示客户仍旧对品牌抱有期待，希望其能够改善产品或提高服务水平。所以，当客户向你抱怨时，不要把它看成是问题，而应把它当作是天赐良机，所谓抱怨是金。当客户抽出宝贵的时间，带着他们的抱怨与我们接触的同时，也是免费向我们提供了应当如何改进服务的信息。因此，客户的抱怨不是麻烦，是机会，是客户的恩惠。

（一）处理客户抱怨和投诉的意义

1. 有利于消除客户的不满，与客户建立长期的关系。很多企业希望减少抱怨和投诉，但事实上抱怨和投诉是很好的商机。据调查显示，客户不满意时，只有4%的客户会抱怨，96%的客户保持沉默，91%的客户今后将不再买你的产品。这项调查说明真正抱怨的客户只是冰山一角，25个不满意的客户中只有1个客户抱怨。客户有抱怨说明客户对营销人员还是信任的，营销人员要立即改善服务态度，提高服务水平。其实沉默的客户是最大的隐忧，是无法挽回的不满，没有抱怨并不等于满意。客户的抱怨如果得到妥善处理，70%的客户表示还会继续购买，如果能够当场解决客户的抱怨，95%的客户会继续购买该公司产品。这也说明客户的满意度会影响其购买行为，立即改善要比久拖不解决，能挽回更多的客户。

2. 有利于公司进步。客户不抱怨，并不代表公司的产品和服务就是好的。抱怨和投诉有利于公司和营销人员了解什么样的产品、服务、设施和政策需要改进，有助于下一步营销计划的实现。处理客户抱怨，做好服务工作的本质不仅在于维系已有的客户，培养已有客户对保险公司的凝聚力和忠诚度，而且在于服务能够创造生产力，即通过对已有客户的再开发和公司品牌建设，增强公司在市场上的竞争力。所有那些向保险公司提出中肯意见的人，都是对保险公司寄予期望的人，他们期望公司的服务或是产品能够改善，所以对公司来说，抱怨的存在更有利于公司的进步。

3. 客户抱怨隐藏着无限的商机。从所抱怨的问题中，保险公司还能发现商机，发现市场的空白点，使公司有机会创造比其他公司更有竞争优势的产品。当前绝大多数公司都已经认识到公司的一切活动要"以客户为导向"，并且努力从客户的角度出发重组业务和管理流程。但是所有的努力毕竟都是按照公司的内在运作逻辑和体系实施的，与客户真正的需求不可避免地会存在差异。客户抱怨是一个公司澄清客户的真正需求，尽可能消除差异、贴近市场的机会。

（二）处理客户抱怨和投诉的基本原则

1. 客户永远都正确，不与客户争辩。由于客户的抱怨源于对保险营销员提供的产品或服务不满意，只有树立起"客户永远都正确"的观念，才能以平和的心态处理客户的抱怨。从心理上说，抱怨的客户会觉得保险营销员已经亏待了他，如果在处理抱怨的过程中，保险营销员态度恶劣，会让客户的感觉与情绪更差，进一步恶化客户与保险营销员的关系。当客户抱怨时，往往带着极强的负面情绪，与客户争辩只会使事情变得更加复杂，使客户更加情绪化，导致事情更加难以解决。因此，就算是客户的失误，保险营销员也不能与之争辩，面对客户的抱怨，营销人员要始终以"客户永远都正确"为前提处理问题，因为有抱怨和不满的客户是对企业仍有期望的客户，营销人员对于客户抱怨行为应该给予肯定、鼓励和感恩，尽可能地满足客户的要求。

> 服务：就是以顾客为主，设身处地地站在对方的立场，本着关怀的态度，去帮助其解决问题。
> 服务两条原则：
> 第一条，顾客永远是对的。
> 第二条，如果顾客有错，请参看第一条。

**图 6 – 1 服务两原则**

2. 对客户表示歉意，表达同理心。客户在投诉时，大部分都是在气头上。而生气的人，一般都会缺乏耐性，而且还会得理不饶人。面对这种情况的时候，最好先向客户道歉，不要与客户进行任何辩驳。道歉并不意味着你做错了什么，客户的对错并不重要，重要的是我们该如何解决问题而不让其蔓延。因为，在这种情况下，客户会认为"都是对方的错"，而他需要的就是发泄情绪，获得认同。可以说"很抱歉我们给您带来了麻烦""很抱歉让您这么不高兴""这对您来讲确实是件不好的事，我非常能够理解您现在的心情，换成是我也会非常气愤。"如此，通过向客户表达同理心就能够很好地拉近与客户之间的距离，这个方法用在处理客户投诉时也非常有效。因此，解决客户的投诉，就要先通过表达同理心来取得客户的信任与好感。

3. 对客户表示感谢，第一时间处理客户抱怨。客户的投诉之所以会发生，必定因为产品确实存在某方面的不足。因此，我们应该首先对客户愿意花时间精力来投诉表示感谢，降低客户敌意。可以说："非常感谢您花费宝贵的时间来告诉我们这个问题，让我们能有一个补救和改进的机会。"同时，要告诉客户将立即采取补救行动，而且行动内容越明确越好。保险营销员在处理客户抱怨的问题上，随着时间的拖延，客户的抱怨不但不会渐渐削减，反而会越积越多。拖延时间只会使客户的抱怨变得越来越强烈，使客户感到自己没有受到足够的重视，从而使客户的不满升级。此时，不妨这样表达你处理的诚意："我会尽快帮您处理这个状况……"

4. 征询并确认解决问题。顾客的想法有时和公司想象的差许多。你最好在提供了解决方案后再询问顾客的意见。最好不要擅自做决定，而要将决定权交给客户："您看我们这样做可以吗？"如果顾客的要求可以接受，那最好的办法是迅速、愉快地完成。因为将决定权交给客户能更好地让客户感受到尊重而减少怒气，这样不但能快速处理错误、弥补客户损失，更能安抚客户的情绪。我们都要记住：开发一个新客户的费用是维护老客户费用的五倍！"当所有的投诉发生时，解决问题的关键是——干净彻底地、令顾客满意地处理掉。"

5. 全程跟踪服务。保险营销人员要将处理抱怨和投诉的结果及时通知客户，而且应当主动答复，不要让客户来追问，即使有些抱怨和投诉无法给出满意的答复，也应当及时、如实地告知客户，并说明原因，留下客户的联系方式，以便事后更好地沟通。当与客户取得一致意见后，营销人员就可以开始实施处理方案，这时保险营销员有责任监控实施的全过程。处理客户抱怨之后的后续服务对于提升客户的满意度也至关重要，使客户的不满心态平缓下来，如果保住了客户，保险营销人员将来会获得更大的回报。

6. 留存资料，以作改进。保险营销人员不但要对客户负责，也要对公司负责。把处理客户不满意过程中的事实整理成资料，建立投诉资料库，这对保险营销人员个人和保险公司而言都是十分宝贵的资料，因为从中可以吸取经验或教训，引起注意并在工作中改进，可避免今后再听到同类的抱怨，使更多的客户满意。

## 【知识拓展】

### 营销人员处理异议注意事项

1. 情绪轻松，不可紧张。营销人员要认识到异议是必然存在的，听到客户提出异议后，应保持冷静，不可动怒，更不可采取敌对行为，而必须继续以笑脸相迎，在了解反对意见的内容或重点之后，一般多用下列语句作为开场白："我很高兴您能提出宝贵的意见""您的意见非常合理""您的观察很敏锐"等。

2. 认真倾听，真诚欢迎。营销人员听到客户所提出异议后，应表示对其意见真诚地欢迎，并聚精会神地倾听，千万不可加以干扰。另外，营销人员必须认可客户的意见，以示对其尊重。这样，当你提出相反意见时，准客户自然也会接纳你的意见。

3. 重述问题，证明了解。营销人员应向准客户重述其所提出的反对意见，表示已了解，必要时可询问准客户，其重述是否正确，并选择反对意见中的若干部分给予诚恳的赞同。

4. 审慎回答，保持友善。营销人员对准客户所提的异议，必须审慎回答。一般而言，应以沉着、坦白及直率的态度，将有关事实、数据、资料等加以确定或证明，以口述或书面方式送交准客户。说话语气须恰当，语调须温和，并在和谐友好的气氛下进行洽谈，以解决问题。

5. 尊重顾客，机智应对。营销人员切记不可忽略或轻视准客户的异议，以避免准客户的不满或怀疑，使交易谈判无法继续下去。如果粗鲁地反对客户的意见，甚至指责其愚昧无知，则你与准客户之间的关系将永远无法弥补。

（三）处理客户抱怨

1. 分析客户抱怨的原因。保险客户的抱怨产生的原因主要有以下几个方面：保险本身不符合客户的预期要求、保险营销人员对保险产品的知识不够全面、保险营销人员介绍保险时说明不够清楚、保险营销人员的礼节或方式不当等。

2. 分析客户抱怨的心理

（1）发泄心理。客户遭遇不满而抱怨，一个最基本的需求是将不满传递给保险公司，把自己的怨气、抱怨发泄出来。这样，客户不快的心情就会得到释放和缓解，恢复心理上的平衡。耐心的倾听是帮助客户发泄的最好方式，切勿打断客户，让他的情绪宣泄中断、淤积怨气。此外，客户发泄的目的在于取得心理上的平衡，恢复心理状态，在帮助客户宣泄情绪的同时，还要尽可能营造愉悦的氛围以引导客户的情绪。但是，营造愉悦氛围也要把握尺度和注意客户的个性特征，如果让客户感到轻佻、不受重视，那宁可做一个严肃的倾听者。

（2）尊重的心理。所有客户来抱怨都希望获得关注和对他所遭遇问题的重视，以达到心理上的被尊重，尤其是一些感情细腻、情感丰富的客户。在抱怨过程中，保险营销人员能否对客户本人给予认真接待，及时表示歉意，及时采取有效的措施，及时回复

等，都被客户作为是否受尊重的表现。如果客户确有不当，保险营销人员也要用聪明的办法让客户下台阶，这也是满足客户尊重心理的需要。

（3）补救的心理。客户抱怨的目的在于补救，因为客户觉得自己的权益受到了损害。值得注意的是，客户期望的补救不仅指财产上的补救，还包括精神上的补救，根据我国的法律规定，绝大多数情况下，客户是无法取得精神损害赔偿的，而且实际抱怨中客户提出要求精神损害赔偿金的也并不多，但是，通过倾听、道歉等方式给予客户精神上的抚慰是必要的。

（4）认同心理。客户在抱怨过程中，一般都努力向保险营销人员证实他的抱怨是对的和有道理的，希望获得保险营销人员的认同。保险营销人员在了解客户的抱怨问题时，对客户的感受、情绪要表示充分的理解和同情，但是要注意不要随便认同客户的处理方案。

（5）表现心理。客户前来抱怨，往往潜在地存在着表现的心理，客户既是在抱怨和批评，也是在建议和教导。好为人师的客户随处可见，他们通过这种方式获得一种成就感。客户表现心理的另一方面是在抱怨的过程中，一般不愿意被人作负面的评价，他们时时刻刻注意维护自己的尊严和形象。利用客户的表现心理进行抱怨处理时，要注意夸奖客户，引导客户做一个有身份、有理智的人。

（6）报复心理。客户抱怨时，一般对于抱怨的所失、所得有着一个虽然粗略但却理性的经济预期。如果不涉及经济利益，仅仅为了发泄不满情绪，恢复心理平衡，客户一般会选择抱怨、批评等对公司杀伤力并不大的方式。当客户对抱怨的得失预期与公司方的相差过大，或者客户在宣泄情绪过程中受阻或受到新的"伤害"，某些客户会演变成报复心理。存有报复心理的客户，不计个人得失，不考虑行为后果，只想让公司难受，出自己的一口恶气。

自我意识过强、情绪易波动的客户更容易产生报复心理，对于这类客户要特别注意做好工作。客户处于报复心理状态，要通过各种方式及时让双方的沟通恢复理性。对于少数有报复心理的人，要注意收集和保留相关的证据，以便客户作出有损公司声誉的事情时，拿出来给大家看看，适当的时候提醒一下客户这些证据的存在，对客户而言也是一种极好的冷静剂。

3. 处理客户抱怨的方式

（1）态度诚恳，耐心倾听。先听清楚客户说什么，态度认真、尊重客户，这是第一要义。切忌打断客户，如果有不明白的地方，应该等客户说完了再询问。倾听的过程对客户来说是一个发泄不满和宣泄情绪的过程，因而倾听过程中要有必要的回应，如点头、"嗯"等，表明你在用心听。很多的抱怨是在客户发泄完之后，他的情绪也基本平稳了，此时问题已经解决了一半，甚至很多抱怨，客户仅仅是想找一个人耐心地听取他的抱怨。

很少有客户在抱怨的时候能做到温文尔雅（除了少数涵养极好的客户）。在倾听时，要有面对客户发火的思想准备，这个时候不要试图去制止客户发火，要尊重他，让他发泄，客户在发泄的过程中心理渐渐恢复平衡，容易回到文明、理性、正常的状态中；相反，如果客户宣泄的途径不通畅，只会让他心里更窝火，他迟早还会再发泄一通，可能还会更加激烈，甚至表现得很极端。

倾听能够传递出的理解和尊重，也将会营造一种理性的氛围，感染客户以理性来解决问题。倾听要注意了解客户的真正意图，了解他所认为的真正问题是什么，他这次投诉真正要达到的目的是什么，千万不要主观地认为他是遇到了什么问题，也不要从其语言表面进行判断。

（2）了解客户的真正意图。化解客户抱怨需要了解客户抱怨的真正意图，才可能对症下药，最终化解客户的抱怨。但是，客户在反映问题时，常常不愿意明白地表达自己内心的真实想法。这种表现有时是因为客户碍于面子，有时是过于激动的情绪而导致的。因此，保险营销人员在处理客户抱怨时，要善于抓住客户表达中的"弦外之音、言外之意"，掌握客户的真实意图。以下三种技巧可以帮助保险营销人员：

第一，注意客户反复重复的话。客户或许出于某种原因试图掩饰自己的真实想法，但却又常常会在谈话中不自觉地表露出来。这种表露常常表现为反复重复某些话语，值得注意的是，客户的真实想法有时并非其反复重复话语的表面含义，而是其相关乃至相反的含义。

第二，注意客户的建议和反问。留意客户抱怨的一些细节，有助于把握客户的真实想法。客户的希望常会在他们建议和反问的语句中不自觉地表现出来。

第三，注意客户的反应。所谓客户的反应，就是当保险营销人员与客户交谈时，对方脸上产生的表情变化或者态度、说话方式的变化。

就表情而言，如果客户的眼神凌厉、眉头紧锁、额头出汗、嘴唇颤抖、脸部肌肉僵硬，这些表现都说明客户在提出抱怨时情绪已变得很激动。在语言上，他们通常会不由自主地提高声量、语意不清、说话速度加快，而且有时会反复重复他们的不满，这说明客户处于精神极度兴奋之中。就客户身体语言而言，如果身体不自觉地晃动、两手紧紧抓住衣角或其他物品，则表明客户心中不安及精神紧张。有时客户的两手会做出挥舞等激烈的动作，这是客户急于发泄情绪，希望引起对方高度重视的不自觉的身体表现。

（3）做好记录，归纳客户抱怨的基本信息。记录客户抱怨信息包括记录抱怨事实、抱怨要求、抱怨人的姓名和联络方式。记录抱怨人的姓名和联络方式是非常必要的，不然，在抱怨人愤怒地离开、消失在人群中以后，就像在客户群中放了一枚定时炸弹，而你无法把握何时爆炸和破坏力有多大。同时，记录本身还有双重的功效，既让客户感受到你对他的重视，起到安抚情绪的作用，又能通过记录、询问，将客户的注意力引向客观描述和解决问题本身，起到移情的作用。

（4）回应客户，对抱怨内容表示理解。首先向客户表明自己的身份，当然视情况也可以在倾听客户抱怨前就表明。回应客户抱怨的一个重要内容是，向客户确认抱怨事实和要求，目的在于确保正确理解客户的意思。回应时，要注意让客户感受到他的想法得到了你的共享。如果是健谈的客户，也可以见缝插针地与客户聊聊保险以外客户平时可能比较关心的事情。比如客户讲"公司应该如何提供优质服务"，那么可以引导客户谈服务的话题，不知不觉地让客户转移注意力。如果能够成功转移到客户感兴趣的其他话题上，双方将从一种敌对关系转化为一种交换资讯、交流情感的平等关系上。拉近与客户的心理距离，处理抱怨要容易得多。客户的情绪比较稳定后，要及时抓住机会重新回到当前的纠纷话题。但要注意的是，对于不善言辞，或者没有兴趣谈其他问题而一心就

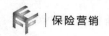 

想解决抱怨的人来说，不要轻易转移话题，否则客户可能会觉得你在回避问题。

（5）及时答复或协商处理。首先向客户适当表示歉意，即使错不在你的公司，也要致歉，因为道歉是平息客户不满情绪的有力武器。同时感谢客户的抱怨，因为客户是公司的朋友，他们在提醒我们解决公司忽略的问题。对于抱怨问题，能够立即答复的，马上给予答复，并征求客户的意见。如果需要进一步了解情况，应向客户说明并与客户协商答复的时间。这里，要注意适当留出富余的时间。随后，一定要在承诺答复时间内联络客户、给出答复。如果答复期限到了，还不能给出答复，也一定要联络客户，以免失信于人。

（6）留存资料，以作改进。保险营销人员不但要对客户负责，也要对公司负责。把处理客户不满意过程中的事实整理成资料，这对保险营销人员个人和保险公司都是十分宝贵的，因为从中可以吸取经验和教训，引起注意并在工作中改正，可避免今后再听到同类的怨言，使更多的客户满意或高兴。

4. 处理客户抱怨的服务技巧——OHS 基本策略

（1）OHS 基本策略的概念。OHS 基本策略沿用了美国培训教程中的名词，在这个教程中，最基本的抱怨处理策略被称为"YES……BUT"理论，这是很多国际级的培训理论中广为利用的原则。其中，YES 的含义是"是的"，BUT 则是一个转折"但是"。根据"YES……BUT"理论，在遇到顾客抱怨时，不要立刻指出顾客错误，而应首先说"YES"，从语气上对他的抱怨给予肯定。YES 表示你同意他的看法，是一种情绪疏导，如果说顾客抱怨如同山洪般爆发，说"YES"就是对洪水进行疏导就是同理心，如图 6-2 所示。

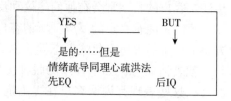

图 6-2　YES……BUT 理论模型

必须先控制他的 EQ，安抚情绪，然后逐渐疏解，这就是"YES……BUT"理论中的"先 EQ，后 IQ"的基本策略。

（2）OHS 基本策略

①OHS 基本策略三部曲："一激二安三交代"

"一激"：就是指第一步行动，先激励肯定客户，感谢对方。

"二安"：含义包括"安其心"和"安其身"。

"三交代"：是指给顾客的答复和处理意见。

②执行方案

方案一：真心换真情。OHS 三部曲总结起来就是先做情绪疏导，再来面对问题，然后提出处理策略。真诚的态度是解决一切问题的基础，执行过程中要牢记"真心换真情"的三段处理法。

图 6-3　OHS 三部曲

下列语言避免使用：

● "你可能不明白。"

- "你肯定自己搞错了，这不可能。"
- "你喊什么？没人把你当哑巴。"
- "你想怎么样？"
- "工作很忙，难免会错，我又不是故意的……"

方案二：化单一问题为复合问题。解决问题的时候可以将问题展开，向顾客解释错误产生的根源。争吵永远解决不了实际问题，服务人员此时需要用积极热情的态度，耐心地向顾客说明问题是由各种因素综合作用决定的。这样，大多数明白事理的客户都会表示理解。

方案三：品味法。品味法首先表达对顾客的推崇与保证，强调他意见的重要性，承诺一定让他满意。进一步承认顾客在问题方面的权威性，推崇并赋予他理解和认可。这样肯定客户对问题理解的正确性，有利于问题的最终处理，切忌讽刺顾客。

任何服务都不可能是十全十美的，顾客对服务产生抱怨并不是可怕的事情，关键是要建立良好的心态，把顾客当成上帝，肯定顾客是正确的，然后再设法寻求解决问题的方法。如果对顾客的抱怨不重视或者处理不当，极有可能造成前功尽弃的后果。

和能成事，敬能安人。服务人员应该掌握抱怨处理的原则和方法，应对自如地处理顾客抱怨。一般来说，"YES……BUT"理论是处理顾客抱怨的基本技巧。

## 【知识储备】

### 处理客户抱怨的 lscia 模型

1. 倾听（listen）。当客户提出异议或反映产品或服务的问题时，我们首先要学会倾听，倾听是解决问题的前提，有助于弄清问题的本质和事实。切记不要打断对方的谈话，在倾听的过程中不妨多运用提问的技巧，比如，发生什么事？这事为什么会发生？你是如何发现的？这样将会有助于您了解事情的真相。在倾听客户抱怨的时候，不但要听他表达的内容还要注意他的语调与音量，这有助于您了解客户

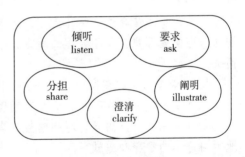

图6-4　lscia 模型

语言背后的内在情绪，同时，要通过归纳与复述来确保自己是否真正了解了客户的问题。

2. 分担（share）。如果我们基本弄清问题的本质以及此事是因何发生时，则可以采用分担的方式，如您讲得有道理，我们以前也出现类似的事情。不管是产品本身，还是其他原因，都不能责备客户。这样，客户会感觉他被重视。

3. 澄清（clarify）。了解客户异议的本质及动向后，具体问题具体分析，如果是产品本身，应立即向客户道歉，并以最快时间给客户解决；若是客户使用不当，要说明问题的实质，并立即帮助客户解决问题，说明产品正确的使用方法，并用鼓励的话语感谢客户提出的异议，无论是正确还是错误。

4. 阐明（illustrate）。能够及时解决问题当然最好，但有些问题可能比较复杂或特殊，一般人员难以解决。那么就不要向客户作任何承诺，而是诚实地告诉客户情况有点特别，我们会尽力帮助客户寻找解决的方法但需要一点时间，然后约定回话的时间。一定要确保准时给客户回话，那么即使到时仍不能帮助客户解决，也要准时打电话向客户解释问题进展，表明我们所做的努力，并再次约定给客户答复的时间。

5. 要求（ask）。在客户异议基本解决后，还要再问客户还有其他什么要求，以诚恳的态度告诉客户，假如还有其他问题，请随时找你，并递上你的名片。

## 【知识拓展】

### 处理客户的投诉与抱怨的办法

1. 动作快一点。处理投诉和抱怨的动作快，一来可让客户感觉到尊重，二来表示解决问题的诚意，三来可以及时防止客户的负面影响对业务发展造成更大的伤害，四来可以将损失减至最少。一般接到客户投诉或抱怨的信息，即向客户打电话或通过传真等方式了解具体内容，然后在内部协商好处理方案，最好当天给客户答复。

2. 态度好一点。客户有抱怨或投诉就是表示客户对产品及服务不满意，从心理上来说，他们会觉得是你的公司亏待了他。因此，如果在处理过程中态度不友好，会让他们心理上不舒服、情绪很差，会恶化与客户之间关系。反之，若服务人员态度诚恳，礼貌热情，会避免客户的抵触情绪。

3. 语言得体一点。客户对产品和服务不满，在发泄不满的言语陈述中有可能会言语过激，如果在服务中与之针锋相对，势必恶化彼此关系。在解释问题的过程中，措辞要十分注意，要合情合理，得体大方，不要说伤人自尊的语言，尽量用婉转的语言与客户沟通。即使是客户存在不合理的地方，也不要过于冲动。否则，只会使客户失望并很快离去。

4. 耐心多一点。在实际处理中，要耐心地倾听客户的抱怨，不要轻易打断客户的叙述，也不要批评客户的不足，而是鼓励客户倾诉，去让他们尽情地宣泄心中的不满。当你耐心地听完了客户的倾诉与抱怨后，当他们的发泄得到了满足之后，就能够比较自然地听得进你的解释和道歉了。

5. 办法多一点。很多企业在售后服务中，处理客户投诉和抱怨的结果就是给客户慰问、道歉或补偿产品、赠小礼品等，其实解决问题的办法有许多种。除以上所述手段外，还可邀请客户参观成功经营或无此问题出现的客户使用产品的情况，或邀请他们参加内部讨论会，或者给他们奖励等。

6. 补偿多一点。客户抱怨或投诉，很大程度是因为他们采用该产品后，他们利益受损。因此，客户抱怨或投诉之后，往往会希望得到补偿，这种补偿有可能是物质上（如更换产品、退货或赠送礼品等）也可能是精神上的（如道歉等）。在补偿时，如果客户得到额外的收获，他们会理解你的诚意而再建信心的。

7. 层次高一点。客户提出投诉和抱怨之后都希望自己的问题受到重视，往往处理这些问题的人员的层次会影响客户期待解决问题的情绪。如果高层次的领导能够亲自到客户处处理或亲自打电话慰问，会化解客户的许多怨气和不满，比较易配合服务人员进行问题处理。因此处理投诉和抱怨时，如果条件许可，应尽可能提高处理问题的服务人员的级别。

客户有投诉与抱怨是表明他们对这笔生意仍有期待，希望能改进服务水平，他们的投诉与抱怨实际上是企业改进销售工作、提高客户满意度的机会。

## 【知识小结】

处理客户抱怨和投诉有利于消除客户的不满、与客户建立长期的关系，有利于公司进步，所以在处理客户抱怨和投诉时，要表达同理心、不与客户争辩，第一时间处理客户抱怨，从中吸取经验教训，并在工作中改进，赢得更多客户满意。

## 【考核】

**思考题**

1. 分析处理客户抱怨和投诉的意义何在？
2. 如何正确处理客户抱怨和投诉？

**课后训练**

学生分组，4 人一组，1 名学生扮演客户，作为投诉人，1 名学生扮演保险公司工作人员，作为投诉处理者，2 名学生作为观察员。

**任务**：客户针对保险公司的产品或服务进行抱怨和投诉，保险公司工作人员与客户进行沟通和交流，解决客户的抱怨和投诉，观察员进行观察。情景演练结束后，观察员分析点评。各组同学进行角色互换。最后教师进行点评总结。

## ■ 任务6-2  提供保险售后服务

## 【案例分析】

### 以专业服务传递保险理念

陈芝跃 1996 年加入平安保险，十多年来，他以诚信服务赢得了客户和社会的认同。在陈芝跃获得的众多荣誉中，最看重的就是"IQA 国际品质认证"，他感触地说："做保险，先做人，诚信服务是保险的基本原则，这个奖励是对我服务工作的肯定，也是对我客户服务工作的鞭策。"

有一次，陈芝跃去日常拜访，听到一位客户想买养老保险，并且要能够附加一些其他的保险。经过研究之后，陈芝跃发现当时市场上虽然有养老之类的保险，但是不能满足客户附加其他保险的要求。如果卖给客户不需要的产品就是欺骗，这样做违背职业准则。于是，他建议客户先把钱存一段时间，等新产品上市再买。客户说："我以为保险销售员只知道推销保险，没想到平安的客户经理却能站在我们的立场考虑问题。"后来这位客户按照陈芝跃订制的养老计划投保，对交付费用和养老金领取等各方面细节都很满意。

资料来源：http://finance.sina.com.cn.

**思考：** 售后服务质量的好坏对保险公司有哪些方面的影响？保险公司如何开展保险售后服务？

保险售后服务是指营销员在完成保单销售后，以客户为中心，与客户建立信任的关系，以及协助客户处理与保单有关的事宜，通过各种服务维护客户利益，进而维护保险合同的有效性，并开发新业务的综合服务行为。

**（一）保险售后服务的意义**

对客户而言，优质的售后服务可以使保险合同保持有效、保险保障适合需求、保险理赔及时舒心。保险公司和营销员帮助客户维持合同有效，可以避免客户因为忘了缴存续期保费而致使合同中止或终止，从而影响保险效力；客户的家庭结构、年龄、身体状况、经济条件、社会地位等情况发生变化后，对保险的需求也随之变化，及时为客户改变保险构成、调整保障额度，才可以保证客户的保险利益。

对营销员而言，优质的售后服务可以赢得稳定的收入、赢得客户的信赖和支持、赢得更多的签单机会。营销员帮助客户及时续保，方便了客户、帮助了客户，也使自己的续期佣金得到保证；及时为客户传递保险行业资讯、险种信息，帮助客户分析投保条件、调整保险组合计划，为客户办理各类保全、理赔服务，让客户对自己更加信任。这些善意、持续的后续服务不仅会赢得客户信任，更重要的是营销员会因此形成个人品牌。

对保险公司而言，优质的售后服务可以保证公司的经营成果，更重要的是通过专业、诚信、全面、高效的服务，提高信誉、塑造品牌、扩大影响，从而造福百姓，实现永续经营。

表 6 – 1                      **好的服务和不好的服务的影响**

| 好的服务 | 不好的服务 |
| --- | --- |
| 客户平均告诉 5 个人 | 客户平均告诉 10 个人 |
| 成为忠诚客户的概率为 95% | 20% 的客户会告诉 20 个人 |
| 老客户的价值是新客户的 60 倍 | 50% 的客户不再光临，一次不好的服务，需要 5 次好的服务来修正 |

**（二）保险售后服务的功能**

1. 售后服务是实现保险产品合同承诺，维系与客户关系的纽带。合同签订后并不是销售的结束。恰恰相反，对保险产品而言，合同的签订才是销售工作的开始。保险产品是一种无形的产品，是一种服务，合同的签订意味着对客户的服务承诺的开始。保险是长期契约，在契约有效期内，客户的生活环境难免会发生变化，因此原先签订的保险合同，其保障程度与范围应做适当的调整。如果销售人员能够经常与客户保持密切的联系，对客户生活情况比较了解，那么在原有的合同保险金额不足以满足客户的保障需要时，便能及时规劝客户增加保险金额或险种，更好地实现合同的承诺。因此，售后服务工作不仅是销售人员的义务，更是他们的职责，要通过优质的售后服务去实现合同的承诺，维系与客户的关系。

2. 现有客户的深度挖掘。一般而言，客户认同了保险公司和业务员，而且可以享受到保险公司提供的优质服务，在其收入增加或者保险需求提高的情况下，就会顺理成章购买第二、第三张保单。

3. 新的销售网络的开拓。持续地给现有客户提供良好的售后服务，可以将他们培养成"忠诚的客户"。"忠诚的客户"是指这样一些人：他们为选定了理想的保险公司而高兴，他们认为自己得到了高附加值的服务，他们会再次购买该公司的产品和服务，他们不可能转向别的保险公司，而且最重要的一点，他们会向别的客户介绍公司的服务以及为他们带来的好处。于是，新的一轮销售机会就会到来，给公司带来更多的客户，也给客户带来更多的利益。

4. 树立良好形象。保险业务员的产品推销不应该是简单的个人行为，应该是企业各种资源整合后达到的结果。一种产品中应该包含保险公司的经营理念、企业文化、团队精神等。优质的售后服务无论对公司或个人都是一种极为经济而且效果很好的宣传方式，同时能够塑造独具特色的营销品牌和企业形象。

（三）保险售后服务的原则

1. 了解客户需求。并不是所有的客户对售后服务都有需求，甚至有的客户说不出他们要的售后服务有哪些，但是他们却又抱怨保险公司未提供任何售后服务，既然这些客户对售后服务的期望并不高或并不明确，那么保险公司要满足他们的需求并不难。但前提是，保险公司要先了解客户对售后服务的具体要求，期望程度等，然后才能提供适当的售后服务。

在提供这些服务时，保险公司与保险业务员要量力而行。因为一旦提供了这些售后服务，就等于设定了客户的最低期望值水准。所以除非保险公司可以用更好的售后服务取而代之，否则，若再撤回或减少已提供的售后服务，势必降低客户的满意度。

2. 公平服务和差异化服务。公平服务要求保险公司在执行保险政策时要严格按照国家规定的标准，公平对待每个被保险人，并且在规定允许的范围内，要为所有被保险人提供同样水平的服务，统一标准，平等对待。

差异化服务指的是保险公司应依据客户的不同特点适当地调整服务内容。保险公司及保险营销员与客户的联系方式就是随客户的需求而采取弹性措施。

3. 把握最佳服务时机进行高效服务。高效是要求保险公司每项服务要做到快捷、方便、易行，开展的各项服务要考虑为被保险人节约人力、时间、资金等成本，并通过各种现代化手段来提高保险服务的质量。

（四）保险售后服务的内容

1. 保单保全服务。所谓保全，就是让保单在保险期间内始终处于完备状态，能够时刻体现客户意愿，保证客户利益的一种行为。保持客户的基本信息得到及时更新，便于保险公司能够有效联系客户。

2. 协助理赔服务。理赔服务就是帮助客户确认保险责任、准备理赔资料、办理理赔手续、送达理赔金等服务项目。对于客户而言，一般不太清楚保险理赔的流程、所需的资料、办理何种手续等，由于资料不全或流程不对往往会延长获得理赔的时间，甚至影响理赔的金额。有营销员准确地协助客户办理理赔，情况就不一样了。

3. 保险咨询服务。营销员在日常经营中，会遇到很多没有购买过保险的准客户咨询保险的相关问题。其实，已经购买过保险的老客户，由于对保险有所了解，对保险的疑问也就更多。因此，在售后服务中，解答老客户的疑问、应答客户的咨询也是重要的一

个环节。

4. 风险规划和管理服务。首先，帮助客户识别风险，包括家庭风险的识别和企业风险的识别。其次，在风险识别的基础上，帮助客户选择风险防范措施，既要帮助他们做好家庭或企业的财务规划，又要帮助他们进行风险的防范。特别是对于保险标的金额较大或承保风险较为特殊的大中型标的，应向投保人提供保险建议书。保险建议书要为客户提供超值的风险评估服务，并从客户利益出发，设计专业化的风险防范与化解方案，方案要充分考虑市场因素和投标人可以接受的限度。

5. 客户投诉处理服务。保险公司各级机构应高度重视客户的抱怨、投诉，通过对客户投诉的处理，应注意发现合同条款和配套服务上的不足，提出改进服务的方案和具体措施并切实加以贯彻执行。其一，建立简便的客户投诉处理程序，并确保让客户知道投诉渠道、投诉程序。其二，加强培训，努力提高一线人员认真听取客户意见和与客户交流、化解客户不满的技巧，最大限度地减少客户投诉现象的发生。其三，了解投诉客户的真实要求。对于上门投诉的客户，公司各级机构职能部门的负责人要亲自接待，能即时解决的即时解决，不能即时解决的应告知客户答复时限。对于通过信函、电话、网络等形式投诉的客户，承办部门要在承诺期限内答复。其四，建立客户投诉回复制度，使客户的投诉能即时、迅速地得到反馈。其五，在赔款及其他问题上，如果客户和公司有分歧，应本着平等、协商的原则解决，尽量争取不走或少走诉讼程序。其六，在诉讼或仲裁中，应遵循当事人地位平等原则，尊重客户，礼遇客户。

（五）保险售后服务的方法

1. 亲自拜访。为使保户真正感受到保险公司及营销人员的真诚，售后服务应该做得很自然，不要让客户觉得是为了某种目的才这么做，也不一定要花费很大，不一定要占用很多时间。

2. 电子邮件问候。保险营销人员如果售后服务都集中在逢年过节，营销人员可能真的会忙不过来，所以不妨利用电子邮件的方式与保户保持联系。信函不必长篇大论，简单的几句问候语，寄一些相关资料就可以了。只要你心中有保户，并时时让他感受到，他就会比较满意。

3. 电话、微信等通信工具联络。充分利用现代化通信设备，可使业务人员提高售后服务的效率。例如，每天抽出一点时间给客户打电话或发短信、微信，分期分批地进行联络，既不会冷淡保户，又不会让自己太被动。另外，传真机大部分都在办公场所，传真贺卡，让客户的同事看到你对他的祝福，强化了你在他心目中和他的同事眼中的印象，借此拓展你的名声，并可得到客户的转介绍。

4. 馈赠礼品。为客户量身定做的礼品如公司的报纸杂志、理财手册、健康手册、新产品介绍彩页等都是很好的赠品，它会使客户越来越关注并理解公司的发展，并与业务人员一同成长，此外，还可以赠送鲜花、客户喜爱的活动项目的入场券、公司特制的钥匙扣或雨伞、助人成功的书籍以及享受折扣服务的优惠券等。馈赠礼品的真正目的是让客户了解到业务人员对他们的重视。

5. 成立客户俱乐部。通过成立客户俱乐部，定期组织客户、游戏，共同欢乐，搭建客户共享的平台，帮助客户解决问题，同时可以借机宣传公司形象和新产品。

6. 其他增值服务。比如，提供定期刊物、海外救援、回报社会等。

## 【知识链接】

表 6 – 2　　　　　　　　　　　　　　　　售后服务的时机

| 售后服务的时机—定期 | 售后服务的时机—不定期 |
| --- | --- |
| 生日 | 新商品出台时 |
| 结婚纪念日 | 国家重大政策出台时 |
| 法定节日 | 客户家遭遇重大事件时 |
| 保单周年纪念日 | 客户情绪悲观失望时 |
| 特刊出版日 | 自己职级晋升时 |
| 公司大型活动日 | 客户需要帮助时 |

## 【知识拓展】

### 怎样做好售后服务

现在做好一项售后服务工作不是那么容易的，所有行业竞争越来越激烈，顾客都是上帝已经成为行业内的宗旨。怎样做好售后服务工作，不仅要让顾客觉得产品让他满意，还得要让顾客觉得我们的服务让他满意。

作为一名售后人员首先要明白，公司派我们出去不只是做好售后维修服务工作，我们每一次出去都是代表公司，所以我们的言行都得到位，该说的就说不该说的就不说，不要对客户什么都说。

形象与沟通也很重要。你的形象代表的不只是你自己还有公司，如果客户一见到你就对你大打折扣那将对你的工作带来不利。这时你就要体现你的交际能力，好好沟通好好解释，有些可能是设计或原理性的问题是无法解决的，这时你只能说服客户让他接受。有时动手不如动嘴。

记录，每次出去解决问题，问题出在哪、怎么解决的、用什么方法、更换了什么部件、改了什么参数、改了什么程序、还存在什么隐患等一定要做好相关笔记。当然大部分公司出去都有带售后服务相关表格来填。但表格都是要上交的。所以我们要给自己留一个详细的底，以便下次更好地解决问题 。

作为一名公司售后人员，对自己范围内的客户要做到定期给个电话或邮件回访一下，要及时对自己所处理的问题进行跟踪。多些联系就多些了解，彼此熟悉了的话，在以后的工作当中也有很多帮助。如果能把关系混到跟朋友一样最好了，那将很多问题都不是问题。

## 【知识小结】

优质的售后服务可以使保险合同保持有效、保险保障适合需求、保险理赔及时舒心。所以，保险营销人员在进行保险售后服务时，需要了解客户需求、对客户一视同仁、高效服务，实现客户、保险营销员、保险公司的"三赢"局面。

## 【考核】

**思考题**

1. 简述售后服务的功能。
2. 售后服务有哪些基本原则？

**课后训练**

学生分组，进行客户回访。4 名同学一组，一名学生扮演客户，一名学生扮演营销人员，两名学生作为观察员。营销人员针对某一保险产品，对客户进行回访，发现问题及时解决，15 分钟左右，小组内同学可进行角色互换。模拟完毕，先由观察员进行点评，再由教师总结分析。

# 任务 6-3  客户关系管理

## 【案例分析】

### 客户（M）体验客户关系管理系统（CRM）案例

M 是 State Farm 的一个客户，M 的 X5 汽车后侧被另一辆车给划伤了，M 估计修理费用要 1500 美元左右，并致电通知 M 的汽车保险公司 State Farm。处理 M 的事情的先生马上给附近一家修车店打了个电话，并定好了一起去看车估价的时间。M 习惯地跟他预约去他们办公室的看车时间，他告诉 M 说不需要了，M 当然很高兴，因为这样 M 就可以节省很多时间。

正当 M 还在担忧的时候，他接着对 M 说："鉴于您有良好的驾车记录，这件事情不会影响您的保险评估和保险价格。"M 在软件和保险评估行业工作了很多年，了解一些行业知识，觉得很诧异。M 马上问："难道你们的系统能看到我的驾车历史数据？"

他回答说："是的。另外，如果您想办理其他保险，比如财产保险，我现在就可以给您办理。"他还告诉 M，如果 M 同意，还可以马上给 M 评估信用等级。

M 很惊讶，打电话到 State Farm 的办事处办理了很多事情，同时也了解到一些过去不知道的事情。

原来，State Farm 的呼叫中心和全美各地的指定修车店都有直接联系，它保存了客户的所有历史数据，还可以根据需求对相关业务的数据进行计算和分析。

这比 M 过去投保的 All State 保险公司好多了。在 All State，遇到事故的时候，先打电话约好到保险公司的办公室让他们的工作人员照相评估，然后再到指定的修车店估价。这样来来回回地折腾好几次，很麻烦。另外，那里的呼叫中心也没有客户的历史数据，不能马上就告诉客户修车会不会影响客户的保险费用。过去的呼叫中心也没有指定修车店、变动保险费用以及评估客户信用等级等功能。

后来 M 了解到，State Farm 之所以能够略胜一筹，是因为它实施了比较理想的客户关系管理系统（CRM）。

资料来源：http://www.ctiforum.com/forum/2002/07/forum02_0733.html.

**思考：**在产品和管理高度同质化的背景下，客户资源成为企业最重要的资源。企业如何实现以客户为中心的经营模式，以提高企业的核心竞争力？

（一）认知客户关系管理

1. 客户关系管理的定义。客户关系管理（Customer Relationship Management, CRM），其内涵是企业利用信息技术（IT）和互联网技术实现对客户的整合营销，是以客户为核心的企业营销的技术实现和管理实现。客户关系管理是一个获取、保持和增加可获利客户的方法和过程，是一个不断加强与顾客交流，不断了解顾客需求，并不断对产品及服务进行改进和提高以满足顾客需求的连续的过程，它是企业用来管理客户关系的工具。客户关系管理注重的是与客户的交流，企业的经营是以客户为中心，而不是传统的以产品或以市场为中心。为方便与客户的沟通，客户关系管理可以为客户提供多种交流的渠道。

作为解决方案（solution）的客户关系管理（CRM），集合了当今最新的信息技术，它们包括 Internet 和电子商务、多媒体技术、数据仓库和数据挖掘、专家系统和人工智能、呼叫中心等。它既是一种崭新的、国际领先的、以客户为中心的企业管理理论、商业理念和商业运作模式，也是一种以信息技术为手段、有效提高企业收益、客户满意度、雇员生产力的具体软件和实现方法。

CRM 的核心是客户价值管理，它将客户价值分为既成价值、潜在价值和模型价值，通过一对一营销原则，满足不同价值客户的个性化需求，提高客户忠诚度和保有率，实现客户价值持续贡献，从而全面提升企业盈利能力。

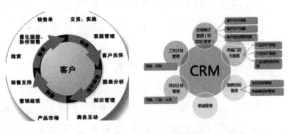

**图 6-5　客户关系管理图**

2. 客户关系管理的功能

（1）提高经营决策的水平和核心竞争力。运用客户关系管理将零散的客户资料集中管理，从中挖掘有价值的客户资源，进行市场细分、客户细分，及时、准确地了解和掌握新老客户的需求信息。保险公司能够有效地找到自己的客户，避免到处撒网寻找客户带来的资源浪费，为有效吸引客户和留住客户提供更高效更全面的决策支持帮助。

（2）提高服务水平。保险公司实施客户关系管理后，工作人员只要输入与客户相关的唯一标识（如客户的车牌号、保单号），系统就能搜索到对应客户的全部相关信息和交往记录。这些信息可以帮助业务人员及时对客户发现问题、解决问题，效率的提高自然使客户满意度大为改观。

（3）减少运作成本，降低经营风险。传统的保险业务数据管理是各自为政，要进行业务综合分析，就要到处伸手要数据，而且由于数据源的不同常常存在数据的不准确，增加了经营决策的难度和风险。客户关系管理的实施，将柜台业务数据、呼叫中心业务数据、银行保险数据、网上保险数据、电话保险数据等都纳入统一的数据库集中管理，实现各类业务开展和数据共享的无缝连接，为承保、理赔、产品研发及内部管理提供便利，彻底破除了传统的数据管理方式，减少了数据提取的环节，提高了准确性，从而也

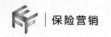 

减少了运作成本，降低了经营风险。

## 【知识拓展】

### 利用 CRM 系统进行管理客户

问题 1 没有完整的客户资料档案记录，即使有也不是经常更新。

方案：全面完整的客户档案。

（1）基本信息、客户分类信息、联系记录、客户联系人档案、报价记录、往来订单、应收账款、销售费用、首次下单日期、上次下单日期、累计销售额、销售毛利、平均采购周期、预计下次采购日期等。

（2）客户分类统计：按所在省份、城市、客户类型、客户行业、客户等级、客户来源等；多种统计指标：按累计销售额、累计订单数、累计销售毛利等；多种图表形式，可复制、打印。

问题 2 客户没有及时联系、跟进。

方案：工作台自动提醒：今天应联系的客户；明天/本周应联系的客户；逾期未联系的客户。

问题 3 老客户流失没有及时发现，也无人关注。

方案：工作台自动提醒：近期下单的客户；逾期未采购的客户；历年流失的往来客户。

问题 4 客户动态不清楚。

方案：工作台自动提醒：最近新建的客户；最近更新的客户；最近丢单的客户；本月/本季/本年新签约的往来客户；上月/上季/上年新签约的往来客户。

问题 5 潜在客户信息只有少数上报到公司，跟进情况也不清楚。

方案：潜在客户分级报备：目前所处的销售阶段或状态、客户等级、上次联系日期等。

问题 6 业务员工作期间没有详细的工作记录，离职后交接简单，造成大量人力成本和客户资源的双重浪费。

方案：

（1）销售团队：基于营销过程的管理。

注重结果，逐级制定业绩指标，以结果为导向；关注过程，过程影响结果。

定量：制定工作量指标、与经济利益挂钩。

保质：分析销售人员的工作记录、及时指导批示、保证工作质量。

（2）填报联系记录：记录每次联系客户的内容和跟进策略，可了解每个客户的完整的跟进过程；便于发现问题、防止销售中断。

（3）经理评注：可对业务员跟进中的问题及时给予建议和指示。

（4）工作量统计：通过制定明确的工作量指标，比如新报备的客户数、拜访量等，并与利益挂钩，可成倍地提高销售团队的工作效率。

（5）绩效分析：对联系记录的结果进行分析，可评估个体和团队日常销售活动的绩效水平，及时发现问题，并制定提升策略。

3. 客户关系管理的目标

（1）提高效率。通过采用信息技术，可以提高业务处理流程的自动化程度，实现企业范围内的信息共享，提高企业员工的工作能力，并有效减少培训需求，使企业内部能够更高效的运转。

（2）拓展市场。通过新的业务模式（电话、网络）扩大企业经营活动范围，及时把握新的市场机会，占领更多的市场份额。

（3）保留客户。客户可以自己选择喜欢的方式，同企业进行交流，进而获取信息得到更好的服务。客户的满意度得到提高，可帮助企业保留更多的老客户，并更好地吸引新客户。

4. 客户关系管理的基本内容

（1）客户信息管理。客户信息管理包括客户自然状况的基本信息，与此客户相关的基本活动和活动历史，联系人的联系方式，投保意向资料的输入和跟踪，建议书和保险合同的形成，客户的分类，客户信用程度的分析与确定等。

（2）中介人管理。中介人管理包括中介人概况的记录、存储和检索，跟踪其与客户的联系，中介机构的内部设置情况等。

（3）时间管理。时间管理包括设计约见、活动计划；进行事件安排；备忘录；进行团队事件安排；查看团队中其他人的安排，以免发生冲突；把事件的安排通知相关人员；任务表；预告统一提示；记事本；电子邮件。

（4）潜在客户管理。潜在客户管理包括业务线索的记录、升级和分配，销售机会的升级和分配，潜在客户的跟踪等。

（5）销售管理。销售管理包括组织和浏览销售信息，如客户、业务描述、中介人、时间、销售阶段、业务额、可能结束的时间等；产生各销售业务的阶段报告，并给出业务所处阶段、成功的可能性、历史销售情况评价等信息；对销售业务提供战略、战术上的支持；对地域进行维护；把销售人员归入某一地域并授权；地域的重新设置；根据利润、领域、优先级、时间、状态等标准，用户可定制关于将要进行的活动、业务、约见事宜等方面的报告；销售费用管理；销售佣金管理；应收账款管理。

（6）电话销售。电话销售包括电话簿，电话列表（列出业务、客户与联系人的对应关系），把电话号码分配到销售人员，记录电话细节并安排回电，电话内容草稿，电话录音、电话统计和报告，自动拨号。

（7）客户服务。客户服务包括服务项目的安排、调度和重新分配，事件的升级，跟踪与某一业务相关的事件，事件报告，服务协议和合同，订单管理和跟踪，问题及其解决方法的数据库。

（8）呼叫中心。呼叫中心包括呼入呼出电话处理，互联网回呼，呼叫中心运行管理，电话转移，报表统计分析，通过传真、电话、电子邮件、打印机等自动进行资料发送，呼入呼出调度管理，客户投诉管理。

（9）电子商务。电子商务包括个性化界面、服务，网站内容管理，店面，保单和业务处理，销售空间拓展，客户自助服务，网站运行情况的分析和报告。

（二）客户关系管理（CRM）实施的主要步骤

1. 确立业务计划。企业在考虑部署"客户关系管理（CRM）"方案之前，首先确定

利用这一新系统实现的具体的生意目标，例如提高客户满意度、缩短产品销售周期以及增加合同的成交率等。即企业应了解这一系统的价值。

2. 建立 CRM 员工队伍。为成功地实现 CRM 方案，管理者还须对企业业务进行统筹考虑，并建立一支有效的员工队伍。每一准备使用这一销售系统方案的部门均需选出一名代表加入该员工队伍。

3. 评估销售、服务过程。在评估一个 CRM 方案的可行性之前，使用者需多花费一些时间，详细规划和分析自身具体业务流程。为此，需广泛地征求员工意见，了解他们对销售、服务过程的理解和需求；确保企业高层管理人员的参与，以确立最佳方案。

4. 明确实际需求。充分了解企业的业务运作情况后，接下来需从销售和服务人员的角度出发，确定其所需功能，并使得最终使用者寻找出对其有益的及其所希望使用的功能。就产品的销售而言，企业中存在着两大用户群：销售管理人员和销售人员。其中，销售管理人员感兴趣于市场预测、销售渠道管理以及销售报告的提交；而销售人员则希望迅速生成精确的销售额和销售建议、产品目录以及客户资料等。

5. 选择供应商。确保所选择的供应商对你的企业所要解决的问题有充分的理解，了解其方案可以提供的功能及应如何使用其 CRM 方案，确保该供应商所提交的软件、硬件设施都具有详尽的文字说明。

6. 开发与部署。CRM 方案的设计，需要企业与供应商两个方面的共同努力。为使这一方案得以迅速实现，企业应首先部署那些当前最为需要的功能，然后再分阶段不断向其中添加新功能。其中，应优先考虑使用这一系统的员工的需求，并针对某一用户群对这一系统进行测试。另外，企业还应针对其 CRM 方案确立相应的培训计划。

（三）客户关系管理的技巧

顾客包括老顾客和新顾客，所以做好客户关系管理首要任务就是既要留住老客户，也要大力吸引新客户。

1. 留住老客户的主要方法

（1）为客户提供高质量服务。质量的高低关系到企业利润、成本、销售额。每个企业都在积极寻求用什么样高质量的服务才能留住企业优质客户。因此，为客户提供服务最基本的就是要考虑到客户的感受和期望，从他们对服务和产品的评价转换到服务的质量上。

（2）严把产品质量关。产品质量是企业为客户提供有力保障的关键武器。没有好的质量依托，企业长足发展就是个很遥远的问题。肯德基的服务是一流的，但依然出现了苏丹红事件，而让对手有机可乘，致使客户群体部分流失；康泰克、息斯敏等药物也是在质量上出现问题而不能在市场上行销。

（3）保证高效快捷的执行力。要想留住客户群体，良好的策略与执行力缺一不可。许多企业虽能为客户提供良好的策略，却因缺少执行力而失败。在多数情况下，企业与竞争对手的差别就在于双方的执行能力。如果对手比你做得更好，那么他就会在各方面领先，事实上要制定有价值的策略，管理者必须同时确认企业是否有足够的条件来执行。在执行中，一切都会变得明确起来。面对激烈的市场竞争，管理者角色定位需要变革，从只注重策略制定，转变为策略与执行力兼顾。行为导向的企业，策略的实施能力会优于同业，客户也更愿意死心塌地地跟随企业一起成长。

2. 吸引新客户可以利用以下方法

（1）以市场调查为由，收集客户名单。

（2）以公司搞活动，可以参加抽奖为由，进而收集相关名单。

（3）开发已签单的客户，做好服务，寻求转介绍等方式。换句话讲，开发客户需要找一个理由，这点很重要。

留住了老客户，吸引了新客户，就如拥有了双剑合璧的力量，可以使其发挥出最大的万丈光芒，从而达到预期的目标。

## 【知识拓展】

### 如何做好客户关系管理

**一、发现客户价值**

什么是客户？不是所有的购买者都是严格意义上的客户，而是重复购买，给企业带来持续利润的才是真正的客户。通过建立翔实的客户档案，对客户概况分析、客户忠诚度分析、客户利润分析、客户性能分析、客户促销分析，根据分析找出共同点，从而发现客户的价值所在，针对不同的价值客户采取不同价值的营销手段。

**二、确立客户关系管理的目标**

客户管理的目标是通过有效的客户关系管理达到缩短销售周期和销售成本，增加销售收入的目的，同时寻找扩展业务所需的新的市场和渠道，提高客户的价值，增强客户的满意度和黏度。在充分分析和调研的基础上，制定切实可行的目标，将各个指标落实到每个部门和个人，才能更有效地去执行。

**三、树立全员服务意识**

所谓的全员服务意识，就是从领导到员工将服务意识纳入到整个的工作当中，是公司的价值观。让它成为一种思维模式，不能停留在口号中，提倡用细节说话。首先是企业必须不断的教育，提醒企业中的所有员工，客户是企业最重要的资产，必须真心关怀客户的处境及需要，而不只是想要卖东西给客户。其次是给客户提供有价值的服务或者为客户提升价值。不仅仅停留在本产品的服务上，要延伸服务的半径，扩大服务的内容。通过有价值的服务为客户创造价值。再次是满足客户的个性化需求。随着社会的发展和进步，人们会更注重个性化的需求。所以要针对每个客户的特点制定个性化的服务内容和形式。

**四、建立客户关系管理的制度**

客户关系管理的制度是客户关系管理的准则，即使所有员工都真诚关怀客户，仍是不够的，因为企业中每个人在学识、经验以及沟通能力方面不尽相同，服务的效果也不一样，所以必须要有一套良好的、规范的客户关系管理制度。从客户接待、客户的个性化服务到客户服务的跟踪检查，让每个环节、每个人的客户关系管理动作都是标准动作。

**五、创新客户关系管理的方法**

客户关系管理不是一成不变的，而是随着科技的发展和客户的诉求来不断更新和变化的，要善于运用一切科学的手段来管理客户。一是增加人文情怀。客户关系管理说到

底就是一种情怀的服务，情怀服务不是一个结果，而是一个过程。让客户的每一个生活细节都记载到你的客户服务系统，让冰冷的产品包裹上你激情的过程服务，让它有温度，让它产生热度。二是运用现代科技手段。通过微信、QQ、网络平台、电子邮件等多种渠道增强客户的黏性，通过企业客户平台，做到客户信息共享，使企业员工全面了解客户关系，根据客户需求进行交易，记录获得的客户信息，对市场计划进行整体规划和评估，对各种销售活动进行跟踪，通过大量积累的动态资料，对市场和销售进行全面分析等。

## 【知识小结】

客户关系管理的核心是客户价值管理，通过客户关系管理，可以提高服务水平、减少运作成本、降低经营风险，从而拓展市场、保留客户，提升企业的核心竞争力。

## 【考核】

### 思考题

1. 简述客户关系管理（CRM）。
2. 客户关系管理的技巧有哪些？

### 课后训练

要求学生在网络上收集关于保险公司利用 CRM 系统方面的资料信息，然后分组讨论保险公司如何利用好 CRM 系统为客户提供更好的服务。

# 项目拓展

## 【知识链接】

### 客户关系管理案例之 CRM 与保险行业

国内的保险公司和国外的不太一样，它涉及包括投保人的经济承受能力、对保险的认识程度、文化氛围等多方面的因素。这需要对保险客户进行细致入微的服务，只要有了好的口碑，整个公司的业务就会有无限的延伸了！

作为管理客户关系的一种工具，CRM 客户关系管理系统的最大好处是在极大地降低企业运营成本的前提下，提升客户的忠诚度。CRM 客户关系管理系统，其中心是为客户关怀，通过不断地采取多种方式对企业的客户实施关怀，以提高客户对本企业的满意程度和忠诚度。

一个保险公司要想发展壮大，离不开大量的保单，因此也离不开能够带来效益的销售人员。大规模的企业往往有着大规模的销售人员。保险公司与传统销售过程不同，需要更加精细的销售过程管理。销售人员需要长期对客户进行跟踪和维护，人员的更替不能对客户维护造成任何影响。

随着业务的增多，销售人员、管理人员以及客户之间就会出现断层，这种情况如果长久发展下去，对企业的发展是十分不利的，尤其是当销售人员离职后随之而来的客户流失，对企业来说是非常严重的，应避免这种问题的发生。

最根本的解决方法是建立一个有效的客户关系管理平台。需要一个能及时了解沟通情况、商务费用、报价、合同及回款等全面信息的平台。借助 CRM 客户关系管理系统，帮助保险销售实现飞跃，走信息化管理之路。

作为一种新型管理机制，CRM 客户关系管理系统极大地改善了企业与客户之间的关系，实施于企业的市场营销、销售、服务与技术支持等与客户相关的领域。所以企业应该优选 CRM 客户关系管理软件，切实解决好销售管理、客户管理这两大难题。

## 【专业词汇中英对照】

抱怨、投诉　complain　保险售后服务　insurance service　理赔　settlement of claims
解决方案　solution　客户关系管理　CRM（customer relation management）

## 项目测试题

### 【职业技能训练】

#### 投诉处理演练

学生 4 人一组，一名学生扮演客户，一名学生扮演保险公司工作人员，两名学生作为观察员，要求客户就如下保险产品或服务等某一细节进行抱怨和投诉：

（1）被保险人发生事故，但属于免责事故；

（2）保户没能及时领取到赔款；

（3）代理人代保户签名，导致合同无效；

（4）理财保险产品的回报率没有代理人承诺的高；

（5）客户在犹豫期撤单，但内勤人员工作失误错过时间，合同已生效。

扮演保险公司工作人员的学生按客户投诉处理步骤与客户进行沟通与解决，观察员进行记录点评，小组内人员可以角色互换。每组演练时间不超过 15 分钟，各组评述后由教师进行总结点评。

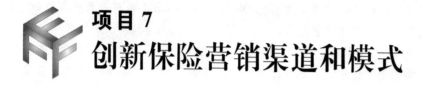

# 项目 7
# 创新保险营销渠道和模式

## 【学习目标】

了解保险电话营销新模式；明确保险电子商务及其运用；掌握基于 APP 新型保险营销；具备运用新型保险营销渠道和模式的能力。

## 【项目导入】

电话营销创新 → 互联网+保险营销 → 基于APP的新型保险营销

## 【知识结构图】

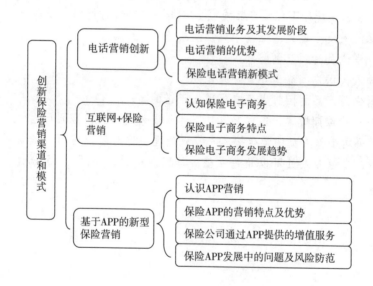

创新保险营销渠道和模式
- 电话营销创新
  - 电话营销业务及其发展阶段
  - 电话营销的优势
  - 保险电话营销新模式
- 互联网+保险营销
  - 认知保险电子商务
  - 保险电子商务特点
  - 保险电子商务发展趋势
- 基于APP的新型保险营销
  - 认识APP营销
  - 保险APP的营销特点及优势
  - 保险公司通过APP提供的增值服务
  - 保险APP发展中的问题及风险防范

## 【导入案例】

### 尝试保险营销创新

有人把市场比作战场，因为它关乎企业生存与发展，波及企业经营和效益。尤其是当多家保险企业在同一舞台上各施招数，展开角逐，加上急于摆脱经济滑坡的窘境，使得竞争变得愈加激烈。而营销是决定市场份额的关键因素，在同业竞争中起着不可替代的作用。基于此，保险企业应立足营销创新，扩大品牌效应，赢得良性发展，争取久远市场。

### 理念创新

理念创新，树立知识营销理念。当今社会已进入知识经济时代，知识经济的鲜明特点在于它不再以物质产品为第一商品，而是以新知识和新技术的传播、普及和应用作为主要商品，这与传统计划经济时代的营销模式和竞争策略有着本质的区别。

### 手段创新

手段创新，着力拓展品牌化营销。许多企业发现，市场竞争似乎在潜移默化中由产品、质量、价格和服务竞争逐步向品牌竞争过渡，从一定意义上说，后者占的比重似乎显得更大些。品牌是涵盖了企业、产品、技术、服务诸多因素的一种标识，也是反映企业实力和经营水平的无形资产，具有举足轻重的地位。只有精心打造品牌，潜心运用品牌，用心提升品牌，决心扩大品牌，才能占有份额，赢得市场，取悦客户，持续发展。

伴随着计算机技术的高速发展和国际互联网的普及，网络营销快捷高效地登上市场舞台，进而成为企业营销中活跃的因素，它对企业经营产生了重要影响。事实说明，网络营销具有跨时空、多媒体、高效率、低成本等特点，与传统营销相比有明显的竞争优势，有利于企业开拓发掘潜在市场，找到新的客户群体，了解产品走势，掌握供求动态，及时信息反馈，做出应变举措，谋求长远市场。

### 策略创新

策略创新，同步推动产品创新。毋庸置疑，产品创新是营销创新的核心要素和关键所在。一个企业是否具有稳定的生存力和旺盛的生命力，其标志就是看其产品是否能在日趋激烈的竞争中立足创新。

### 渠道创新

大家都知道，营销渠道如同人体的经络一样循环运行，拥有纵横畅通的营销渠道可以加快销售速度，缩短市场周期，降低运营成本，得到客户首肯，还能迅速获取市场信息，让企业根据市场变化做出反应，及时应变。

资料来源：http://www.chinavalue.net/Management/Blog/2011-9-29/840482.aspx.

**思考：**保险营销创新应从哪些方面着手？结合电子商务及APP模式谈谈你对保险营销渠道和模式创新的看法。

## ▧ 任务7-1 电话营销创新

保险，作为金融业的一大支柱，一向以一种固守、稳健的形象出现在世人面前。因为保险业是抵御冲击产业经济的自然灾害和意外事故的最后一道屏障，它宁可失之于稳固，也不愿冒风险获取额外的利润。但是保险是和信息紧密相连的，保险是一种承诺、一种无形产品、一种服务商品，保险中的每个环节都离不开信息。信息技术的发展对保险业的影响是巨大的，特别是20世纪90年代以来，互联网技术的发展与普及日新月异，其中所蕴含的无限商机使得无数商家纷纷把目光投向电子商务。于是一种全新的保险经营方式——保险电子商务应运而生。

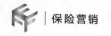 

（一）电话营销业务及其发展阶段

1. 电话营销。电话营销（telemarketing）出现于20世纪80年代的美国。随着消费者为主导的市场的形成，以及电话、传真等通信手段的普及，很多企业开始尝试这种新型的市场手法。电话营销绝不等于随机地打出大量电话，靠碰运气去推销出几样产品。简单地、随机地打电话，靠碰运气进行推销往往会引起消费者的反感，结果适得其反。而成功的电话营销应该使电话双方都能体会到电话营销的价值，通过使用电话，来实现有计划、有组织、并且高效率地扩大顾客群、提高顾客满意度、维护顾客的目标。随着消费者为主导的市场的形成，以及电话、传真等通信手段的普及，大多数保险企业都不愿丢失电话营销这一市场营销手法。

2. 电话营销的三个阶段。第一个阶段就是引发兴趣。通过打电话的方式，引发电话线另一端潜在客户的足够兴趣，是销售成功的基础阶段。在没有兴趣的情况下是没有任何机会的，也是没有任何意义来介绍要营销的保险产品的。这个阶段需要的技能是对话题的掌握和运用。

第二个阶段就是获得信任。在最短时间内获得一个陌生人的信任是需要高超的技能，以及比较成熟的个性的，只有在这个信任的基础上开始销售，才有可能达到销售的最后目的，即签订合同。这个阶段需要的技能就是通过具体方法和有效顾问作用来获得对方的信任，争取最大限度地赢得潜在客户的信任。

第三个阶段就是有利润的合约。只有在有效获得潜在客户对自己的问题有清醒认识的前提下的销售才是有利润的销售，也才是企业真正要追求的目标。这个阶段需要的技能是异议防范和预测、有效谈判技巧、预见潜在问题的能力等。

（二）电话营销的优势

1. 及时把握客户的需求。现在是多媒体的时代，多媒体的一个关键词是交互式（interactive），即双方能够相互进行沟通。在沟通媒介中，能够与对方进行沟通的一般性通信工具就是电话，而其他的媒体如电视、收音机、报纸等，都只是将新闻及数据单方面地传给对方，只有电话能够在短时间内直接听到客户的意见，可以说是非常重要的商务工具。通过企业营销人员和消费者双向沟通，保险企业可实时了解消费者的需求、意见，从而提供有针对性的服务，并为今后的业务开展提供参考。

2. 增加收益。电话营销可以扩大企业营业额。比如像宾馆、饭店的预约中心，不必只单纯地等待客户打电话来预约（inbound），如果去积极主动给客户打电话（outbound），就有可能取得更多的预约，从而增加收益。此外，因为电话营销是一种交互式的沟通，在接客户电话（inbound）时，不仅仅局限于满足客户的预约要求，同时也可以考虑进行些交叉销售（推销要求以外的相关产品）和增值销售（推销更高价位的产品），这样可以扩大营业额，增加企业效益。

3. 保持与客户的关系。通过电话营销可以建立并维持客户关系营销体系（relationship marketing）。但在建立与客户的关系时，不能急于立刻见效，应有长期的构想，制订严谨的计划，不断追求客户服务水平的提高。比如在回访客户时，应细心注意客户对已购保险产品、已获相关服务的意见，客户对电话中心业务员的反应，以及对营销业务员的反应。通过记录和分析这些数据信息为将来的电话营销提供帮助。

电话的定期联系，在人力、成本方面是上门访问所无法比拟的。另外，通过打电话的方式进行联系可以密切保险企业和客户的关系，增强客户对企业的忠诚度，让客户更加喜爱本企业的产品。

（三）保险电话营销新模式

传统保险营销模式具有拜访周期长，耗费时间多，管理不规范及目标不精准等缺点，同时也不利于年轻的销售团队的成长。保险行业的销售大军市场越来越趋向老龄化，加盟到这个行业的年轻人越来越少，接受过较好教育的年轻人不愿意像过去保险营销那样再走街串巷地开展，而是更加愿意端坐在电话机旁与客户进行交流、沟通，无须面对面。

1. 确保客户信息数据质量。电话营销是概率销售，数据质量的好坏直接关系到销售是否成功。因此，保险公司应从数据来源和应用过程两方面把握好数据的质量。

（1）从源头上进行把关。保险公司现有数据多是从公开市场上购买回来的，这些数据的完整性并不高，因此，在购买时应该对数据进行"精挑细选"，选择优质的数据供应商并且对购买的数据进行筛选。把只有名字和号码的数据剔除掉，并且对数据进行分析，如客户的行业、职位、年龄、学历等与产品特征结合起来，实行精准营销。

（2）对数据进行动态管理。一方面，保险公司在营销过程中会逐渐积累一定的新客户数据，营销人员在与客户沟通的过程中也会得到一些更细的信息，如客户购买产品的最大因素是什么、客户的风险偏好、已购买持有的保险产品等，这些数据与信息都是非常珍贵的，应该补充到公司数据库中。另一方面，随着时间的推移，有些客户数据已经失效或发生了很大的改变，保险公司应该定期对数据库进行审核并更新，以保证整个数据库的质量。

2. 培养高素质人才。要想建立起一支专业过硬、沟通能力强、自信得体的电话营销队伍，必须从招聘和培训两方面把好关才行。首先在招聘过程中，公司应提高营销人员的招聘条件，并严格筛选应聘者，宁缺毋滥。其次加强业务培训，一方面，保险公司要对营销人员进行专业知识和沟通技巧的培训，另一方面，由于电话销售还不为许多人所接受，营销人员被拒绝率很高，因此还应对营销人员进行心理辅导、心理调整测试等，以维护团队人员的士气，打造出一支专业、优秀的电话营销队伍。

3. 规范完善营销话术。营销话术的优劣直接关系到电话营销成功率。优质的营销话术设计并不是一蹴而就的，必须要对已设计好的话术进行模拟测试，并且在运用过程中要不断改进，这样才可以更好地帮助营销人员开展业务。另外，一套完整规范的营销话术还应该包括一些投保人必须知道的信息，如犹豫期、保险责任、免责条款、注意事项等，并且要求营销人员如实告知这些信息，这样才可以有效防止误导，减少日后赔偿纠纷。

4. 做好电话营销增值服务设计和实施。随着越来越多的保险公司创新电话营销模式，电话营销的竞争重点一定要关注保险产品服务，让客户明明白白消费，确保客户的最大利益。

5. 注重电话营销与其他营销的有机结合。通过把电话营销方式与间接营销方式结合起来，在电话上达成协议后由专业代理人亲自将合同送给客户，并与客户再次进行有效沟通，这样有利于增加客户的信任度和忠诚度。而对于产品不适合的客户，在征得客户同意的前提下可以委派专业代理人进行跟踪服务，为其量身定做一份保险理财计划，通

过这样的方式来实现客户资源的最大化使用，增加公司的效益。

## 【知识链接】

### 电话营销主要方法

**（一）地毯式搜索法**

所谓地毯式搜索法是指营销人员在事先约定的范围内挨家挨户访问的方法，又称逐户访问法、上门推销法。这种方法的优点是具有访问范围广、涉及顾客多、无遗漏等特点，但是这种方法有一定的盲目性，对于没有涉足营销工作的人来说，运用此法最大的障碍是如何接近客户，即在客户购买商品或者接受服务之前，营销人员努力获得客户的接见并相互了解的过程。接近客户可采用如下几种方法：

1. 派发宣传资料。营销人员直接向客户派发宣传资料，介绍公司产品或服务，引起客户的注意力和兴趣，从而得以接近客户。

2. 馈赠。这是现代营销常用的接近法。营销人员利用赠送小礼品等方式引起顾客兴趣，进而接近客户。

3. 调查。营销人员可以利用调查的机会接近客户，而且此法还隐藏了直接营销的目的，易被客户接受。

4. 利益引导。营销人员通过简单说明商品或服务的优点以及将为客户带来的利益而引起顾客注意，从而转入面谈的接近方法。

5. 赞美接近。营销人员利用人们的自尊和被尊敬的需求心理，引起交谈的兴趣。需要注意的是赞美一定要出自真心，而且还要讲究技巧，否则会弄巧成拙。

6. 求教接近。对于虚心求教的人，人们一般不会拒绝他。但营销人员在使用此法时，应认真策划，讲究策略。

**（二）广告搜索法**

广告搜索法是指利用各种广告媒体寻找客户的方法。越来越多的大公司利用广告帮助销售人员挖掘潜在客户。利用广告媒体的方法多种多样，如利用杂志广告版面的下部提供优惠券或者抽奖券，让读者来信索取信息；或者在杂志背面设置信箱栏目，让读者通过信箱了解更多有关产品或服务的信息；也可以利用高技术工具如传真机，把自动个人电脑和传真机的自动送货系统联系在一起，客户只需拨通广告媒体上的电话号码，就可以听到类似语音信箱的计算机自动发出的声音，客户可以选择一个或多个服务项目，而且只要提供传真号码，几分钟内就可以收到文件。虽然广告媒体能够提供许多潜在客户的信息，但营销人员也得花相当多的时间去筛选，因此广告搜索法只有和高科技工具及电子商务结合起来，才能发挥其最佳效能。

**（三）中心开花法**

中心开花法是指在某一特定的区域内选择一些有影响的人物，使其成为产品或服务的消费者，并尽可能取得其帮助或协作。这种方法的关键在于"有影响的人物"，即那些因其地位、职务、成就或人格等而对周围的人有影响力的人物。这些人具有相当强的说服力，他们的影响能够辐射到四面八方，对广大客户具有示范效应，因而较易取得其他客户的信赖。而且这些有影响的人物经常活跃于商业、社会、政治和宗教等领域，他们可能会因为资深的财务背景或德高望重的品行而备受他人尊敬，因此如果能够得到他们的推荐，效果尤其明显。因为他们代表了权威。但是，在使用该法时，应注意同有影响的人物保持联系，而且当他们把你推荐给他人之后，不管交易是否成功，一定要向他表示感谢。

**（四）连锁关系链法**

连锁关系链法是指通过老客户的介绍来寻找其他客户的方法。它是有效开发市场的方法之一，而且用时不多。营销人员只要在每次访问客户之后，问有无其他可能对该产品或服务感兴趣的人。第一次访问产生2个客户，这2个客户又带来4个客户，4个又产生8个，无穷的关系链可一直持续发展下去，销售人员最终可能因此建立起一个自己的潜在顾客群。这种方法尤其适合如保险或证券等一些服务性的行业，而且这种方法最大的优点在于其能够减少营销过程中的盲目性。但是在使用该法时需要提及推荐人以便取得潜在客户的信任，提高成功率。

**（五）讨论会法**

讨论会法是指利用专题讨论会的形式来挖掘潜在客户。这也是越来越多的公司寻找潜在客户的方法之一。由于参加讨论会的听众基本上是合格的潜在顾客。因为来参加的必定是感兴趣的。但是在使用讨论会方式时，应注意以下几点：

1. 地点的选择。要想最大限度增加到会人数，应选择诸如饭店、宾馆或大学等中性地点。

2. 时间的选择。时间选择应注意适当原则，不宜过长也不宜过短，以连续两天为宜。因为第一天没有时间到会的潜在客户可以在第二天赶上。

3. 讨论会上的发言应具备专业水平，且需要布置良好的视觉环境、装备高质量的听觉设备。

4. 与会者的详细资料要进行备案。个人资料可以通过一份简短的问卷调查获得。

**（六）会议找寻法**

会议找寻法是指营销人员利用参加各种会议的机会，和其他与会者建立联系，并从中寻找潜在客户的方法。这种方法比较节约成本，但在实际运用时要注意技巧，暂时不提或委婉提出营销意图，以免对方对你产生反感情绪。

**（七）直接下载法**

直接下载法就是指营销人员利用互联网直接到客户资料网站下载自己所需要的客户资料，这种方法省时、省力，特别适合那些专业从事电话营销的公司。

## 【知识拓展】

### 电话营销成功的5种说话艺术

很多产品通过电话销售就能达成最终交易，但在整个电话销售过程中，促成交易恐怕是最难的一个环节了，这与电话销售这种方式的特殊性有关。所以我们很有必要一起来探讨一下电话销售中的一些成交技巧。

**（一）促成技巧1：不确定成交法**

电话销售人员故意说出一些没有把握的情况，让客户去担心，并最终下定合作决

心。"嗯，请稍等，让我查一查我们李老师这个月的课程安排""可能他这个月的时间都安排满了，如果这样的话，我们就不得不安排到下个月了""您稍等一下，我打个电话确认一下，稍后我给您电话"。

**（二）促成技巧 2：典型故事成交法**

在促成之前，先讲个故事，在故事结尾时，巧妙进行促成。日本保险业有一个叫柴田和子的家庭主妇，从 1978 年第一次登上日本保险业冠军后，连续 16 年蝉联日本第一，她之所以能取得如此好的业绩，与她会讲故事的本领分不开。针对父母在给孩子买保险时，总是犹豫不决的情况，她总会讲一个"输血"的故事：有一个爸爸，有一次驾车到海边去度假，回家的时候，不幸发生了车祸。当这个爸爸被送往医院进行急救时，却一时找不到相同型号的血液，这时，儿子勇敢地站出来，将自己的血液输给了爸爸。过了大约一个小时，爸爸醒了，儿子却心事重重，旁边的人都问那个儿子为什么不开心，儿子却小声地说："我什么时候会死。"原来，儿子在输血之前以为一个人如果将血输出去，自己就会死掉，他在作决定前已经想好了用自己的生命来换取爸爸的生命。您看，做儿子的可以为了我们做父母的牺牲自己的生命，难道我们做父母的为了儿子的将来买一份保险，您都还要犹豫吗？

**（三）促成技巧 3：对比成交法**

把两个不同时间、不同地点、不同前提条件下的合作方式同时列举出来，进行对比，最后选择一个对对方更加有利的条件进行促成。"这段时间正值五一劳动节，我们公司推出了一系列优惠活动，您现在就报名的话，还可以享受优惠。请问您什么时间能过来，我给您登记"。

**（四）促成技巧 4：直接促成法**

就是直接要求对方下订单、签协议。话术："王女士，我现在把报价单传真过去，您只需要在上面签字后，盖个章，传真给我就可以了。""李女士，我们这里有一份合同的样板，我先发给您看看，如果没有什么问题，就签好字、盖好章给我，好吗？""马经理，为了使您尽快能拿到保单，我今天就帮您下单可以吗？"

**（五）促成技巧 5：假设成交法**

电话销售人员与准顾客交谈之前，需要适当的开场白。开场白的好坏，几乎可以决定这一次访问的成败，换言之，好的开场，就是电话销售人员成功的一半。推销高手常用以下几种创造性的开场白。

1. 真诚的赞美。每个人都喜欢听到好听话，客户也不例外。因此，赞美就成为接近顾客的好方法。赞美准顾客必须要找出别人可能忽略的特点，而让准顾客知道你的话是真诚的。赞美的话如果不真诚，就成为拍马屁，这样效果当然不会好。赞美比拍马屁难，它要先经过思索，不但要有诚意，而且要选定既定的目标与诚意。"王总，您这房子真漂亮"。这句话听起来像拍马屁。"王总，您这房子的大厅设计得真别致"。这句话就是赞美了。"恭喜您啊，李总，我刚在报纸上看到您的消息，祝贺您当选十大杰出企业家"。

2. 提及有影响的第三人。告诉顾客，是第三者（顾客的亲友）要你来找他的。这是一种迂回战术，因为每个人都有"不看僧面看佛面"的心理，所以，大多数人对亲友介绍来的推销员都很客气。如："何先生，您的好友张安平先生要我来找您，他认为您可能对我们的保险产品感兴趣，因为，这些产品为他带来很多好处与方便。"打着别人的旗号来推介自己的方法，虽然很管用，但要注意，一定要确有其人其事，绝不可以自己杜撰，要不然，顾客一旦查对起来，就要露出马脚了。为了取信顾客，若能出示引荐人的名片或介绍信，效果更佳。

3. 推销员要力图创造新的推销方法与推销风格，用新奇的方法来引起顾客的注意。日本一位人寿保险推销员，在名片上印着"76600"的数字，顾客感到奇怪，就问："这个数字什么意思？"推销员反问道："您一生中吃多少顿饭？"几乎没有一个顾客能答得出来，推销员接着说："76600 顿吗？假定退休年龄是 55 岁，按照日本人的平均寿命计算，您还剩下 19 年的饭，即 20805 顿……"这位推销员用一个新奇的名片吸引住了顾客的注意力。

## 【知识小结】

电话营销可以密切保险企业和客户的关系，增强客户对企业的忠诚度，让客户更加喜爱本企业的产品。但在电话营销中需要确保客户信息数据质量、做好电话营销的增值服务设计和实施，并规范营销话术，才能实现精准营销。

## 【考核】

### 思考题

1. 电话营销的优势有哪些？
2. 简述保险电话营销的新模式。

### 课后训练

学生分组讨论：结合现有的保险电话营销模式，探讨保险公司如何开展保险电话营销模式创新，其发展前景如何。

## 任务 7 – 2 互联网 + 保险营销

（一）认知保险电子商务

1. 保险电子商务的含义。保险电子商务也叫网上保险，指保险人或保险中介人利用计算机和网络技术所形成的对组织内部的管理、对客户关系的管理以及经营业务的部分或完全电子化这样一个综合的人机系统来进行的商务活动，是保险公司或保险中介机构以互联网和电子商务技术为工具来支持保险经营管理活动的经济行为。这种商务活动可能是与原先的传统业务相并行的或者是相融合的。

保险电子商务发展涉及保险公司、保险中介公司的各类资源整合，涉及公司所有利用互联网（包括 Internet 与 Intranet）、无线技术、电话等信息技术手段进行电子化交易、电子化信息沟通、电子化管理的活动，贯穿公司经营管理的全过程。保险电子商务是随着互联网技术兴起并逐渐成熟后，新的信息技术在保险公司内又一轮深层次的商务应用，是信息技术本身和基于信息技术所包含、所带来的知识、技术、商业模式等在公司内的扩散和创新。

保险电子商务包含两个层次的含义：

从狭义上讲，保险电子商务是指保险公司或新型的网上保险中介机构通过互联网为客户提供有关保险产品和服务的信息，并实现网上投保、承保等保险业务，直接完成保险产品的销售和服务，并由银行将保费划入保险公司。

从广义上讲，保险电子商务还包括保险公司内部基于 Internet 技术的经营管理活动，对公司员工和代理人的培训，保险公司之间以及保险公司与公司股东、保险监管、税务、工商管理等机构之间的信息交流活动。

2. 保险电子商务类型。我国保险电子商务应用模式不断丰富，已经形成 B2B、B2C、B2M 等多种服务模式，网站的信息、产品、服务等方面的成熟度，将决定其对销售拉动的实际效果，成为保险电子商务发展的关键。

（1）B2B，企业对企业（BtoB）。即保险公司对企业客户的电子商务平台，企业投保人通过互联网或各种专用商务网络向保险公司购买保险、支付保费并接受服务。涉及的产品主要包括货物运输险和小企业的责任险，对于财产险、工程险、信用险等大项目，一般只提供风险知识，是一种保险公司对销售代理机构的网上交易模式。如太平洋保险的诚信通代理平台，可以提供车险、货运险、意外险等条款和费率标准化程度较高险种网上交易平台。

（2）B2C，企业对消费者（BtoC）。即保险公司对个人投保人或被保险人的电子商务平台，它是针对个人被保险人销售保险产品和提供服务的平台，主要产品包括人寿险、健康险、车辆险、家庭财产险等保险公司直接面对终端消费者的销售模式。这是市场上最为普遍的一种销售模式。另外，还包括一些保险经纪公司设计的第三方网络保险投保平台。

（3）B2M，保险商品供应商对保险销售经理人的销售模式，类似于 B2B，但 M 是属于个体保险代理人。

3. 保险电子商务的优势

（1）从客户的角度看。由于网络所固有的快速、便捷的特点，网络能将各大保险公司的各种保险产品集合起来，客户可以反复比较，看看哪一个保险品种更合适、更有保障，再轻松地做出自己的选择。而且，通过网络技术，客户还可以享受到各种便捷的服务，如信息咨询、保单变更等。更重要的是，网络保险能给客户带来传统投保方式所不能带来的优势，轻点鼠标，一切都非常清晰容易。

（2）从保险公司的角度看。与传统保险相比，保险公司同样能从网络保险中获益多多。首先，通过网络可以推进传统保险业的加速发展，使险种的选择、保险计划的设计和销售等方面的费用减少，有利于提高保险公司的经营效益。据有关数据统计，通过互联网向客户出售保单或提供服务要比传统营销方式节省 58%～71% 的费用。

4. 网上保险的优势

（1）经营效率。有利于减少成本，提高经营效率。保险经营的是无形产品，不需实物转移，非常适合电子商务、网上保险的应用，可以大幅降低交易成本。有研究表明：网络可以使整个保险价值链的成本降低 60% 以上。成本的减少会进而降低各险种的保险费率，从而让客户受益。电子商务摆脱了传统商业中介的束缚和制约，使保险公司在销售、理赔、管理和产品管理等方面的效率得到极大的提高。

（2）服务水平。网上保险有利于提高客户服务水平。电子商务不仅是保险公司的一个营销渠道，更是公司为客户提供服务的一个新的平台。电子商务开放性、交互性的特点，为服务创新提供了有利条件。保险公司可以在网上提供公司和产品的详细介绍、在线咨询等，而客户也可以实时了解自己所需要的保险信息，增加了选择的范围，比以往的业务员、代理人的服务无论在时间上还是空间上都有了无限的扩大，可以大大降低客户在获取保险服务过程中的各种隐性成本，从保险公司得到更多的实惠，从而提高对公司的满意度。同时，网上提供的服务是保险公司直接监控的，具有规范化、统一化和标准化的特点，服务的内容都经过了公司的严格审查，防止了传统保险营销方式产生的许多弊端，能够改善服务质量、提高服务水平，树立起保险公司的良好形象。

（3）稳健经营。发展保险电子商务有利于公司的稳健经营。电子商务不仅会改变保险公司的营销和服务方式，而且还将影响到保险公司自身的组织结构和管理制度，最终会反映到公司的经营效益上来。电子商务技术手段可以渗透到保险公司经营的关键环节和流程，能够有效地解决业务过程中的一些管理风险和道德风险。通过网上保险，公司可以将客户资源掌握在自己手中，对公司的长期稳定发展具有重大的意义。电子商务网站还能将公司的保险信息透明化，解决公司与客户之间信息不对称的矛盾，也有利于公司树立诚信经营的企业形象。同时，公司还可以通过在线调查或提供在线咨询服务，及时了解保险市场的反馈信息，对客户潜在的保险需求进行深层次把握，从而有利于创新险种、拓展业务、提高经营效益。

（二）保险电子商务特点

1. 虚拟性。它没有现实的纸币或金属货币，一切金融往来都是以数字化在网络上得以进行。开展保险电子商务不需要具体的建筑物和地址，只需要申请一个网址，建立一个服务器，并与相关交易机构做链接，就可以通过因特网进行交易。它没有现实的纸币乃至金属货币，一切金融往来都是以数字化在网络上得以进行。

2. 直接性。网络使得客户与保险机构的相互作用更为直接，它解除了传统条件下双方活动的时间、空间制约，与传统营销"一对多"的传播方式不同的是，网上营销可以随时根据消费者的个性化需要提供"一对一"的个性化的信息。客户也可以主动选择和实现自己的投保意愿，无须消极接受保险中介人的硬性推销，并可以在多家保险公司及多种产品中实现多样化的比较和选择。

3. 电子化。客户与保险公司之间通过网络进行交易，尽可能地在经济交易中采用电子单据、电子传递、电子货币交割，实现无纸化交易，避免了传统保险活动中书写任务繁重且不宜保存、传递速度慢等弊端，实现了快速、准确双向式的数据信息交流。

4. 时效性。保险公司随时可以准确、迅速、简洁地为客户提供所需的资料，客户也可以方便、快捷地访问保险公司的客户服务系统，实现实时互动。网络使得保险公司随时可以准确、迅速、简洁地为客户提供所需的资料，客户也可以方便、快捷地访问保险公司的客户服务系统，获得诸如公司背景、保险产品及费率的详细情况，实现实时互动；而且，当保险公司有新产品推出时，保险人可以用公告牌、电子邮件等方式向全球发布电子广告，向顾客发送有关保险动态、防灾防损咨询等信息，投保人也用不着等待销售代表回复电话，可以自行查询信息，了解新的保险产品的情况，有效地解决了借助报纸、宣传小册子等方式的时效性差的弊端。

（三）保险电子商务发展趋势

1. 保险电子商务发展的驱动因素。电子商务在保险业日渐成为一个核心渠道，发展起来有三大驱动因素：

（1）客户驱动。当你发现客户能够有这样一个上网习惯或者是电话购买习惯的时候，这个渠道一定是有生命力的。

（2）市场规模。在电子商务渠道，如果保险公司抓住的这个市场是一个小众的市场，那始终成不了非常核心的渠道，市场规模相当重要。

（3）政府支持。这几年政府在竭力倡导电子商务，包括保监会颁布的一些保险业发展纲要，都对电子商务的发展有一些非常具体的支持。

2. 保险电子商务发展的必要性

（1）顺应潮流。随着信息社会的到来，电子商务在美国、西欧等发达国家和地区的发展极为迅速。网络保险正以其完备的信息、简便的购买方式和快捷的速度成为保险销售的发展方向。我国如不顺应世界保险业的这一发展潮流，在网络保险方面必将面临被国外保险公司挤垮的强烈挑战。

（2）提高市场占有率。加入世界贸易组织（WTO）后，外国保险公司必然会抢占我国保险市场，造成我国保险业务流失，市场份额下降。为了避免外资保险公司过多地挤占我国保险市场，我国保险公司应马上进行策略投资和系统投资，实行交互式的顾客投保服务，有效运用企业间的电子商务，开发多种附加服务，扩大销售渠道，通过互联网树立品牌形象，同时注意保证网站安全，保护顾客资料数据，做好与外资保险公司抗衡的准备。

（3）完善推销体系。多年来，我国一直以保险代理人作为保险推销体系的主体重点发展，在寿险推销方面形成了以寿险营销员为主体的寿险营销体系。实践证明，这种营销机制对推动我国保险业的发展起到了十分重要的作用，但也存在比较突出的问题。因缺乏与保险公司的直接交流，就会导致营销人员为急于获取保单而一味夸大投保的益处，隐瞒不足之处，给保险公司带来极大的道德风险，为保险业的长远发展埋下隐患。而且，保险营销人员素质良莠不齐，又给保险公司带来极大的业务风险，此外，现有营销机制还存在效率低下的弊端，据调查，为整理繁多的客户信息，保险销售员经常雇用私人秘书，但即便如此，还是常有照顾不到的地方，影响保险公司的信誉。发展网络保险，则可以以快速方便的信息传递、周到细致的客户服务，为公众提供低成本、高效率的保险购买渠道，弥补现有销售渠道的缺点。

（4）提高管理水平和经营效率。先进的企业管理方法和手段是保险业持续、快速和高质量发展的"法宝"。随着网络的发展，现代信息技术必将对保险企业管理方式产生深远的影响。

第一，网络信息技术的运用，导致保险企业管理跨度加大，基层公司与决策层的联系更加紧密，中间管理层的作用逐步减弱，决策指挥链尽可能缩短，有利于克服层次重叠、冗员多、运转慢、决策效率低下等弊端。

第二，内部文档、数据处理电子化，使文件发送、存储查询速度加快，效率提高。

第三，利用网络方便、迅速、全面地搜集各种资料，利用远程通信技术和各区域人员保持联系，共同进行分析、预测、决策和控制。

第四，利用网络，保险公司可以在培训员工、发布公司内部信息，与保险中介人、商业伙伴、保险监管机构进行联络等诸多方面节省大量的费用和时间。

第五，在偿付能力方面，国家可借助于现代网络技术加强对保险企业的有效监管，保险企业也可以保持对自身偿付能力的管理。

因此，发展网络保险，不仅可以实现保险营销方式的创新，也是实现管理创新的重要保证。

3. 保险销售模式的创新思考。面对国内保险市场销售模式的现状及存在的问题，针对保险市场新的销售环境，我国保险公司可根据自身实际情况和特点，在销售模式上进行以下创新：

（1）交叉互动销售模式。保险交叉互动销售，是保险行业发展到一定阶段产生的一种保险销售模式，该模式已逐渐被保险集团公司加以运用，称呼各有不同，有的称"互动销售"，有的称"交叉销售"，还有的称"综合开拓"。这一销售模式是以客户需求为导向，充分依托保险集团公司的品牌、资源、机制等优势，整合保险集团公司旗下各子公司不同销售渠道向客户销售保险产品，各子公司之间相互代理对方产品，充分利用一切可利用资源，全方位、多层次地开发客户资源。这种销售模式与传统销售方式的区别在于，交叉互动销售注重从横向角度开发产品市场，在某次销售的基础上，通过对同一客户的深入挖掘，满足其更多的需求。由此可见，交叉互动销售模式的核心在于以客户需求为导向，通过多种销售渠道挖掘客户潜在需求。保险集团公司建立"整合资源，交叉销售"的销售模式，是适应市场日趋理性化的必然结果。交叉互动销售模式以客户为中心、市场为导向，通过公司资源共享，满足客户全方位的需求，很大程度上提升了保险公司在市场上的竞争力。

（2）新兴媒介销售模式。新兴媒介销售模式是指保险公司利用电话、网络、专业策划等工具向客户传递保险产品信息的一种销售方式。一是电话销售模式。电话销售模式在 20 世纪后期首先运用于欧美保险市场，随着保险业的发展而迅速向全球传播，其方便、快捷以及让利于客户的直销方式大大降低了保险公司的运营成本，使之成为近年来国内保险公司争相发展的又一重要的销售渠道。目前，由于电话营销专用产品的政策性价格增加了投保人利益，加之监管政策的扶持，必将促使保险市场的竞争格局因电话营销发生很大的转变。电话销售已成为许多保险企业重要的销售渠道。二是网络销售模式。与传统保险销售模式相比，保险网络销售具有经营成本低、信息量大、利于宣传推广、方便客户购买、节省营销时间、加速新产品推出等明显优势。目前，一些有前瞻意识的保险公司已逐步加入互联网销售的"蓝海"中。近年来，已有多家保险公司入驻淘宝网，集体发掘通过第三方网络平台销售保险的潜力。与此同时，也有不少网站也纷纷加入到互联网保险市场争夺之中。2013 年 6 月，和讯网就推出了保险第三方电子商务平台"放心保"，根据其网站提供的数据，目前共收录 81 家保险公司、9 大险种、212 款产品。而随着"三马"（马云、马化腾、马明哲）强强联手的众安在线财产保险公司的成立，保险业的网络销售也发展到了一个新的阶段。有保险专家预计，未来五年保险业在互联网的发展规模有可能达到 5000 亿元以上。保险公司以及第三方电商如何抢占这片"蓝海"，个性化定制将是关键。无论是保险公司自建的网络平台，还是第三方网络平台，都应在个性化需求方面打开一个突破口，这种创新将会带来很大的发展动力，因为传统的销售模式总体而言是以公司产品为主导的销售模式，而网络营销则通过个性化定制将其逐步转化成一种以客户为核心的销售模式，这不仅能实现销售模式的颠覆和销售

量的剧增，还能大大增加公司的盈利。三是方案销售模式。方案销售是一种以客户需求为导向的全新保险销售模式，它一改传统的保险产品销售形式，转为为客户提供保险服务方案，即客户需要什么样的保险产品，什么样的险种最适合，保险公司就提供什么样的服务方案供客户选择的一种销售模式。这种模式下，保险公司可以根据市场的需要和客户的需求变化，成立由专业人士组成的专门为客户服务的类似"投资理财管家"的机构，将公司的各类产品和服务科学地组合，专门为客户提供综合解决方案，为客户设计最合理的保险保障计划。

（3）金融代理销售模式。中国保监会发布的《保险公司委托金融机构代理保险业务监管规定》，将除银行之外的非保险类金融机构也纳入可代理保险业务的范围。满足相关条件的机构均可在保险公司授权的范围内代理销售保险产品及提供相关服务，并向保险公司收取相应的佣金。这个规定是对我国保险销售模式的一种大胆创新，因为在我国金融市场上，与银行相似的金融机构（如证券公司、基金公司、信托公司等），都有着与银行相似的特点，即：拥有丰富的客户资源和众多的经营网点，把这些机构纳入到代理销售保险的范围，必将在很大程度上拓宽保险销售渠道。同时，这些非银行金融机构通过代理销售保险，可以增加其中间业务收入，改善业务结构。新规定的顺利实行，对保险公司和代理金融机构将是双赢的效果。

（4）保险超市销售模式。保险超市也是一种新兴、个性化的保险销售模式，在美国、日本等国家的保险市场上已成为一道独特的风景线，我国的华康、大童等先一步抢滩涉足保险超市的保险企业目前已收获颇丰。保险超市销售模式给保险销售市场带来了一丝新意，也为消费者购买保险提供了一种全新的选择，其主要形式就是保险超市代理多家保险公司的产品，在保险超市内，每位客户不仅可以根据自己的经济能力和消费偏好，像选购超市商品一样，以惬意的心情自由购买单项保险或组合保险产品，而且可以根据自己的特殊要求，让保险超市为自己量身定制个性化的保险产品。保险超市在销售过程中的身份属于中介，真正的关系双方是保险消费者和保险公司。保险超市销售模式的优势有以下三个方面：一是客观性。投保人在通过很多传统途径购买保险时，经常会遇到销售人员"自卖自夸"的情况。而保险超市可以代理销售多家保险公司的产品，他们可以根据客户的保险需求，较客观地做出专业的推荐，为投保人做出最合适的险种组合。二是便捷性。保险超市若得到普及，将具有地域分布广的优势，使得客户无论是购买保险还是在发生事故后的索赔都将更加便捷，人们甚至在住所附近就能享受到优质的服务。三是专业性。保险超市可以依据客户的需求选择实力强、服务好的保险公司推荐给客户，并向客户提出专业的风险管理建议，将客户的潜在风险通过科学的方式规避、转移。同时，保险超市作为被保险人的风险管理顾问角色，可以尽可能地帮助客户在风险投资上保值增值。当然，作为销售模式的创新，保险超市在对传统销售模式带来一定的冲击的同时，也面临着如何提高消费者认知和接受程度的问题。

保险销售模式的创新不是一朝一夕就能完成的，我国保险公司若想取得更大、更好的成果，就必须清醒地认识到当今市场营销发生的变化，顺应现代保险市场发展的潮流，借鉴国内外各种创新性思维和举措，根据自身实际情况和特点，分层次、有步骤地从体制和运作层面对销售模式进行创新变革，在提升公司自身销售竞争力的同时，共同促进我国保险业的可持续性发展。

## 【知识小结】

互联网技术的兴起和逐渐成熟，促使保险电子商务模式不断丰富，并且提升了经营效率、服务水平，实现了保险企业的稳健经营，从而创新了险种、拓展了业务、提高了经营效益。

## 【考核】

**思考题**

1. 保险电子商务的特点。

2. 发展保险电子商务的必要性。

**课后训练**

### "保险网络营销"与"在网络上卖保险"

很多人对于保险网络营销都有一定的误解：保险网络营销不就是在网络上卖保险吗？我们对于保险网络营销要有自己正确的认识。二者在本质上是有区别的。

（1）保险网络营销注重的是整个营销过程，不仅仅是实现销售。利用网络进行保险销售只是将网络作为销售的一个辅助手段。

（2）保险网络营销关注的是保险公司的形象建设、品牌树立、产品说明、客户关系等多方面的整合；而网络上卖保险是指利用网络销售保险产品。

（3）保险网络营销是一种新型的营销体系；而网络上卖保险只是一种营销方法。

根据以上资料讨论：结合自己在日常生活中所遇到的一些事例来谈谈对保险网络营销的看法。

## 任务 7–3　基于 APP 的新型保险营销

## 【案例分析】

### 互联网保险 APP，再不下载你就 OUT 了！

No. 1 保险黑板擦推荐指数：☆☆☆☆

推荐理由：充满趣味的保险平台，把免费的碎片化的保险需求创意到极致

意时旗下的互联网保险平台，APP里的碎屏乐、孕期乐、丢证乐、空调修修乐、痘痘乐、海淘退运乐、失眠乐等各种逗乐产品愣是把保险玩成乐子。让人大呼倒霉快乐！

**No.2 金象保险推荐指数：☆☆☆☆☆**

推荐理由：实时在线咨询，答疑解惑毫无铜臭味儿，逆天时代最人性化的保险平台

保险让人爱恨交加，买它为安全，可满地都是大忽悠，叫人买着不安心。说来说去，一是我们不专业，二是销售不靠谱。金象保险就是跑出一条能秒杀一切痛点的赛道。你不专业，他找来一团队专业人士给你实时在线解答困惑；你说销售没谱儿，他精挑细选一众保险顾问任你各种筛选；你说产品太老套，他把中国、美国的好产品都摆你面前让你挑！

**No.3 OK车险推荐指数：☆☆☆☆☆**

推荐理由：让你只有开车时才付保费，大数据时代的新型车险绝对叫你欲罢不能

凭什么好司机和差司机要交一样的保费？凭什么开车多的和开车少的也要交一样的保费？自从有了UBI，这些问题全都解决！UBI是一种大数据时代的新型保险，理论基础是驾驶行为表现较安全的驾驶员应该获得保费优惠，保费取决于实际驾驶时间、地点、具体驾驶方式或这些指标的综合考虑，因此它又被称为"开车时才付保费""为你的驾驶方式付保费"或"基于里程的车险"。数据导向、互联网思维、社交化运营，对，这就是OK车险。

有保障才快乐

**No.4 全民保镖推荐指数：☆☆☆☆☆**

推荐理由：把保险幻化成不但利己而且利人的公益行动

保险实质是一种社会互助机制，但在保险公司的外壳之下，赚钱的想法那是赤裸裸。全民保镖推出的零门槛全面互助计划采用"互助众保"模式发动全民共同抵御风险。其中的车主互助小组，主要瞄准私家车主交强险和商业险不够赔付的方向，同时也把时下流行的私家车因参与互联网出行平台被停运导致的损失纳入其中。类似的模式还有抗癌公社。

**No.5 众安保险推荐指数：☆☆☆**

推荐理由：国内首家互联网保险公司，蚂蚁金服、腾讯、中国平安发起设立

大而全的保险平台，颇有正规军的味道，可是互联网保险的概念那是岂止于大？平台推出一个车险叫保骉（biao）车险，马云、

马化腾、马明哲这"三马"都凑齐了。APP不错，用商品导购的模式推荐保险产品，有淘宝的影子。

资料来源：http://mt.sohu.com/20160201/n436576504.shtml。

**思考：**你认为保险产品是否适合APP营销，如何开展好保险APP营销。

（一）认识APP营销

1. APP营销。APP营销指的是应用程序营销，APP是application的简写，被称为应用（或应用商店）。APP通常分为个人用户APP与企业级APP。个人用户APP则是面向企业用户开发的。

APP营销是通过特制手机、社区、SNS等平台上运行的应用程序来开展营销活动。

APP指智能手机的第三方应用程序。比较著名的APP商店有Apple的iTunes商店，Android的Android Market，诺基亚的Ovi store，还有Blackberry用户的BlackBerry App World，以及微软的应用商城。

一开始APP只是作为一种第三方应用的合作形式参与到互联网商业活动中去的，随着互联网越来越开放化，APP作为一种萌生与iPhone的盈利模式开始被更多的互联网商业大亨看重，如淘宝的开放平台，腾讯的微博开发平台，百度的百度应用平台都是APP思想的具体表现，一方面可以积聚各种不同类型的网络受众，另一方面借助APP平台获取流量，其中包括大众流量和定向流量。

随着智能手机和iPad等移动终端设备的普及，人们逐渐习惯了使用APP客户端上网的方式，而目前国内各大电商，均拥有了自己的APP客户端，这标志着，APP客户端的商业使用已经开始初露锋芒。

APP已经不仅仅只是移动设备上的一个客户端那么简单，如今，在很多设备上已经可以下载厂商官方的APP软件对不同的产品进行无线控制。

不仅如此，随着移动互联网的兴起，越来越多的互联网企业、电商平台将APP作为销售的主战场之一。泽思网络的数据表明，APP给手机电商带来的流量远远超过了传统互联网（PC端）的流量，通过APP进行盈利也是各大电商平台的发展方向。事实表明，各大电商平台向移动APP的倾斜也是十分明显的，原因不仅仅是每天增加的流量，更重要的是由于手机移动终端的便捷，为企业积累了更多的用户，更有一些用户体验不错的APP使得用户的忠诚度、活跃度都得到了很大程度的提升，从而为企业的创收和未来的发展起到了关键性的作用。

2. 保险APP的发展现状。正是看到了保险APP的优势所在，各家保险公司纷纷在探索中推行APP。目前各公司的保险APP大体上功能都比较齐全，主要涵盖公司介绍、产品介绍、利益演示、案例分析、在线投保、在线理赔、在线咨询等多方面内容。

保险APP的信息齐全，用户可通过任何移动终端设备对各种在线保险产品进行了解，实现人机互动，让用户可以有一个很好的体验，使保险产品销售的专业性和规范性大为增强。不过值得注意的是，基于种种原因，移动互联网目前还无法成为保险销售的主要渠道。现在各保险公司推出APP主要是作为提供增值服务平台来运作的。例如，新华保险的体验APP、中国人保财险推出的PICC"掌上人保"、平安推出的"平安快易免"、泰康人寿推出的"口袋保险"等。

最受人关注的企业APP应用同样宣示着中国的移动营销时代已经呈现"燎原"之势

头，其中又以移动电商和餐饮业对 APP 的高度重视而备受瞩目。前者曾是传统互联网的表率，在线购物也第一次以网络的方式改变了中国人的习惯，后者则是传统企业的代表，他们如此关注 APP 移动营销的注意力，也启示着"APP 移动营销的时代正从世界蔓延到了中国"。

（二）保险 APP 的营销特点及优势

1. 保险 APP 的营销特点

（1）成本低。APP 营销模式的费用相对于电视、报纸，甚至是网络都要低很多，只要开发一个适合于本品牌的应用就可以了，可能还会有一点推广费用，但这种营销模式的营销效果是电视、报纸和网络所不能代替的。

（2）持续性。一旦用户将 APP 下载到手机或在 SNS 网站上查看，那么持续性使用成为必然。

（3）促销售。有了 APP 的竞争优势，无疑增加了产品和业务的营销能力。

（4）全面展示信息。能够刺激用户的购买欲望，移动应用能够全面展现产品的信息，让用户在没有购买产品之前就已经感受到了产品的魅力，降低了对产品的抵抗情绪，通过对产品信息的了解，刺激用户的购买欲望。

（5）提升品牌实力。形成竞争优势，移动应用可以提高企业的品牌形象，让用户了解品牌，进而提升品牌实力。良好的品牌实力是企业的无形资产，为企业形成竞争优势。

（6）随时服务。网上订购，通过移动应用对产品信息的了解，可以及时在移动应用上下单或者是链接移动网站进行下单。顾客交流和反馈，利用手机和网络，易于开展由制造商与个别客人之间的交流。客人的喜爱与厌恶的样式、格调和品位，也容易被品牌方一一掌握，这对产品设计、定价、推广方式、服务安排等，均有重要意义。

（7）跨时空。营销的最终目的是占有市场份额。互联网具有的超载时间约束和空间限制进行信息交换的特点，使得脱离时空限制达成交易成为可能，企业能有更多的时间和更多的空间进行营销，可每周 7 天，每天 24 小时随时随地提供全球的营销服务。

（8）精准营销。通过可量化的精确的市场定位技术突破传统营销定位只能定性的局限，借助先进的数据库技术、网络通信技术及现代高度分散物流等手段，保持与顾客的长期个性化沟通，使营销达到可度量、可调控等精准要求。摆脱了传统广告沟通的高成本束缚，使企业低成本快速增长成为可能，保持了企业与客户的密切互动沟通，从而不断满足客户个性需求，建立稳定的企业忠实顾客群，实现客户链式反应增值，从而达到企业长期稳定高速发展的需求。移动应用本身具有很强的实用价值，手机应用程序本身就是一种实用性很强的工具，通过应用程序可以给手机用户提供生活、学习、工作的帮助，是手机的必备功能，每一款手机都或多或少有一些应用。

（9）互动性强。这种营销效果是电视、报纸和网络所不能代替的。将时下最受年轻人欢迎的手机位置化"签到"与 APP 互动小游戏相结合，融入暑期营销活动。消费者接受"签到玩游戏创引新流行"任务后，通过手机在活动现场和户外广告投放地点签到，就可获得相应的勋章并赢得抽奖机会。

（10）用户黏性。APP 本身具有很强的实用价值，用户通过应用程序可以让手机成为生活、学习、工作上的好帮手。APP 营销的黏性在于一旦用户将应用下载到手机，应用中的各类任务和趣味性的竞猜会吸引用户,形成用户黏性。

2. 保险 APP 的优势。众所周知,与传统互联网相比,移动互联网突破了时间和空间上的限制,消费者不用再对着电脑,而只需一部可以随身携带的手机或是平板就可随时随地轻松上网,并完成网上购买的行为。这种强大的便利性和低成本,让移动互联网轻松地颠覆了整个世界。当保险业搭上移动互联网的快车,一种全新的保险营销模式便诞生了,它的优势让所有保险公司为之一振。

从保险公司的角度来看,APP 的优势是不言而喻的:拓宽了保险公司主营业务收入的来源方式,实现了保险营销渠道的扩展、营销模式的创新;降低了人力成本在保险经营的成本比重,取消代理人承受的营业税与个人所得税双重税负,在不增加人力成本的情况下,可以提高代理人的实际收入水平;提升了保险企业的服务水平与质量,树立了保险公司健康积极的企业形象,凸显出了保险公司的专业价值;利用 APP 针对保险消费者进行问卷调查和问题反馈,进行数据的收集分析,有利于保险公司及时了解市场需求信息并进行策略的调整等。

(三)保险公司通过 APP 提供的增值服务

保险公司通过 APP 提供的增值服务主要有以下几个方面:

1. 移动查勘和自助理赔。在移动互联网保险中率先做出突破的是车险业务,车险移动查勘系统的出现彻底改变了传统车险理赔服务模式。从最初的等待查勘人员到场拍照认定事故再返回保险公司理赔,到查勘人员运用移动智能手机现场拍照发送给后台核赔人员,核赔人员接收数据并进行理赔,再到现在已基本实现的小事故可由用户直接通过手机等移动终端按语音提示自助在保险 APP 上操作,整个理赔过程可缩减至 30 分钟,并且保险 APP 还配置了即时提醒功能,可随时提醒案件进展情况。

车险移动查勘系统的出现,在降低保险公司车险核赔成本的同时,确保了小额简易案件理赔时效,进一步提高了车险理赔效率和服务质量,使整个车险理赔过程更加简单明了。

2. 移动营销。在继车险移动查勘问世以后,安邦保险成为业内第一家提供移动在线交易的保险企业。其保险 APP 在功能上不但实现了全流程出单,还可以进行销售管理、简易办公等活动。这种移动营销系统的出现摆脱了传统保险销售对时间和地点的约束,随时随地可以为客户提供专业服务,同时,极大地简化了整个投保流程,"整个过程省时、省力、省心"。

3. 客户服务工具。各保险公司推出的保险 APP 除了上述功能以外,还贴心地提供各种客户可能需要用到的保险公司信息,如柜面网点、公司电话、网站、VIP 专享等各项服务内容,让客户及时掌握各项服务信息。

(四)保险 APP 发展中的问题及风险防范

1. 保险 APP 发展中的问题。移动互联网作为新型的营销渠道和重要的增值服务提供平台,已受到保险公司的普遍重视,而移动互联网最重要的应用平台就是 APP,为了提升自身竞争力以及赢得更多客户,各大保险公司也纷纷推出了属于自己的 APP 产品,产品既贴近生活又可实现交易,属于大众需要且利用率较高的产品。而且,总体看来,保险业在进军移动互联网的征途上发展势头不错,但同样也面临着一些让人头痛的难题。

（1）推出专业保险 APP 的门槛较高。对于保险公司来说，APP 的前期研发投入很大，短期内也难以收回成本，而移动互联网发展迅速，可谓日新月异，因此 APP 要经常更新换代，只有不断对其注资和花费精力才能保持产品的品质，保证良好的用户体验，保险公司每增加一项新功能或者调整一些已有功能时就需要再次投入资金，且花费不菲。也就是说，推出及运营 APP 是一个持续投入的项目，所以许多中小型保险公司只能望洋兴叹。同时，由于保险公司在技术储备尤其是移动应用开发方面的积累不深，所以尽管市场看起来百家争鸣，但专业程度和用户体验却还有待进一步提高。尤其与国外同行相比，国内保险企业在移动互联网的发展上已俨然滞后。美国自由交互保险公司在 2010 年 10 月就已推出首款事故处理 APP，2011 年开始，美国绝大部分汽车保险公司都已自家或是和相关企业合作推出终端 APP。最关键的是国内保险企业在这方面不仅起步晚，而且还面临着产品复杂难懂、用户信任缺失、销售模式落伍等一系列亟须解决的问题。但是这也从一个侧面反映出保险 APP 的巨大发展潜力。

（2）用户使用 APP 和自助投保意愿不强。把蛋糕做大做强的基础是把蛋糕先做起来，而保险 APP 至今面临的一个最主要也是最致命的问题就是用户使用 APP 和自助投保意愿不强。保险 APP 在移动终端应用软件市场的下载和使用量一直不高，除了保险公司现有客户中的一小部分愿意接受和尝试 APP 以外，基本上无人问津，更不用说在保险 APP 上自助投保了。因此到目前为止，保险 APP 的主要作用都只是提供增值服务，并没有作为保险销售的主要渠道。

（3）保险公司对保险 APP 的重视程度不足。就目前而言，保险企业尚未找到充分利用移动互联网进行营销的新模式，故而都只是在浅水区试水，主要把保险 APP 作为增值服务提供的平台，因此保险 APP 对保险公司的营销业绩贡献不大。在这样的情况下，各家保险公司虽然没有停止对保险 APP 的不断试水，但重视程度却普遍不足。以至于一些保险公司前台销售人员都不知道保险 APP 为何物。

（4）利用 APP 进行展业的保险产品种类有限制。因为移动互联网保险是自助服务，那么就注定了利用 APP 进行推广的保险产品一定要具备简单明了、易于理解的特点，从而实现消费者购买保险时的"自助性"和"有效性"。因此，那些差异性大、针对性强的保险产品并不适合在保险 APP 上进行销售，这样不仅会加大用户对保险 APP 的使用难度，还会大大增加保险企业运营 APP 的成本。因此，利用 APP 进行保险营销对产品种类有所限制。

2. 保险 APP 的风险防范

（1）保险公司应该加强技术储备。不论从技术或是发展时间上来讲，国内移动互联网保险落后于国外发展水平，因此在发展中我们应该不断加大自身的移动互联网技术和经验的储备，关注每一个保险 APP 开发和运营中出现的问题，及时解决，不断提高用户体验，尽快搭建好新型的营销模式。

（2）提高保险客户对保险 APP 的关注程度。保险公司应加强对本公司保险 APP 的宣传，包括推销人员展业中的宣传以及利用媒体进行广而告之。首先，推销人员可以在展业时进行示范，引导客户亲身体验，增进客户对 APP 的了解，完成 APP 的初步推广。同时，保险公司可以在各营业部或总部的大厅内进行多种媒体宣传，如海报、视频、传单等，使客户可以在办理业务的等待过程中了解保险 APP。除此之外，还可以利用公路展板、广播电视、名人效应或是对相关正面事件的宣传来鼓励、吸引大众进行 APP 的关注和使用。

（3）建立强大的安全防护体系。只有解决好用户关注的安全隐患，解决用户的后顾之忧，保险 APP 才能走上发展的快车道。第一，规范企业 APP 管理，做到每一项问题都有章可循，避免语言文字漏洞同时尽量做到简单明了；第二，建立健全相关法律法规，不让移动互联网保险成为法律的空白区，保障用户的合法权利；第三，搭建让人放心的支付平台，可以将支付交由实力强大的第三方支付平台来完成，例如"支付宝""银联"等；第四，加强企业 APP 安全防护，构建强大的安全防御网络，确保客户资料不丢失，规范电子保单管理条例，并做好数据备份。

移动互联网作为蓬勃发展的新兴平台，对于保险行业来说，它代表着潜力巨大的市场和新型的营销模式。可以预见的是移动互联网保险将成为未来保险业的重要组成部分。我们生活在一个信息化的时代，各行各业都在利用互联网进行产品的营销，当一个更大更好的平台出现在我们面前时，保险业所要做的，就是牢牢把握机会，更快更好地找到新的发展模式，搭上移动互联网这一发展的快车道，在未来的商业模式中抢得先机，让中国保险业更快更好更健康发展。

## 【知识小结】

随着移动互联网的兴起，越来越多的互联网企业、电商平台将 APP 作为销售的主战场之一，保险 APP 的应用，让用户通过任何移动终端设备对各种在线保险产品拥有良好的体验，使保险产品销售的专业性和规范性大为增强。

## 【考核】

**思考题**

1. 什么是 APP 营销？

2. 保险公司通过 APP 可以提供哪些增值服务？

**课后训练**

### 保险中介 APP 营销：量力而行　寻求突破

首先，充分调研，不能盲目跟风。拟进行 APP 营销的机构要充分考虑自身的业务特点和客户群体，借鉴成熟经验，并与保险公司、系统开发商等合作单位进行充分的沟通，保证项目可实施、可落地，不能头脑发热、盲目跟风，稳扎稳打谋求长远发展。

其次，充分学习，了解政策与技术。中介机构在拟开展 APP 营销之前，要认真学习和了解当前的监管政策，在监管政策框架内合规进行开发和展业，不碰监管的红线，避免因违规造成成本损失。同时，还要了解 IT 技术管理方面的相关知识，无论是自主开发还是第三方开发，都应了解核心技术，掌握数据管理和维护的主动权，做到心中有数。

最后，循序渐进，提升管理水平。打铁还需自身硬，一旦决定要开展 APP 营销，中介机构就必须加强自身的团队管理。对于自身开展 APP 营销的目的和目标要明确，切忌思路不清、贪大求全，应当循序渐进、兼顾线下、加强后援，减少因结算、出单等问题而导致的争议，保证投保人利益的同时，也降低自身的风险。

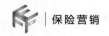 

保险中介 APP 营销的未来走向，取决于市场环境、机构自身、监管引导、消费者觉悟等多方因素。或许应该以更加包容、更加开放性的眼光来看待中介 APP 营销，无论如何，它都无疑为保险消费者提供了一条更加便捷、高效的保险购买手段。

思考：如何正确看待保险 APP 营销？

## 项目拓展

### 【知识链接】

#### 打造新互联网经济时代下保险业新型生态圈

在新互联网经济时代，保险企业在变革自身营销模式的同时，还要打造一个多主体共赢互利的生态圈。为了实现由全渠道价值链向跨产业互联整合过渡，保险企业应该在内部平台化的基础上，借助跨界思维形成对产业上下游乃至其他相关产业的运营模式和价值链传递的整合，与交通管理、社会保障、健康医疗、征信体系等相关领域实施对接，真正实现数据共享，从而构建完整的、闭合的新型互联网生态经济圈，构建以保险核心业务为中心的相互促进、相互关联发展的互联网生态系统。

保险行业的参与者主要包括保险公司、保险代理中介、电商平台、旅游平台、网上保险超市、银行、第三方支付机构和消费者等参与主体。保险公司作为保险行业最主要的参与者，要加强与其他参与主体的合作，以全方位满足用户需求、一切为了用户为宗旨，共同打造保险业新型生态圈。

在一些重大的项目上，如南水北调工程，仅依靠一家保险公司难以承担，这时保险公司之间会有合作，也会有资金提供。但是一些单个规模较小、产品相似的险种，如机动车辆保险和出行意外险等，竞争会异常激烈，这是近年来我国互联网保险发展的重要领域，并且在未来依然是各大保险企业争夺的重要战场。

在与电商平台的关系中，既有合作也有竞争，在电商平台自身做不了的专业险种下，双方可以较好地合作，发挥各自的优势；但是电商平台如淘宝自己也在开发保险产品，这时双方就是竞争关系了。2014 年 10 月，阿里小微金融服务集团以蚂蚁金融服务集团的名义正式成立，旗下的企业包括支付宝、支付宝钱包、余额宝、招财宝、蚂蚁小贷等。蚂蚁金融每天的支付笔数超过 8000 万笔，其中移动支付的占比已经超过 50%，每天的移动支付笔数超过 4500 万笔，移动端支付宝钱包的活跃用户数为 1.9 亿。此外，围绕线下的消费与支付场景，支付宝钱包还推出"未来医院""未来商圈""未来行动"等计划，拓展不同的应用场景，这些场景与保险业务联系密切，阿里在将来很有可能做自己的保险产品，对于专业性很高的保险产品，也有可能进一步加强与保险公司的合作。

航空公司也是保险业的重要参与者，主要是在官网销售机票时搭配航空意外险、航班延误险等，这两个险种已经被相当多的旅客理解和接受。根据国家旅游局的消息，截至 2014 年 11 月，我国内地公民当年出境旅游人数首次突破 1 亿人次大关，随着出境旅游人数的增多，机票附属的出境意外险受到相当多出国游客的欢迎。由于保险是比较专业的产品，航空公司一般不会单独去做，还是会和保险公司合作，形成利益共赢体，这对双方的发展都是有益的。随着机票价格的亲民化，越来越多的民众将会选择飞机出行，这对于保险企业是一个重要的市场机遇。

旅游平台如去哪儿网、携程网，依托场景化、碎片化的优势，主要销售出行意外险。在早期的合作中，各方比较重视产品，以满足用户需求为出发点，致力于把蛋糕做大，随着商旅保险市场的迅速扩大，越来越多的保险企业加入到合作的行列中，激烈的竞争降低了保险公司的议价能力。旅游平台对保险公司利润的分成是比较多的，且要收取流量费，借助分取的利润甚至可以补贴旅游产品的价格，以此来吸引消费者进行扩大市场份额。保险公司在与旅游公司合作的同时也存在着博弈和利益冲突。保险企业一方面要降低保险成本，保证利润空间；另一方面要开发差异化、有特色的险种，为消费者提供更多的选择。保险企业还应向价值链的上端扩展，如与航空公司直接开展合作，避开第三方平台以降低成本，为用户提供低价、便捷的保险产品和服务。银行和第三方支付主要涉及消费者购买保险的支付环节和理赔环节，支付渠道应尽可能为消费者提供便利，形成快速便捷的一条龙服务，提高用户的保险体验。此外，保险企业应注意引进和培养专业数据分析人才，加强上下游产业链相关企业的数据管理合作，在数据收集、分析、共享方面彼此协力，共同服务于广大消费者。各经济主体之间的合作与良性竞争，将会大大促进保险行业的健康发展。

资料来源：赵占波，吴志峰．互联网＋保险营销［M］．北京：首都经济贸易大学出版社，2015．

## 【专业词汇中英文对照】

营销渠道　marketing channel　电话营销　telemarketing
营销创新　marketing Innovation　保险电子商务　insurance e‐commerce
APP 营销　APP marketing　风险防范　risk prevention

# 📖 项目测试题

## 【实训活动】

学生 8 人一组，讨论除了本项目提到的营销工具之外，还有哪些方式可以很好地开展保险营销。每组推荐一名同学做总结发言，最后教师点评。

## 【职业技能训练】

学生 4 人一组，模拟保险电话营销。一名同学扮演保险公司业务人员，一名同学扮演陌生客户，两名同学作为观察员，4 人可以进行角色互换。情景模拟完成后，观察员进行点评，各组之间互评，最后教师总结反馈。

# 参考文献

［1］邓华丽. 保险营销［M］. 北京：中国人民大学出版社，2012.

［2］周灿，常伟. 保险营销原理与实务（第2版）［M］. 北京：电子工业出版社，2014.

［3］章金萍，李兵. 保险营销实务［M］. 北京：中国金融出版社，2012.

［4］赵占波，吴志峰. 互联网＋保险营销［M］. 北京：首都经济贸易大学出版社，2015.

［5］粟芳. 保险营销学［M］. 上海：上海财经大学出版社. 2015.

［6］张清源. 提问式行销：中国式保险行销技巧和话术［M］. 北京：中国致公出版社，2011.

［7］成果. 销售员说服课［M］. 北京：中国纺织出版社，2016.

［8］罗宇. 商务礼仪实用手册［M］. 北京：人民邮电出版社，2008.

［9］方一舟. 跟金牌销售学签单拿单［M］. 北京：中国铁道出版社，2015.

［10］郑成. 电话销售细节大全集［M］. 北京：中国纺织出版社，2015.

［11］鞠远华. 5分钟打动人心 I：善用赞美的13种方法［M］. 北京：北京联合出版公司，2015.

［12］齐慧晗，张向东. 推销员培训与管理［M］. 北京：中华工商联合出版社，2000.